KB006304

초등 과목별 토론 수업 길잡이

월화수목금토론

초등 과목별 토론 수업 길잡이

월화수목금토론

초판 1쇄 발행 • 2019년 5월 22일
초판 2쇄 발행 • 2023년 12월 7일

지은이 • 이영근 김정순 오중린 유준희 이세영 조예지 최보영 최정현
그린이 • 홍화정

펴낸이 • 김종곤
편집 • 강혜미 김현정 신혜진
디자인 • 이수정 창비교육 디자인팀
조판 • 이주니 이희정
펴낸곳 • (주)창비교육
등록 • 2014년 6월 20일 제2014-000183호
주소 • 04004 서울특별시 마포구 월드컵로12길 7
전화 • 1833-7247
팩스 • 영업 070-4838-4938 / 편집 02-6949-0953
홈페이지 • www.changbiedu.com
전자우편 • contents@changbi.com

ⓒ 이영근 외 2019
ISBN 979-11-89228-42-2 13370

초등 과목별 토론 수업 길잡이

월화수목금토론

초등토론교육연구회

이영근 김정순 오중린 유준희
이세영 조예지 최보영 최정현

창비
교육

토론으로 귀 가는 아이들을 위해

토론 수업은 왜 어렵게 느껴질까요? 많은 선생님들께서 토론 수업이 우리 교육에 꼭 필요하다고 말씀하세요. 그럼에도 아직 초등학교 교육 현장에서 토론 수업은 활발히 이루어지고 있지 않아요. 그 까닭은 무엇일까요?

우리 사회에서는 토론과 토의, 이 둘의 개념을 섞어서 써요. 토론은 찬성과 반대로 나눠서 각자의 주장과 생각을 펴는 과정이에요. 토의는 문제를 해결하거나, 무엇을 할 것인지 결정할 때 생각을 모으는 과정이에요. 생각을 모으는 토의는 일상에서도 많이 이루어지지만, 찬성과 반대로 자기주장을 펴는 토론은 자주 경험하기가 어려워요. 그래서 토론 수업 준비가 어렵고, 토론 수업을 해야 한다고 하면 많은 분들이 부담스러워해요.

초등토론교육연구회에서는 어떻게 하면 쉽고 재미있게 토론을 학생들의 삶으로 끌어들일 수 있을까 끊임없이 고민하고 있어요. 토론 교육은 두 갈래로 나눌 수 있어요. 하나는 토론을 수업에 직접 활용하는 '토론 수업'을 하는 거예요. 다른 하나는 학급에서 학생들의 말과 생각이 드러나게 하는 '토론 교실 문화'를 만드는 거고요. 토론 교실 문화는 학생 자치가 강조되면서 학급 목표 세우기, 선거 토론회, 학급회의 같은 모습으로 살아나고 있어요.

그런데 토론 수업과 토론 교실 문화를 많이 시도하고 연구하는 초등토론교육연구회 회원들도 어려워하는 토론 수업이 있어요. 다름 아닌 교과 토론 수업이에요. 논제가 비교적 분명하게 도출되는 사회 과목 이외에는 어떤 내용으로 어떻게 토론 수업을 해야 할지 난감하고 엄두가 나지 않을 때가 많아요.

학생들이 흥미를 갖고 자발적으로 토론 수업에 참여하게 하려면 학생들의 삶과 밀접한 논제를 다루어야 해요. 사회 과목뿐만 아니라 도덕, 실과, 체육, 음악 등의 과목에서도 토론이 이루어져야 하는 이유가 여기에 있어요. 이 책은 토론 수업을 하는 데 발생하는 어려움을 덜고, 다양한 과목에 적용하여 토론 수업을 진행할 수 있도록 연구회 회원들이 오랜 시간 연구하고 현장에서 검증한 토론 수업 방법을 모두 담고자 노력하였어요.

　이 책의 1부에서는 우선 국어 과목을 토대로 토론의 개념과 유형, 방법 등을 알아보아요. 그리고 2부에서는 1부에서 배운 내용을 바탕으로 다양한 과목에 토론을 적용하여 실제로 토론을 경험해 보게 하였어요. 과목별로 교과서 내용과 성취 기준에서 토론에 적합한 주제를 추리고, 간단한 토론에서부터 심도 있는 토론까지 모두 경험할 수 있게 토론의 과정을 하나하나 짚었어요. 또 토론을 잘 모른다고 생각하시는 선생님도 부담 없이 토론 수업을 하실 수 있도록 사이사이에 필요한 지식과 정보도 담았어요. 책에 실린 내용 그대로 수업하셔도 좋고, 주제만 달리하고서 책에 나온 토론 방식을 적용해 보셔도 좋을 것 같아요.

　이 책은 초등토론교육연구회 군포토론모임 선생님 여덟 분이 함께 엮었어요. 두 해 동안 만나서 주제를 정하고 머리를 맞대 수업 내용을 열심히 구성해 보았어요. 또 각자 교실로 돌아가서 실제 토론 수업을 해 보고, 다시 만나 좋은 점과 아쉬운 점을 이야기 나누며 내용을 다듬었어요. 긴 시간 동안 자주 만나며 다듬고 또 다듬었어요.

　책을 쓴 사람은 여덟이지만, 이 책에는 초등토론교육연구회 회원들이 그간 실천한 소중한 경험들이 함께 담겨 있다고 볼 수 있어요. 우리 회원 모두의 성과라 할 수 있지요. 여덟 사람은 초등토론교육연구회 모든 회원들에게 한마음으로 말씀드리고 싶어요.

　"정말 고맙습니다."

2019년 5월
집필자 일동

차례

1부

토론의
바탕을 다지는
토론 수업

토론의 개념 이해하기

☑ 성취 기준

[6국01-02] 의견을 제시하고 함께 조정하며 토의한다.

[6국01-03] 절차와 규칙을 지키고 근거를 제시하며 토론한다.

[6국03-04] 적절한 근거와 알맞은 표현을 사용하여 주장하는 글을 쓴다.

☑ 수업의 흐름

1차시 토론에 대해 살펴보기	····▶	• 노래를 통해 갈등 상황 이해하기 • 토론이 일어나는 상황 이해하기 • 토론의 뜻 알아보기
2차시 토의와 비교하여 알기	····▶	• 토의와 토론의 차이 이해하기 • 토의를 통한 문제 해결 과정 맛보기 • 토의를 통한 의사 결정 과정 맛보기

☑ 수업의 주안점

학생들은 토론으로 문제를 해결하는 데 익숙하지 않다. 토론이 수업에서만 한두 번 이루어지기 때문이다. 따라서 초등학생들에게 있어서의 토론은 학생들의 삶에서부터 시작하는 것이 좋다. 집에서는 식구들과 생각이 달라서 부딪치는 경험을 할 수 있고 학교에서는 친구들과 생각이 달라서 말다툼을 하기도 하고 선생님과 생각이 달라 갈등을 겪기도 한다. 이런 일상에서의 갈등 상황이 바로 토론을 시작하는 출발점임을 인지하고 나와 다른 생각을 가진 사람들의 말에 귀 기울이며 논리적으로 의견을 이야기하는 것이 토론임을 알 수 있도록 하는 데 수업의 주안점을 둔다.

토론과 함께 붙어 있는 말이 토의이다. 토의는 어떤 주제에 대해 자유롭게 이야기 나누는 상황이다. 우리 사회에서는 흔히 토론과 토의를 구분하지 않고 토론의 개념 속에 토의를 포함하여 언급하는 경우가 많다. 그러나 교육 과정에서는 토론과 토의를 명확하게 구분하고 있다. 토론은 '찬반 토론'을 일컬으며, 토의는 '이야기 나누기'라 할 수 있다. 토의가 토론과 다른 점을 알고 토의는 언제 일어나는지 살피도록 하는 데 중점을 두어 토론의 개념을 명확히 인지할 수 있도록 한다.

또한 토론이 이루어진 뒤에 토의를 통해 구체적인 문제 해결 방법 또는 실천 방법에 대한 논의가 이루어지는 경우가 많으므로, 여기에서는 토의를 통한 문제 해결 과정과 의사 결정 과정을 간단히 맛보는 시간을 가져 볼 것이다. 이러한 토론과 토의의 유기적 연계를 통해 일상생활에서 벌어지는 다양한 갈등 상황과 문제 상황을 보다 효과적으로 해결해 나갈 수 있는 힘을 길러 주도록 한다.

생각 열기 ....

놀이하기

준비물: 파랑 – 노랑 붙임 쪽지

놀이 방법
　짝과 함께하는 놀이입니다. 선생님이 비슷한 종류의 두 낱말을 보여 줄 거예요. 이 두 낱말 중에서 더 좋아하거나 마음에 와닿는 것을 한 가지 고르세요. 참고로 먼저 보여 주는 것을 고른 경우에는 파랑 붙임 쪽지를, 두 번째 보여 주는 것을 고른 경우에는 노랑 붙임 쪽지를 들면 됩니다. 그리고 나는 내 짝과 몇 가지가 같은지 알아보겠습니다.
　하나, 둘, 셋 하면 선생님에게 붙임 쪽지를 보여 줍니다.
　질문을 듣고 차례대로 비교하면서 붙임 쪽지를 들어 주세요.

	피자	햄버거
• 둘 중에 하나만 먹을 수 있다면?	김밥	떡볶이
	배	사과
	그림책	줄글 책
	중국	일본
• 내가 좋아하는 것을 둘 중에서 선택한다면?	연필	샤프
	배추김치	무김치
	된장찌개	김치찌개
• 둘 중에서 무엇이 더 중요한가요?	우정	사랑
	돈	행복

❖ 사람은 누구나 다양한 생각과 취향을 지니고 있습니다. 따라서 한 가지 상황이나 문제에 대해 모두가 같은 의견을 지닐 수는 없겠죠? 이럴 때 사람들 또는 단체들은 다른 사람 또는 단체와 '갈등'이라는 것을 겪을 수 있습니다.

❖ 오늘은 갈등 상황과 토론이 일어나는 상황에 대해 이해한 후, 그것을 바탕으로 토론이 무엇인지 그 개념을 알아보겠습니다.

 생각 펼치기 ···

활동 1 노래를 통해 갈등 상황 이해하기

❖ 「싫어 싫어」라는 노래를 함께 불러 보도록 할게요. 노래 가사를 보며 따라 부르겠습니다. 노래 속에 나오는 엄마와 아이가 주고받는 말을 잘 들어 보세요.

「싫어 싫어」(박슬기 김보경 말, 백창우 곡)

1절
아이: 엄마, 나 이 바지 입기 싫어.
엄마: 예쁘잖아, 그거 그냥 입어.
아이: 싫어, 안 입을래.
엄마: 왜?
아이: 뚱뚱해 보이잖아.

2절
아이: 엄마, 나 치마 입을 거야.
엄마: 무슨 치마를 입어. 오늘 추워서 안 돼.
아이: 싫어, 소현이도 치마 입었어.
엄마: 안 돼, 추워서. 너무 추워서 안 돼.
아이: 싫어, 싫어, 치마 입을 거야.
엄마: 그래, 입어라 입어. 입고 얼어 죽어.
아이: 싫어, 싫어, 안 죽을 거야.
엄마: 이제 치마 입었으니까 밖에 나가 놀아.
아이: 싫어, 싫어, 싫어. 집 안에서 놀 거야.

- 출처: 『맨날맨날 우리만 자래 - 마주이야기로 백창우가 만든 노래』(백창우, 보리, 2003)

❖ 노래에 나오는 엄마와 아이는 무엇 때문에 의견이 부딪치는지 알아봅시다.

❖ 노래에는 누가 등장하나요?
　엄마와 딸이요.

❖ 엄마와 딸은 무엇을 두고 다투나요?
　딸의 옷차림 때문에 다투고 있어요.

❖ 딸은 엄마에게 무엇을 요구했나요?
- 바지를 안 입겠다고 했어요.
- 치마를 입겠다고 했어요.
- 집 안에서 놀 거라고 했어요.

❖ 엄마는 결국 딸의 의견을 들어주었나요?
 겉으로는 허락하신 것 같지만 사실은 화가 나신 것 같아요.

❖ 노래 속 상황처럼 가장 친밀한 사이인 가족 간에도 의견이 맞지 않아 갈등을 겪는 경우가 아주 많죠? 이처럼 사람과 사람 간에 서로 의견이 맞지 않는 경우에는 '갈등 상황'이라는 것이 벌어지고, 이로 인해 다툼이 생기는 경우도 아주 잦습니다.

❖ 이러한 '갈등 상황'은 우리 일상에서 아주 빈번하게 일어납니다. 갈등 상황을 원만하게 해결하고 바람직한 상황이 될 수 있도록 이끌기 위해서는 어떻게 해야 할지 생각하면서 다음 활동으로 넘어가 보죠.

활동 2 **우리 주변에서 토론이 일어나는 상황 찾아보기**
 ❖ 우리 주변에서 생각이 부딪치는 상황을 찾아볼게요.

> 준비물: 붙임 쪽지, 4절 도화지(4인 모둠)

> **놀이 방법**
> 우리 주변에서 갈등이 일어나는 상황을 붙임 쪽지 한 장에 한 가지씩 자유롭게 쓴 뒤에 4절 도화지에 붙입니다. 처음에는 자유롭게 붙이고 나중에 분류해 봅시다.

❖ 여러분도 노래와 비슷한 일을 경험한 적 있나요? 집에서는 누구와 생각이 부딪치나요?
 선생님, 저는 부모님 잔소리 때문에 집에 가기 싫을 정도예요.

❖ 집에 가기 싫을 정도면 ○○(이)가 속상할 때가 많은가 보다. 부모님이 어떤 잔소리를 많이 하시나요?
 스마트폰이요. 스마트폰 때문에 매일 저녁에 부모님 잔소리를 들어요.

❖ 학교에서는 어떤 것 때문에 갈등을 겪나요?
 선생님, 학교에서는 숙제가 너무 많아요. 숙제가 없으면 좋겠어요.

❖ 그럼 이제 집이나 학교에서 일어나는 일들 중에 의견이 부딪치는 장면을 떠올려 보세요. 떠오르는 장면을 붙임 쪽지에 자유롭게 씁니다. 언제, 어디서, 누구와 있었던 일인지 간단하게 씁니다. 그 장면이 많으면 많을수록 좋아요. 단 붙임 쪽지 한 장에 하나만 씁니다. 다 쓴 것은 모둠 4절 도화지에 붙입니다. 모둠끼리 쓴 내용들을 분류해 볼까요?

브레인 라이팅(Brain Writing)

브레인 라이팅은 독일 프랑크푸르트의 Battelle Institute 에서 개발된 기법이다. '침묵의 브레인스토밍'이라는 별명처럼 참가자들이 발상 결과를 말하지 않고, 자신의 생각을 종이에 기록한 다음 발표하게 하는 창의적 사고 기법이다.

많은 구성원들로 이루어진 조직에서 활용되는 아이디어 창출 기법으로, 브레인스토밍과 비교할 때 발언에 소극적인 사람의 참여를 유도하는 데 더 유용하며 지배적 개인의 영향력을 줄일 수 있는 장점이 있다.

붙임 쪽지를 이용할 때는 떠오르는 생각을 붙임 쪽지 한 장에 한 개씩 써 붙인다.

❖ 우리 주변에서도 '갈등 상황'은 빈번하게 일어나고 있죠? 이러한 갈등 상황은 개인과 개인 간에만 일어나는 것이 아니고 단체 간, 국가 간에도 일어납니다.

❖ 이러한 갈등 상황을 원만히 해결하고 보다 바람직한 상황으로 나아갈 수 있게 하는 과정에서 필요한 것이 바로 '토론'입니다. 그럼 '토론'이 무엇인지 자세히 알아봅시다.

활동 3 **토론의 뜻 알아보기**

❖ '토론'이라는 말을 들어 본 적이 있나요?
- 텔레비전 프로그램 이름으로 들어 본 적 있어요.
- 엄마 아빠가 다투실 때 제가 또 다투시는 거냐고 물으니까 그냥 토론하는 거라고 하셨어요.

❖ 토론을 한 마디로 표현한다면 무엇이라고 말할 수 있을까요?
- 의견 다툼이요.
- 자기 생각이 맞다는 걸 보여 주기요.
- 서로 다른 생각을 나누고 더 나은 생각이 무엇인지 판단하는 과정이요.

❖ '토론' 하면 생각나는 낱말을 모두 이야기해 볼게요.

– 말싸움이요.

– 시간 제한이요.

– 찬성, 반대요.

❖ 그럼, 토론의 뜻을 한번 정리해 보겠습니다.

'토론'이라는 말의 뜻은 그 말에 '찬반'이라는 두 글자만 붙이면 쉽게 이해할 수 있어요. 토론에서는 찬성과 반대가 서로 자기주장이 옳음을 내세워요. 자기주장이 옳음을 드러내기 위해 상대 주장을 꺾기도 하고(반박) 질문을 하기도 해요. 이때 자신이 옳다는 것을 논리 있게 말해야 합니다. 우리가 앞으로 이야기할 토론은 찬반 토론을 중심으로 합니다.

 마무리하기 ···

❖ 오늘 우리는 「싫어 싫어」라는 노래를 통해 갈등 상황을 이해하고 토론의 뜻을 살펴보았습니다. 오늘 배운 활동을 정리해 봅시다.

- 갈등 상황: 옷을 입을 때 무엇을 입을지 생각이 다른 것처럼, 무엇을 할 때 다른 사람과 생각이 다를 때 갈등 상황이 벌어진다. (예): 치마 – 바지)
- 토론 상황: 갈등 상황에서 찬성과 반대로 의견이 갈리어 드러나는 상황이 '토론' 상황이다. (예): 치마 입기 – 찬성/반대)
- '토론'이 일어나는 상황은 집이나 학교 등 주변에서 쉽게 찾을 수 있다.

생각 열기 ···

❖ 여러분, 오늘 점심 먹고 나서는 무엇을 할 것인가요? 번개 기법으로 돌아가며 이야기하도록 할게요.

축구를 할 거예요. 그림을 그리거나 그냥 교실에서 놀 거예요. 친구와 도서실에 가기로 했어요.

번개 기법

• 주제에 대해 떠오르는 생각을 단어나 짧은 문장으로 번개가 치는 것처럼 빠르게 말하는 기법
• 제일 앞자리에 앉은 학생부터 차례대로 발표를 함.
• 앞에서 친구가 말한 것과 같은 단어나 문장을 말할 수 있음.
• 생각이 나지 않으면 '통과'라고 말한 후 모든 학생이 발표한 뒤에 생각난 것을 발표할 수 있음.

❖ 모두가 함께 결정해야 하는 문제가 주어졌을 때, 그 문제를 어떻게 결정 또는 해결해 나갈 수 있을까요? 그 방법으로 쓰일 수 있는 것이 바로 '토의'입니다.

❖ 오늘은 '토의'가 무엇인지 이해하고, '토론'의 성격을 '토의'와 비교함으로써 좀 더 명확하게 이해해 봅시다.

 생각 펼치기 ···

활동 1 토의와 토론의 차이 이해하기

❖ 여러분, 지난주에 우리 반에는 이런 문제(최근 발생하였던 학급 문제 제시)가 있었어요.

– 많은 학생들이 복도에서 뛰어서 넘어지거나 부딪쳐서 다치는 사고가 있었다.
– 숙제를 안 해 오는 친구들이 있어서 수업 진도에 방해가 되었다.
– 수업에 집중을 하지 않고 떠드는 경우가 많아졌다.

❖ 이런 문제를 풀기 위해서 우리는 무엇을 할 수 있을까요?

　회의를 해서 문제를 해결해야 해요.

❖ 우리는 보통 학급에서 생기는 문제를 회의로 풀죠. 이 회의가 바로 토의예요. 토의란 어떤 문제에 대해 그 해결 방법을 찾으며 이야기 나누는 과정이라 할 수 있어요.

❖ 토의가 무엇인지 알겠나요? 토론과는 조금 달라요. 여러분 중에 스마트폰을 쓰는 사람? 스마트폰과 관련된 예를 들어 토론과 토의의 차이를 살펴볼게요.

❖ 다음은 토의의 주제일까요?

'초등학생에게 스마트폰이 필요하다.'

　토의 주제가 아니에요.

❖ 왜 아니죠?
– '네.', '아니요.'로 대답이 나오잖아요. 이건 토의라 할 수 없어요.
– 이런 경우는 토론의 주제에 해당해요.

❖ 그럼 이건 어떤가요? 토의의 주제일까요, 토론의 주제일까요?

'초등학생이 스마트폰을 바르게 쓰기 위한 방법은 무엇일까?'

　토의요.

❖ 이 주제는 찬성과 반대로 나눌 수 없어요. 이렇게 여러 의견이 나올 수 있는 주제는 토의가 적합한 주제라고 할 수 있어요.

토론	토의
초등학생에게 스마트폰이 필요하다.	초등학생이 스마트폰을 바르게 쓰기 위한 방법은 무엇일까?
찬성과 반대로 나눠서 주장함.	해결 방법을 찾거나 의사를 결정함.

❖ 토의와 토론이 어떻게 다른지 감이 오나요? 아직 헷갈릴 수 있으니 한번 연습을 해 봅시다. 선생님이 들려주는 다음 주제들을 듣고 그것이 토론의 주제(논제)인지, 토의의 주제(의제)인지 구분해 봅시다.

- 현장 학습 갈 때의 자리는 원래의 짝대로 앉아야 한다.
- 현장 학습 갈 때의 자리 짝은 어떻게 정해야 하나?
- 교실 잔치 때 어떤 영화를 볼 것인가?
- 교실 잔치 때 영화를 봐야 한다.
- 급식을 남김없이 먹어야 한다.
- 급식을 제대로 먹으려면 어떻게 해야 할까?

토론의 주제(논제)	토의의 주제(의제)
현장 학습 갈 때의 자리는 원래의 짝대로 앉아야 한다.	현장 학습 갈 때의 자리 짝은 어떻게 정해야 하나?
교실 잔치 때 영화를 봐야 한다.	교실 잔치 때 어떤 영화를 볼 것인가?
급식을 남김없이 먹어야 한다.	급식을 제대로 먹으려면 어떻게 해야 할까?

❖ 이번에는 낱말을 주면, 그와 관련하여 토론의 주제와 토의의 주제를 나누어 만들어 보세요.

낱말	구분	주제 예시
학원	토론	초등학생에게 학원은 필요하다.
	토의	어떤 학원이 초등학생에게 필요한가?
운동장	토론	쉬는 시간에 운동장을 써도 된다.
	토의	어떻게 하면 점심 시간에 모두가 운동장을 쓸 수 있을까?
친구	토론	친구의 잘못을 선생님께 말씀드려야 한다.
	토의	친구의 잘못을 보았다면 어떻게 해야 할까?

쉬는 시간에 교실에서 준희와 지니가 이야기를 나눠요.
"지니야, 너 나에게 돈 좀 빌려주라."
"안 돼. 나 그러면 엄마에게 혼나."
"야, 너 정말 그럴 거야? 내가 안 갚을까 봐 그래?

❖ 이 상황에서 문제는 무엇인가요?

준희가 지니에게 돈을 빌리려고 해요.

❖ 친구가 돈을 빌려 달라고 한다면, 어떻게 해야 할까요? 그럴 때 여러분은 어떻게 하나요?

– 친구가 기분 나쁘지 않게 거절해요.

– 부모님이나 선생님께 말씀드려요.

❖ 맞아요. 그것도 좋아요. 이 일은 우리 반 문제이니, 우리끼리 풀 수도 있어요. 우리 힘으로 해
결하기 위해서는 어떻게 해야 할까요?

각자 의견을 말하고 서로의 생각이 무엇인지 들어 봐요.

❖ 의견을 드러낼 때는 어떻게 해야 할까요?

– 자신 있게 말해야 해요.

– 모두가 다 자기의 의견을 말할 수 있게 해야 해요.

– 의견을 처음 낼 때에는 반론을 하지 않는 것이 누구나 자유롭게 의견을 드러내기
위해 좋을 것 같아요.

– 의견을 말할 때는 '모두가 해야 한다.', '다른 사람이 말한 의견도 좋다.', '차례를
정해 두지 않는다.' 같은 약속을 정하면 좋겠어요.

❖ 문제를 해결할 방법은 어떠해야 할까요?

– 실천이 가능하도록 우리의 수준에 맞아야 해요.

– 문제와 직접적으로 관련이 있는 해결 방법이어야 해요.

– 벌을 주는 방법이나 인권을 침해하는 방법은 안 돼요.

❖ 앞 상황에 대한 해결 방법을 돌아가며 말해 봅시다.

– '친구에게 돈을 빌리지 않는다.'를 우리 반 전체 약속으로 정해요.

– 꼭 빌릴 수밖에 없는 상황도 있으니 예외 상황을 정해요.

– 허용된 상황에 한해서 돈을 빌릴 수 있지만, 빌리는 방법이나 횟수도 정해 두고 빌
린 내용을 선생님이나 반장이 기록해 두면 좋겠어요.

– 돈을 빌릴 때 나쁜 말이나 행동을 하면 돈을 빌려주지 말고 선생님께 바로 이야기 하도록 해요.

❖ 네, 여러분 스스로 우리 반의 문제 상황을 토의를 통해 해결하는 모습이 아주 멋지네요. 그런데 꼭 문제가 되는 상황이 아니어도 토의가 필요한 때가 있어요. 다음 활동을 통해 알아봅시다.

활동 3 토의를 통한 의사 결정 과정 맛보기

우리 반에서 학기말 잔치를 하기로 했어요. 학기말 잔치로 무엇을 할지 정하기 위해 함께 학급 회의를 해요.
회장: 학기말 잔치로 무엇이 좋을까요?
민희: 영화를 보면 좋겠습니다.
친구들: 와, 그 의견 좋아요.
회장: 그럼 무슨 영화를 보고 싶나요?

❖ 이 상황에서는 어떤 안건으로 학급 회의를 하고 있나요?
'학기말 잔치를 무엇으로 할 것인가?'입니다.

❖ 영화를 보자고 했는데 모두 좋다고 했더니, 또 정할 게 생겼어요. 무엇인가요?
'무슨 영화를 볼 것인가?'를 정해야 해요.

❖ 무슨 영화를 볼 것인지를 정하려면 어떻게 해야 할까요?
회의(토의)가 필요해요.

❖ 우리도 토의를 통해 의사를 결정해 봅시다.

❖ 여러분은 우리 반에서 잔치를 한다면 무엇을 하고 싶나요?
음식 만들기요.

❖ 그런데 이것으로 끝이 아니에요. 음식 만들기를 한다면, 어떤 음식으로 하고 싶은가요? 또 정할 게 있어요. 뭐가 있을까요?
'어디서 할 것인가?', '언제 할 것인가?', '필요한 물건은 어떻게 준비할 것인가?'를 정해야 해요.

❖ 그래서 토의에서 무엇을 결정할 때는 따져야 할 게 많아요. 이것저것 따져야 하기에 시간이 오래 걸리기도 하고, 의견이 달라 마찰이 생기기도 해요. 그렇지만 이런 시간과 마찰을 겪는 것은 소중한 경험이에요.

토의의 절차

토의 주제 선정하기	- 토의의 주제는 공동의 문제여야 함. - 토의의 주제는 여러 가지 해결 방법이 제시될 수 있는 것이어야 함.
의견 마련하기	- 문제의 원인을 파악함. - 토의 주제와 관련된 해결 방법인지 검토함.
근거 자료 수집하기	- 자신의 의견을 뒷받침할 수 있는 자료인지 검토함. - 믿을 만한 자료인지 확인함.
의견 나누기	- 다른 사람의 의견을 존중하며 말함. - 자신의 의견과 비교하며 들음.
최선의 해결 방법 선택하기	- 적절한 판단 기준을 세움. - 많은 사람이 만족할 수 있는 해결 방법을 선택함.

마무리하기

❖ 오늘 우리는 토의의 개념을 확인하고 토론과 토의의 차이를 이해했어요. 또 토의에 대해 더 깊이 이해하기 위해 토의를 통한 문제 해결 과정과 의사 결정 과정을 맛보았어요.

❖ 앞으로 우리는 여러 가지 주제와 유형의 토론을 해 나갈 것인데요, 토의와 토론의 차이점을 바르게 이해하고 있어야 토론을 좀 더 바르고 효과적으로 할 수 있을 거예요.

❖ 집이나 학급에서 문제가 생길 때, 토의로 직접 해결해 보세요. 또 토론이 필요한 상황과 토의가 필요한 상황을 구분해 보고 각각의 가치에 대해 생각해 보기로 해요.

토론의 요소 이해하기

☑ 성취 기준

[6국01-03] 절차와 규칙을 지키고 근거를 제시하며 토론한다.

[6국03-04] 적절한 근거와 알맞은 표현을 사용하여 주장하는 글을 쓴다.

☑ 수업의 흐름

1차시 논제 분석하기	⋯▶	• 논제 관련한 경험 드러내기 • 논제 만들기 • 논제 분석하기
2차시 입론하기	⋯▶	• 4단 논법 알아보기 • 입안문 쓰기
3차시 반론하기	⋯▶	• 토론에서 질문하기 • 토론에서 반박하기

☑ 수업의 주안점

토론을 하기 위해서는 토론할 주제가 있어야 한다. 토론할 주제를 '논제'라고 한다. 토론을 하기 전에는 논제를 살피는데, 이 과정을 '논제 분석'이라고 한다. 이 단계에서는 논제와 관련된 개념을 정의하고 그와 관련된 경험도 떠올린다. 논제 분석은 반 전체 학생이 함께하거나 모둠이 함께할 수 있고, 익숙해지면 혼자서 할 수 있다.

토론을 하기 위해서는 자신이 내세우는 주장이 있어야 한다. 토론할 때 주장을 효과적으로 전달하기 위해 먼저 자신의 주장을 글로 쓰는데, 이 글을 '입안문'이라고 한다. 여기에서는 초등학생들에게 적용하기 쉬운 4단 논법을 바탕으로 입안문을 쓰면서 토론을 준비한다.

나아가 토론에서는 상대방 주장을 잘 듣고 잘못된 것(오류)을 확인하기 위해 질문을 하거나 상대방 주장의 허점 등에 대해 반박을 한다. 그런데 초등학생들은 질문하는 것을 어려워하고, 반박하는 시간을 따로 주면 부담스러워한다. 따라서 초등학교 토론에서는 질문하기 과정과 반박하기 과정을 융합하여 진행하는 것이 효과적일 수 있다.

여기에서는 토론의 요소를 이해하고 토론의 각 과정을 파악함으로써 앞으로 진행될 토론에 대한 연습이 이루어지도록 하는 데 주안점을 둔다.

1차시

논제 분석하기

• 논제 관련한 경험 드러내기
• 논제 만들기
• 논제 분석하기

 생각 열기 ··

❖ 집에서 부모님께 꾸중을 들었던 적이 있나요? 부모님께 꾸중을 들었던 경험을 번개 기법으로 말해 볼게요. 경험을 말할 때는 완성된 문장으로 짧게 말합니다.

– 스마트폰 때문에 엄마나 아빠께 잔소리를 자주 들어요.

– 주로 숙제나 컴퓨터 게임 때문에 꾸중을 들어요.

– 화장하는 것 때문에요.

❖ 우리 반 친구들은 스마트폰 때문에 부모님께 꾸중을 들었던 경험이 많네요. 그럼 이번 시간에는 스마트폰과 관련해서 토론하기 위한 주제를 함께 정해 보겠습니다.

 생각 펼치기 ··

활동1 **'신호등 카드'로 논제 관련한 경험 드러내기**

준비물: 신호등 카드(초록색, 노란색, 빨간색)

신호등 토론

신호등 토론은 교통 신호등처럼 빨강, 초록, 노랑 카드나 종이를 준비해서 진행한다. 진행자가 제시하는 물음에 참가자는 자기 의견이 찬성인 경우에는 초록색을 들어 보이고, 반대인 경우에는 빨간색을, 판단이 서지 않거나 잘 모르는 경우에는 노란색의 카드를 들어 보일 수 있다. 신호등 토론은 전체 학생들의 생각을 한눈에 알아볼 수 있는 장점이 있고 색깔을 보며 왜 그렇게 생각하는지 이야기를 나눌 수 있게 해 준다.

❖ 신호등 카드로 스마트폰과 관련된 경험을 드러내 보도록 하겠습니다.

❖ 먼저 스마트폰 사용 조사를 해 보겠습니다. 스마트폰을 가지고 있으면(전화를 할 수 없는 스마트폰, 패드 포함) 초록색 카드를 들고, 일반 휴대 전화(2G, 키즈 폰)를 가지고 있으면 노란색, 휴대 전화가 없으면 빨간색 카드를 들어 주세요.

❖ 초록색 카드를 든 친구들은 스마트폰을 어떻게 가지게 되었는지 이야기해 봅시다.

- 엄마가 불안하다고 사 주셨어요.
- 저는 친구들이 다 가지고 있어서 부모님께 사 달라고 졸랐어요.
- 인터넷으로 영어 공부를 하라고 구입해 주셨어요.

❖ 빨간색 카드를 든 친구들은 스마트폰이 없어서 불편한 점을 이야기해 봅시다.

- 스마트폰이 없어서 친구들과 함께 이야기 나누는 데 소외되는 것 같아요.
- 스마트폰으로 정보 검색을 쉽게 할 수 있는데 없으니까 불편하죠.
- 급한 일이 있거나 할 때 엄마 아빠께 연락할 수 없어서 불편하고 엄마 아빠도 연락이 안 될 때 불안해하세요.

❖ 노란색 카드를 든 친구들은 일반 휴대 전화(2G, 키즈 폰)의 좋은 점과 불편한 점을 이야기해 봅시다.

- 엄마 아빠와 연락하기에는 불편함이 없어요.
- 스마트폰은 가지고 놀 수 있는 기능이 많아서 공부에 집중하기 어려운데 일반 휴대 전화는 기능이 별로 없어 공부에 방해가 안 돼서 좋아요.
- 반 친구들이나 모둠원들끼리 톡으로 의견을 나눠야 할 때도 있는데 저는 스마트폰이 없어서 그걸 못 하니 불편해요.

❖ 여러분은 초등학생에게 스마트폰이 필요하다고 생각하나요? 필요하다고 생각하면 초록색 카드를, 반대는 빨간색 카드를, 중립은 노란색 카드를 들어 보겠습니다. 여러분의 생각을 확인해 볼게요. 하나, 둘, 셋!

이렇게 할 수 있어요

  학급마다 사정은 다를 수 있겠지만 요즘 초등학생들은 스마트폰이 필요하느냐고 물었을 때 거의 대부분 필요하다고 말합니다. 그런데도 '초등학생에게 스마트폰이 필요하다.'라는 논제로 토론하는 것이 필요할까요? 보통 논제를 정할 때는 찬성과 반대가 적당하게 나눠지는 것으로 토론해야 치열합니다. 그러나 교실에서 학생들과 하는 토론에서는 찬성과 반대가 적당하게 나눠지지 않아도 괜찮습니다. 학생들과 이야기를 나누고 우리들의 삶을 되돌아보며 이야기 나눌 수 있기 때문에 충분히 토론을 할 수 있고 또 가치 있는 시간이 됩니다. 학생들은 토론에서 찬성과 반대 중 하나의 입장만 고수하지 않고 양쪽 입장 모두를 경험하면서 문제점과 그 해결 방법을 스스로 발견하는 경우가 많습니다. 이 과정에서 생각이 한쪽으로 치우치지 않고 유연해지며 깊고 넓은 생각을 할 수도 있습니다. 토론을 마치고 자신의 생각을 정리하는 글을 쓰면 토론 전과 달라진 자신의 생각도 확인할 수 있고 나아가 상대방의 입장을 고려하게 되는 경험도 해 볼 수 있습니다.

활동 2 **논제 만들기**

❖ 우리가 이야기 나눈 것을 바탕으로 토론의 주제, 즉 논제를 만들어 볼까요?

'초등학생에게 스마트폰이 필요하다.'로 정하면 좋겠습니다.

이렇게 할 수 있어요

논제는 토론의 주제로, 찬성과 반대로 생각을 드러낼 수 있습니다. 논제의 표현은 '~이다.', '~ 해야 한다.', '~ 필요하다.'처럼 서술형으로 나타냅니다. 의문형으로 나타내기도 하는데 그럴 때에는 '~인가?', '~ 해야 하는가?', '~ 필요한가?'와 같은 형식을 띕니다.

예를 들어, 스마트폰과 관련된 논제는 다음과 같이 만들 수 있습니다.

- 초등학교에서 와이파이를 개방해야 한다.
- 우리 반 모두가 참여하는 단체 톡이 필요하다.
- 우리 반 알림장을 스마트폰이나 컴퓨터로 전달해도 된다.
- 초등학생의 스마트폰 사용 시간을 법으로 규제해야 한다.

처음 토론할 때에는 논제를 긍정형으로 바꾸어 토론하는 것이 좋습니다.

예를 들어 '초등학생들에게 사교육은 필요하지 않다.'라는 논제로 토론을 하면 찬성편이 '초등학생들에게 사교육은 필요하지 않다.', 반대편이 '초등학생들에게 사교육은 필요하다.'가 됩니다. 처음 토론하는 학생들은 찬성을 긍정, 반대를 부정으로 생각하기 쉬우므로 부정형으로 논제를 설정하면 입장을 혼란스러워하는 경우가 많습니다. 따라서 처음 토론할 때에는 논제를 긍정형으로 바꾸어 '초등학생들에게 사교육은 필요하다.' 또는 '초등학생들에게 사교육이 필요한가?'로 제시하면 토론 과정에 혼돈이 없을 것입니다.

 논제의 종류

사실 논제	증거를 통해 사실의 참과 거짓을 따지는 토론의 주제 ◉ 독도는 우리 땅이다. 발해는 고구려 문화를 이어받았다. 담배는 몸에 해롭다.
가치 논제	사람의 가치에 따라 판단이 다를 수 있는 것. '바람직한지, 바람직하지 않은지', '옳은지, 그른지', '좋은지, 나쁜지'처럼 서로 다른 가치에 기반하여 이루어지는 토론의 주제 ◉ 부모님의 잔소리는 필요하다. 언론의 자유는 필요하다. 우정과 사랑 중에서 무엇이 우선인가? 칭찬 스티커는 교육적이다.
정책 논제	어떤 일을 할 것인지 정하는 상황이나 무엇을 새롭게 하려고 할 때 이루어지는 토론의 주제로, '해야 한다' 형식으로 나타냄. ◉ 초등학생은 가수 연습생 생활을 하지 못하게 해야 한다. 등교 시간을 8시 40분으로 해야 한다. ○○ 지역에 원자력 발전소를 건설해야 한다. △△산에 케이블카를 설치해야 한다.

활동 3 **논제 분석하기**

❖ 토론을 하기 전에 먼저 해야 할 일은 논제 분석입니다. 우리가 정한 다음 논제를 분석해 보겠습니다.

> ### 초등학생에게 스마트폰이 필요하다.

❖ 먼저 '초등학생에게 스마트폰이 필요하다.'로 토론을 해야 하는 까닭을 살펴볼까요? 선생님이 제시하는 세 가지 기준을 바탕으로 생각해 봅시다.

> 1. 스마트폰 사용은 초등학생에게 중요한 문제인가?
> 2. 스마트폰 사용과 관련해서 우리가 급하게 해결해야 할 것이 있는가?
> 3. 스마트폰 사용과 관련된 것 중에서 우리가 개선해야 할 것이 있는가?

- 스마트폰을 쓰는 초등학생의 수가 많으므로 스마트폰 사용 문제는 우리에게 중요해요.
- 스마트폰에 중독된 친구들이 적지 않고, 스마트폰을 현명하게 사용하는 방법이 무엇인지 모르는 경우도 많아서 지금 초등학생의 스마트폰 사용 문제를 고민해 보아야 할 것 같아요.

❖ 네, 그렇다면 '초등학생에게 스마트폰이 필요하다.'라는 논제로 토론을 해야 할 필요가 있겠네요.

❖ 그럼 이제는 '초등학생에게 스마트폰이 필요하다.' 논제로 함께 토론할 우리들이 그 뜻을 명확히 정해야 할 낱말이나 범위가 무엇인지 말해 봅시다.

개념 정의의 종류

　　토론을 하기 전 논제 분석 단계에서는 논제에 포함된 낱말의 뜻을 명확히 해야 한다. 토론에서는 보통 찬성편에서 낱말의 뜻을 이야기하고 반대편은 찬성편에서 정한 낱말 뜻을 따라가는 것이 일반적이다. 토론에서 낱말 뜻을 명확히 하는 것을 개념 정의라고 하는데, 아래와 같은 방법으로 할 수 있다.

- 사전 정의: 국어사전이나 백과사전을 찾아서 그대로 정의하는 것
- 법률 정의: 우리 사회의 법률을 인용하여 정의하는 것
- 전문가 정의: 학자들의 저서, 논문, 책에서 인용하여 정의하는 것
- 임의 정의: 토론하는 팀에서 임의로 정의하는 것(반대편도 해당 정의를 수용할 수 있어야 함.)

예
> 1. 초등학생이란?
> 　- 초등학교에 다니는 학생 또는 초등학교에 다니지 않지만 초등학교에 다니는 연령의 어린이
> 2. 초등학생 때 해야 할 중요한 일들에는 무엇이 있을까요?
> 　- 공부, 기초 생활 습관 익히기, 교우 관계, 건강과 체력을 위한 활동, 다양한 경험 등

3. 스마트폰이란?
- 휴대 전화에 여러 컴퓨터 지원 기능을 추가한 지능형 단말기로, 사용자가 원하는 응용 프로그램을 설치할 수 있는 것이 특징임.
4. 스마트폰으로 할 수 있는 것에는 무엇이 있나요?
- 전화, 문자 메시지, 톡, 누리소통망(SNS)
- 웹 서핑 및 검색, 쇼핑
- 인터넷 강의 수강
- 사진이나 동영상 촬영, 영화나 드라마 등 여러 가지 영상 감상
- 그 외 여러 가지 응용 프로그램(애플리케이션)을 이용해 다양한 기능을 수행할 수 있음.

이렇게 할 수 있어요

교실 토론을 위한 논제 분석 단계에서는 찬성편과 반대편, 즉 입장을 미리 정하지 않고 학급 학생들이 모두 함께 찬성과 반대의 근거를 자유롭게 이야기 나누게 하는 것이 좋습니다. 그렇게 하는 까닭은 학생들이 알맞은 근거를 찾는 연습을 함께하도록 하기 위해서입니다. 이렇게 함께 근거를 찾으면 근거를 찾지 못하는 학생들도 친구들이 찾은 근거를 가지고 토론에 수월하게 참여할 수 있습니다.

❖ 앞서 정리한 내용을 바탕으로 논제에 대해 제시할 수 있는 찬성 근거와 반대 근거를 예상하여 정리해 봅시다.

예상할 수 있는 찬성 근거	예상할 수 있는 반대 근거
- 언제든 연락이 돼서 부모님의 걱정이 줄어든다. - 언제 어디서든 모르는 것을 손쉽고 빠르게 검색할 수 있다. - 사진을 찍어서 추억을 보존할 수 있다. - 동영상 강의를 보거나 외국어 공부를 하는 등 공부에 활용할 수 있다. - 심심할 때 게임이나 채팅, 영상 보기 등 놀 거리를 쉽게 이용할 수 있다. - 영상 통화를 할 수 있어서 멀리 떨어져 있어 만나기 힘든 사람의 모습을 보며 이야기할 수 있다. - 친구들과 연락하고 함께 게임도 하면서 친구 관계가 돈독해진다.	- 시력이나 자세가 나빠지는 등 건강을 해칠 수 있다. - 스마트폰을 하느라 공부에 소홀해져서 성적이 떨어질 수 있다. - 게임이나 영상 보기 등에 중독될 수 있다. - 음란물이나 유해물에 노출될 수 있다. - 집중력이 약해지고 독서량이 줄어들 수 있다. - 친구들과 게임이나 단체 톡을 하다가 서로 다투거나 친구에게 상처를 줄 수 있다. - 밤늦게까지 게임이나 SNS를 하다가 잠이 부족해서 다음 날 일상생활에 무리가 생길 수 있다.

" 교실에서 토론 수업을 할 때 자료 조사를 과제로 제시하는 경우가 많은데, 이렇게 과제로 자료를 조사해 오게 하면 학생들은 보통 인터넷에 나온 자료를 그대로 가져오는 경우가 많습니다. 자료에 의존하여 토론을 하면 자기 이야기를 하기보다 인터넷 자료에 의존하여 토론하게 될 수 있습니다. 자료를 찾는 것도 토론에 필요한 과정이지만 처음 토론을 시작할 때에는 토론 전에 토론 주제(논제)에 대해 학생들과 꼼꼼하게 이야기 나누는 과정이 꼭 필요합니다. "

 **마무리하기** ....

❖ 예상되는 찬성 근거와 반대 근거로 이야기 나눈 것을 칠판에 정리해 봅시다.

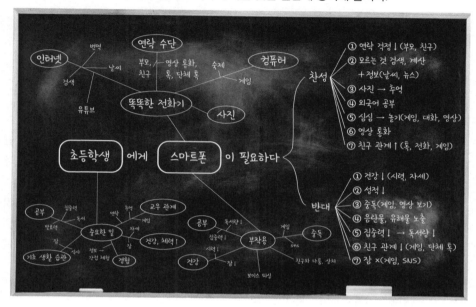

❖ 다음 시간에는 우리가 이야기 나눈 찬성과 반대 근거를 바탕으로 4단 논법을 활용하여 토론을 준비하겠습니다.

2차시

입론하기
• 4단 논법 알아보기
• 입안문 쓰기

생각 열기 ∙∙∙

❖ 다음 논제를 보고 그에 대한 나의 생각을 찬성이나 반대의 주장과 그것을 뒷받침하는 근거로 말해 보겠습니다. 오른쪽 사람이 먼저 말하고 그다음 왼쪽에 있는 사람이 말하면 됩니다.

❖ 예를 들어 '선생님은 학생 일기를 봐도 된다고 생각합니다.(찬성/반대합니다.) 왜냐하면 ~이기 때문입니다. 그래서 저는 선생님은 학생 일기를 봐도 된다고 생각합니다.(찬성/반대합니다.)' 형식에 맞추어 말하면 됩니다.
그럼 시작하겠습니다.

• 길에서 과자를 먹어도 된다.
• 교통 신호등은 지켜야 한다.
• 친구의 잘못은 선생님에게 알려야 한다.
• 짝은 남녀로 해야 한다.
• 급식은 자율 배식으로 해야 한다.
• 학교 실내화로 슬리퍼를 신어도 된다.
• 수업 시간에 화장실을 가도 된다.
• 친구 별명을 불러도 된다.

- 저는 급식은 자율 배식으로 해서는 안 된다고 생각합니다. 왜냐하면 자율 배식으로 하면 각자 먹고 싶은 음식만 골라 먹어 편식이 심해질 수도 있고, 너무 적게 먹거나 너무 많이 먹는 등 알맞은 양을 먹지 않는 경우도 생길 수 있기 때문입니다. 저 역시 자율 배식을 하면 먹고 싶은 반찬만 많이 담을 것 같습니다. 그래서 저는 학생들의 균형 있는 식사를 위해 자율 배식을 해서는 안 된다고 생각합니다.
- 저는 학교 실내화로 슬리퍼를 신어도 된다고 생각합니다. 왜냐하면 슬리퍼를 학교 실내화로 신으면 세탁에 대한 부담을 덜고 신고 벗기도 편하며 통풍이 잘 되는 등 발 건강에도 좋기 때문입니다. 우리 주변 초등학교 4곳 중 3곳이 학교 실내화로 슬리퍼를 허용하고 있는데, 제가 말한 것과 같은 여러 가지 장점이 있기 때문에 허용하고 있는 것 아니겠습니까? 그래서 저는 학교 실내화로 슬리퍼를 신는 것에 찬성합니다.

❖ 네, 모두 형식에 맞추어 잘 말해 주었습니다. 이렇게 하나의 주제에 관한 자기 생각을 말할 때에는 주장과 근거를 밝히고 그에 대해 설명한 뒤 자신의 주장을 한 번 더 정리해 주면 효과적입니다.

❖ 이번 시간에는 주장을 밝히는 형식 중 하나인 4단 논법이 무엇인지 알아보고, 4단 논법으로 입안문을 써 봅시다.

 ## 생각 펼치기

활동 1 4단 논법 알아보기

❖ 토론을 하려면 주장이 있어야 하는데, 이를 드러내는 것을 '입안'이라고 합니다. 입안은 말로써 하지만 글로 미리 준비하기도 하는데, 이를 '입안문'이라 합니다. 이때 활용하는 것이 바로 4단 논법입니다.

단계	내용	비고
주장(Point)	저는 ~해야 한다고 생각합니다.(찬성/반대합니다.)	• 짧고 명료한 결론
근거(Reason)	왜냐하면 ~이기 때문입니다.	• 근거 제시
설명(Example)	예를 들어(실례로/실제로) ~입니다.	• 근거를 설명 • 예를 들어 설명(자기 경험, 책에서 본 것, 신문, 뉴스, 전문가 의견, 통계 자료 등)
주장(Point)	그래서(따라서) 저는 ~해야 한다고 생각합니다.(찬성/반대합니다.)	• 결론 반복, 정리

❖ 논제 분석 과정에서 예상한 찬성 근거와 반대 근거 중에서 내가 생각하는 가장 적절한 근거를 두 개씩 정합시다. 이때 찬성과 반대 양쪽 근거를 모두 준비합니다. 혹시 생각이 잘 나지 않는다면 논제 분석 자료를 다시 살펴보고 기록합니다.

내가 정한 찬성 근거	내가 정한 반대 근거
① 언제 어디서든 모르는 것을 손쉽고 빠르게 검색할 수 있다. ② 동영상 강의를 보거나 외국어 공부를 하는 등 공부에 활용할 수 있다. ③ 친구들과 연락하고 함께 게임도 하면서 친구 관계가 돈독해진다.	① 시력이나 자세가 나빠지고 잠이 부족해지는 등 건강을 해칠 수 있고, 일상생활에 무리가 생길 수 있다. ② 집중력이 약해지고 공부에 소홀해져서 성적이 떨어지고, 독서량도 줄어들 수 있다. ③ 친구들과 게임이나 단체 톡을 하다가 서로 다투거나 친구에게 상처를 줄 수 있다.

> 논제 분석 과정에서 예상되는 근거로 제시된 것들 중 비슷한 성격을 지닌 것들은 하나의 항목으로 묶어서 제시하는 것이 효과적임을 안내해 주세요.

❖ 이번에는 내가 정한 근거에 대한 설명 자료를 더 추가해서 써 보겠습니다. 자신의 경험 중 설명 자료로 쓸 수 있는 것들을 붙임 쪽지에 적어 칠판에 붙인 뒤 이야기 나눠 봅시다.

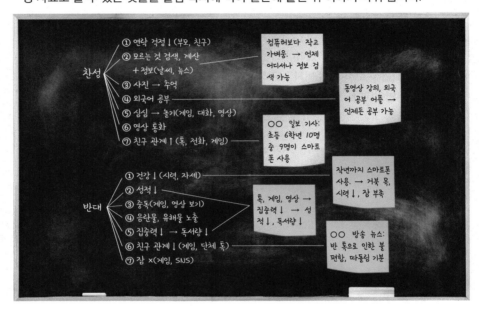

활동 2 **4단 논법으로 입안문 함께 써 보기**

❖ 다음 4단 논법의 형식에 맞추어 입안문을 써 봅시다.

논제	초등학생에게 스마트폰이 필요하다.	
입장	찬성	반대
주장	저는 '초등학생에게 스마트폰이 필요하다.'에 찬성합니다.	저는 '초등학생에게 스마트폰이 필요하다.'에 반대합니다.
근거 1	왜냐하면 ~이기 때문입니다. 첫째,	왜냐하면 ~이기 때문입니다. 첫째,
설명 1	예를 들어	예를 들어
근거 2	둘째,	둘째,
설명 2	예를 들어	예를 들어
정리	그래서 (첫째, 둘째,) 하므로 '초등학생에게 스마트폰은 필요하다.'에 찬성합니다.	그래서 (첫째, 둘째,) 하므로 '초등학생에게 스마트폰은 필요하다.'에 반대합니다.

(※입안문 예시는 3차시에 제시되어 있습니다.)

논증과 입안문

　토론에서 입안문은 논리에 알맞고 짜임새가 탄탄해야 하며 설득력이 있고 신선한 근거를 바탕으로 해야 한다. 논리에 알맞게 내용을 구성하는 것, 즉 주장에 대한 논리적인 이유와 근거를 들어 주장을 타당하게 증명해 내는 것을 '논증'이라고 한다. 이러한 논증은 상대를 설득하려는 목적을 가진 진술의 결론 부분인 '주장', 그렇게 주장하는 '근거' 그리고 그 근거를 뒷받침해 주는 '구체적인 자료나 사례' 이 세 가지를 구성 요소로 하는 것이 일반적이다.

　토론을 하기 전에 학생들은 반 아이들과 함께 논제를 분석한 내용과 경험을 나눈 것을 바탕으로 4단 논법에 알맞게 찬성과 반대 입안문을 씁니다. 이때 모둠이 함께 의논해서 글을 완성할 수도 있고, 또한 모둠이 함께 쓴 입안문을 개인별로 직접 수정할 수도 있습니다.
　또한 학생 수준에 따라 설명 자료도 달라질 수 있습니다. 교사는 학생 수준에 따라 개별로 입안문 쓰기 지도를 하되, 글쓰기를 어려워하는 학생에게는 다른 친구들의 예를 설명해 주며 알맞은 설명 자료를 연결하도록 도와주는 것이 좋습니다.

토론에 점차 익숙해지면 토론 양식지보다 토론 공책을 활용해서 찬성과 반대 주장을 펼칠 수 있습니다. 초등용 줄 공책을 반으로 나눠 찬성과 반대의 입안문을 쓰는 것인데, 이렇게 찬성과 반대 입안문을 나란히 붙여 놓고 보면 각 입장의 약점이 무엇인지 더 잘 드러나고 근거나 설명이 부족한 부분을 알아차리기 쉽다는 장점이 있습니다.

논제: 초등학생이 스마트폰을 쓰는 것은 바람직하다. 찬성 으로 갔다.

찬성
① 교육　　④ 정보
② 편리
③ 여가시간.

반대
① 시력저하　④ 집중↓
② 중독　　⑤ 거짓정보
③ 건강

초등학생이 스마트폰을 쓰는것은 바람직합니다.
스마트폰은 편리한 기능들을 많이 가지고 있습니다. 저같은 경우 집에 컴퓨터가 잘안되서 핸드폰으로 강의를 듣거나 인터넷으로 모르는 단어를 알수있었습니다. 그래서 어머니께 스마트폰을 잘 활용한다고 방안도 받았습니다.
또한 스마트폰은 즐거운 여가시간을

초등학생이 스마트폰을 쓰는 것은 바람직하지 않습니다.
초등학생이 스마트폰을 쓰게 되면 시력저하의 문제가 있습니다. 그렇게되면 건강에 피해가 갑니다. 또한 휴대폰중독에 걸릴수있습니다. 휴대폰중독에 걸리면 하루종일 휴대폰만 봐 만나서 수업에에 집중을 못하고, 친구나 가족과의 대화도 줄어들어 사회성도 떨어

마무리하기

❖ 오늘은 논제에 관한 자기의 생각을 밝히는 방법으로서 4단 논법에 대해 알아보았습니다. 이렇게 주장과 근거를 밝히고 경험이나 객관적인 자료를 바탕으로 설명을 덧붙인 뒤 자신의 주장을 한 번 더 정리하는 4단 논법의 말하기 방식은 토론에서뿐만 아니라 일상생활에서도 자기 생각을 논리적으로 밝혀야 할 때 활용하기 좋은 방법입니다.

❖ 평소 가정에서 내세우고 싶었던 의견이나 가족들에게 요구하고 싶었던 점이 있나요? 아주 사소한 것이라도 좋아요. 오늘 저녁 식사 시간에는 가족들에게 자신이 바라는 점을 오늘 배운 4단 논법의 형식에 맞추어 이야기해 보세요. 그리고 평소에 자신이 바라는 점을 그냥 말했을 때와 4단 논법에 맞추어 말했을 때 어떤 점이 달랐는지 또 어떤 효과가 있었는지 생각해 봅시다.

생각 열기 ···

❖ 다음 사진을 보고 궁금한 것을 말해 봅시다. 궁금한 것을 혼자서 찾아 질문을 만들어 봅니다.

- 아저씨가 고민하는 이유는 무엇일까?
- 초원에서는 말과 오토바이 중 어떤 것을 타는 것이 더 유리할까?
- 오토바이를 타면 초원이 훼손되지 않을까?
- 둘 중 하나를 타면 나머지 하나는 어떻게 될까? 초원에 두면 잃어버리지 않을까?

❖ 우리는 어떤 물건이나 상황을 접했을 때 여러 가지 궁금한 점이 생기게 됩니다. 토론의 과정
에서도 자신과 입장이 다른 상대의 주장이나 근거 또는 설명을 듣다 보면 궁금한 점이 생기
고, 또 반박하고 싶은 점도 생기겠죠?

❖ 오늘은 토론 과정에서의 질문하기와 반박하기에 대해 알아봅시다.

생각 펼치기 ···

활동 1 질문하기

❖ '초등학생에게 스마트폰이 필요하다.' 논제의 찬성 입안문을 읽고 질문해 봅시다.

예

'초등학생에게 스마트폰이 필요하다.' 찬성 입안문

저는 '초등학생에게 스마트폰이 필요하다.'에 찬성합니다.

왜냐하면 첫째, 언제 어디서든 모르는 것을 손쉽고 빠르게 검색할 수 있기 때문입니다. 예를 들어 길을 다니다가 어떤 정보를 찾으려고 할 때 컴퓨터는 크기가 커서 들고 다니기도 힘들고 인터넷이 되지 않는 곳에서는 쓰기 힘든데, 스마트폰은 들고 다니기도 쉽고 또 데이터를 사용하면 인터넷이 되지 않는 곳에서도 쓰기 편하기 때문에 길에서 혹은 집이 아닌 다른 장소 등에서도 정보를 찾기 쉽습니다.

둘째, 스마트폰이 있으면 동영상 강의를 보거나 외국어 공부를 하는 등 공부하는 데 유용하게 활용할 수 있습니다. 저 역시 스마트폰으로 부족한 과목의 동영상 강의를 듣기도 하고 외국어 공부 애플리케이션을 설치하여 틈틈이 외국어 공부를 하고 있는데 아주 편리합니다. 이러한 장점은 일반 폰에는 없는 기능이고, 또 집 컴퓨터나 노트북보다 가벼워서 시간과 장소에 상관없이 공부할 수 있다는 점도 좋습니다.

셋째, 스마트폰으로 친구들과 연락하고 함께 게임도 하면서 친구 관계가 돈독해질 수 있습니다. 20x.x.년 1월 29일 자 x.x. 일보 기사에 따르면 초등 6학년 학생 10명 중 9명이 스마트폰을 쓰고 있다고 합니다. 이런 상황에서 나만 스마트폰을 가지고 있지 않다고 상상해 보십시오. 친구들과 연락하기도 힘들고 나아가 친구 관계에서도 소외된다는 느낌을 받을 수밖에 없지 않을까요?

따라서 저는 '초등학생에게 스마트폰이 필요하다.'에 찬성합니다.

예

질문하기

- 우리 초등학생들이 집이 아닌 다른 곳에서 정보를 꼭 급하게 찾아야 할 일로 어떤 경우가 있나요? 얼마나 자주 그런 경우가 발생하나요?
- 스마트폰 기능 중에는 공부에 도움을 주는 기능보다 게임이나 톡, 영상 보기 등 공부에 방해가 되는 요소가 더 많지 않나요? 동영상 강의를 보거나 외국어 공부를 하다가 자기도 모르게 게임이나 톡, 영상 보기를 하게 되는 경우도 많아서 결국 공부에 집중이 잘 안 되는 경우가 많다고 보는데요?
- x.x. 일보 기사에 제시된 통계 내용은 어떤 방법으로 조사한 것인지 구체적으로 말해 주세요.

같은 방식으로 반대 측 입안문에 대해서도 찬성 측이 질문하도록 합니다.

주장하는 글을 읽고 질문을 할 때에는 다음 사항을 생각하면서 질문하도록 합니다.

• 주장이나 근거에 대해 궁금한 것이 있는가?
• 근거로 제시한 내용은 전부 사실인가?
• 주장과 근거가 서로 관련이 있는 것인가?
• 근거가 충분하고 타당한가?
• 혹시 생길 수 있는 부작용이 있는가?

　그러나 초등학생들이 이 사항을 모두 고려해서 질문하기는 현실적으로 어렵습니다. 따라서 가장 먼저 궁금한 것과 사실이 아닌 것 찾아보기로 가볍게 질문을 이끌어 내도록 합니다. 이를 통해 보다 쉽게 활동을 진행할 수 있습니다.

교차 조사와 교차 질의

　토론 과정에서 제시되는 질문에는 두 가지가 있다. 교차 조사와 교차 질의이다. 교차 조사에서는 한편(찬성이나 반대)의 사람은 질문하고, 다른 편의 사람은 대답한다. 한편이 주장을 했다면 다른 편의 사람이 주장에 질문하는 것을 교차 조사라 한다. 교차 질의는 서로 질문하는 것을 말한다. 찬성과 반대가 모두 주장을 한 뒤 서로 질문하는 것을 교차 질의라 한다.

활동 2 **반박하기**

❖ 다음 4단 논법의 형식에 맞추어 상대편의 입안문을 반박해 봅시다.

단계	내용	비고
주장(Point)	상대측은 ~라고 주장하였습니다. 그러나 저는 그 의견에 동의할 수 없습니다.(반대합니다./부정합니다./반박합니다./주장을 받아들일 수 없습니다.)	• 짧고 명료한 결론
근거(Reason)	왜냐하면 ~ (사실이 아니기/관련이 없기/근거 자료가 충분하지 않기) 때문입니다.	• '왜냐하면'으로 근거 제시
설명(Example)	예를 들어(실례로/실제로) ~입니다.	• 근거를 설명 • 예를 들어 설명(자기 경험, 책에서 본 것, 신문, 뉴스, 전문가 의견, 통계 자료, 설문 조사 자료 등)
주장(Point)	그래서(따라서) 저는 ~ 의견에 동의할 수 없습니다.(반대합니다./부정합니다./반박합니다./주장을 받아들일 수 없습니다.)	• 결론 반복

예 **'초등학생에게 스마트폰이 필요하다.' 반대 입안문**

저는 '초등학생에게 스마트폰이 필요하다.'에 반대합니다.

왜냐하면 첫째, 시력이나 자세가 나빠지고 잠이 부족해지는 등 건강을 해칠 수 있고, 일상생활에 무리가 생길 수 있기 때문입니다. 저 역시 작년까지는 스마트폰을 사용했는데 아무리 사용 시간을 정해서 사용하려고 해도 지키기 어려웠고 공부나 잠 시간을 줄이고 스마트폰으로 게임이나 톡, SNS 등을 하게 돼서 거북 목이 되기도 하고 시력도 나빠졌으며 잠도 부족해 수업 시간에 조는 경우가 많았습니다. 그래서 스스로 사용하지 않겠다고 부모님께 말씀드리고 지금은 일반 폰으로 급한 연락만 주고받고 있는데 건강도 회복되고 수업 시간에 집중도 잘 됩니다.

둘째, 집중력이 약해지고 공부에 소홀해져서 성적이 떨어지고, 독서량도 줄어들 수 있기 때문입니다. 예를 들어 스마트폰을 가지고 있으면 자꾸 톡이 오기도 하고 게임을 하거나 영상을 보고 싶은 마음이 자주 들기 때문에 공부에 집중하기 어렵고 그러다 보면 성적도 떨어질 수 있습니다. 또 스마트폰을 하느라 책을 잘 안 보게 되기 때문에 독서량도 줄어들 수 있습니다.

셋째, 친구들과 게임이나 단체 톡을 하다가 서로 다투거나 친구에게 상처를 줄 수 있기 때문입니다. 20x.x.년 8월 29일 자 x.x. 방송 뉴스 기사에 따르면, 반 톡 중 은근한 따돌림이 발생하고 반 톡이 싫어도 초대되어 있지 않으면 따돌림당하는 것 같은 기분이 드는 데다가 친구들과 친해지기 위해 수시로 반 톡을 확인해 대화에 끼고 할 말이 없으면 이모티콘이라도 보내는 등 반 톡 때문에 불편함을 겪는 학생들이 많다고 합니다.

따라서 저는 '초등학생에게 스마트폰이 필요하다.'에 반대합니다.

예 **반박하기**

상대측은 스마트폰 때문에 시력이나 자세가 나빠지고 잠이 부족해지는 등 건강을 해칠 수 있고 일상생활에 무리가 생길 수 있다고 주장하였는데, 저는 그 의견에 동의할 수 없습니다.

왜냐하면 이는 스마트폰 사용 시간을 조절하지 못한 개인의 경험에 의존한 근거이기 때문입니다. 사실 스마트폰뿐만 아니라 컴퓨터, 텔레비전도 얼마든지 중독성이 있기 때문에 스스로가 사용 시간을 조절하여 사용해야 하는 것은 마찬가지 아니겠습니까? 하다 못해 일반 폰의 경우에도 간단한 게임들을 할 수 있는데 이마저도 본인이 사용 시간을 통제하지 못하면 거기에 중독돼서 거북 목이 될 수 있고 시력도 나빠질 수 있으며 잠이 부족할 정도로 오래 하게 되기도 합니다. 스마트폰을 오래 사용해서 생길 수 있는 부작용을 가지고 스마트폰 자체를 사용하지 말자고 주장하기보다는 사용 시간을 정해서 지킬 수 있도록 하면서 스마트폰의 편리함을 누리는 것이 더 현명한 자세라고 생각합니다.

그래서 저는 시력이나 자세가 나빠지고 잠이 부족해지는 등 건강을 해칠 수 있고, 일상생활에 무리가 생길 수 있기 때문에 초등학생에게 스마트폰이 필요하지 않다는 의견에 반대합니다.

또한 상대측은 친구들과 게임이나 단체 톡을 하다가 서로 다투거나 친구에게 상처를 줄 수 있기 때문에 초등학생에게 스마트폰이 필요하지 않다고 주장하였는데, 저는 그 의견에 동의할 수 없습니다.

왜냐하면 상대측은 2018년 8월 29일 자 x.x. 방송 뉴스의 내용을 왜곡하여 설명 자료로 사용했기 때문입니다. 제가 찾아본 바로는 20x.x.년 8월 29일 자 뉴스의 원문에는 '반 톡'의 장점으로 '숙제, 준비물을 공지하거나 학우들의 친목을 도모하는 데 유용하다'는 말도 제시되어 있습니다. 게다가 이 기사에는 2018년 4월 초등학생들에게 단톡방 금지에 대해 설문한 결과 절반 이상(62.18%)의 응답자가 단톡방을 금지해서는 안 된다는 답변을 했다는 설문 조사 결과까지 포함되어 있었습니다. 이렇게 상대측은 한 기사문의 내용에서 자기들에게 유리한 정보만 골라 왜곡되게 이용하였습니다. 기사문의 원문을 보면 단체 톡이 유용한 점도 많고 또 우리와 같은 초등학생들의 대부분이 스마트폰을 이용한 단체 톡을 필요로 하고 있음을 알 수 있습니다.

따라서 저는 친구들과 게임이나 단체 톡을 하다가 서로 다투거나 친구에게 상처를 줄 수 있기 때문에 초등학생에게 스마트폰이 필요하지 않다는 상대측 의견에 동의할 수 없습니다.

 같은 방식으로 찬성 측 입안 문제에 대해서도 반대 측이 반박하도록 합니다.

>
>
> 토론에서 보통 자신의 입안문은 준비하지만 반박문의 경우 미리 준비하기 어려워 토론할 때 즉석에서 반박이 이루어지게 됩니다. 제대로 된 반박을 위해서는 자료 조사와 예상 반론을 위한 준비가 필요하기도 합니다. 이러한 반박 또한 토론을 처음 시작하는 초등학생들에게는 어려운 일이므로, 짝 토론과 같은 약식 토론에서는 처음부터 반박을 하기보다 주장하기와 질문하기 단계로 시작합니다. 처음부터 어려운 반박을 하기보다 학생들의 수준을 고려한 짝 토론으로 토론을 시작하고 질문이 자연스럽게 이어지면서 반박을 경험하게 하는 것이 좋습니다.

👦 마무리하기 ···

❖ 오늘은 상대편의 주장을 듣고 질문이나 반박을 해 보았습니다. 질문과 반박을 하고 나서 든 느낌을 이야기해 봅시다.

- 제 주장이 논리적으로 완벽하다고 생각했는데 허점이 있어서 놀랐어요.

- 제가 말하고자 한 것은 그런 뜻이 아니었는데 표현을 정확하게 하지 않아서 상대측이 반박할 수 있게 한 것 같아 아쉬웠어요.

❖ 네. 여러분들이 토론을 하면서 자신의 생각을 논리적으로 말할 수 있는 힘을 많이 기르게 된 것 같아 기쁘네요. 다음 시간에는 여러 가지 종류의 토론을 접해 보면서 그 힘을 더 크게 만들어 봅시다.

Q 초등학생이 토론하기에 쉽고 토론 진행이 잘될 수 있는 논제에는 어떤 것이 있을까요?

A 초등학생들이 하는 토론에서 '논리'를 강조하면 교실에 있는 학생 중에서 몇몇만 토론에 참여할 수 있습니다. 모든 학생들이 토론에 참여하게 하려면 논리를 강조하기보다는 모든 학생이 말할 수 있는 주제를 선택해야 합니다. 토론의 주제인 논제가 쉬워야 하는 까닭입니다. 그래서 대회 토론에서 하는 상식에서 찾은 논제보다는 학생들이 일상에서 겪는 삶에서 찾은 논제(급식, 짝, 일기 따위와 관련된 논제)로 토론하는 것이 좋습니다. 이런 논제는 경험으로라도 주장을 펼 수 있기 때문입니다.

Q 상대측의 답변이 너무 길어지면 어떻게 해야 하나요? 언제쯤 끊어야 할지 궁금해요.

A 토론의 원칙 중에 '합리성의 원칙'이라는 것이 있습니다. 찬성과 반대가 모두 같은 기회와 시간을 갖는다는 원칙입니다. 그래서 찬성, 반대 측 모두에게 주장과 반박 또는 질문을 하는 데에 같은 기회와 시간을 줍니다. 이 시간은 온전히 내 시간, 우리 편의 시간입니다. 내가 질문하는 시간인데 상대가 대답을 너무 길게 하면 그만 듣겠다고 말하기도 합니다. 그렇지만 상대가 질문이나 반박을 하는 시간이라면 그 주도권은 상대에게 있습니다. 상대의 말을 끊는 모습은 대회에서는 자주 볼 수 있지만, 교실 토론에서는 너무 오래 말하는 학생도 적거니와 친구가 하는 말을 끊는 학생들은 드뭅니다. 그래서 교실에서 하는 토론은 대회 토론과 달리 따뜻합니다.

Q 4단 논법으로 입안문을 쓰는 것을 지도할 때 유의할 점은 무엇인가요?

A 학생들에게 4단 논법으로 입안문을 써 보라고 하면 하나같이 힘들어합니다. 토론에서 꼭 필요한 입안문을 쓸 수 없다면 토론을 시작할 수가 없습니다. 그래서 4단 논법 양식지를 만들어 활용할 수 있습니다. 그러나 4단 논법 양식지를 활용하더라도 모두가 그 양식을 다 채울 수 없고, 학생들 수준에 따라 결과가 다르게 나타납니다. 어떤 학생은 설명 자료를 한 줄밖에 못 쓰기도 합니다. 입안문을 처음 쓰거나 학생의 수준이 낮다면 설명 자료는 빼고, '주장 – 근거 – 다시 주장'의 형식으로 쓰게 하며 입안문 쓰기에 익숙해졌을 때 설명 자료를 보태게 하는 것도 좋습니다.

토론의 유형 익히기

국어

☑ 성취 기준

[6국01-03] 절차와 규칙을 지키고 근거를 제시하며 토론한다.
[6국03-04] 적절한 근거와 알맞은 표현을 사용하여 주장하는 글을 쓴다.

☑ 수업의 흐름

1차시 짝 토론하기	···▶	• 교차 조사 짝 토론하기 • 교차 질의 짝 토론하기 • 판정하기
2차시 2:2 토론하기	···▶	• 2:2 토론 알아보기 • 함께 준비하기 • 작전 시간 가지기
3차시 전체 토론하기	···▶	• 전체 토론 알아보기 • 전체 토론의 유의점 알기 • 토론을 마치며 정리하기

☑ 수업의 주안점

　토론은 좋은 점이 정말 많다. 듣기, 말하기, 읽기, 쓰기 능력부터 논리적 사고와 비판적 사고, 분석적 사고와 종합적 사고까지 모두 얻을 수 있다. 그런데 실제 현장에서는 이렇게 좋은 토론을 몇몇 뛰어난 학생들만 하는 경우가 많다. 이런 아쉬움을 가장 손쉽게 해결할 수 있는 토론 모습이 바로 짝 토론이다. 짝 토론은 모두가 토론을 경험하면서 토론으로부터 얻을 수 있는 가치를 체득할 수 있는 유형이다.

　한편 대부분의 교실에서는 모둠을 운영한다. 모둠을 이루는 학생 수는 넷이 많은데, 넷이서 토론할 때 쉽게 할 수 있는 방법으로는 짝 토론과 함께 2:2 토론이 있다. 둘씩 한편이 되어 토론하므로 2:2 토론을 모둠 토론이라고도 부른다. 한 모둠에 모둠원이 6명이라면, 둘씩 토론하고 나머지 둘은 판정을 하거나, 다른 모둠의 둘과 만나 2:2 토론을 할 수 있다. 2:2 토론은 협동하며 토론하기 때문에 짝 토론보다 조금 더 깊이 있고 치열한 토론이 되는 효과가 있다.

　전체 토론은 학급에 있는 학생들이 모두 참여하는 토론이다. 짝 토론은 판정 부담 없이 직접 참여하는 재미가 있고 2:2 토론은 둘이 함께 뜻을 모으는 즐거움이 있는 반면, 전체 토론은 학급에 반이 우리 편이기에 조금 더 강한 승부욕을 불러일으킨다.

　여기에서는 이 세 가지 토론의 유형을 접하면서 학생들이 토론의 즐거움을 다양하게 맛볼 수 있게 하고, 나아가 목적과 상황에 따라 적합한 토론 유형을 선택할 수 있음을 인식하게 한다.

1차시 짝 토론하기
- 교차 조사 짝 토론하기
- 교차 질의 짝 토론하기
- 판정하기

 생각 열기 ···

❖ 여러분이 친한 친구와 가장 많이 하는 것은 무엇인가요?
　 같이 놀고, 공부도 하고 이야기도 나눕니다.

❖ 친구와 놀거나 이야기 나눌 때 생각이 달랐던 적이 있나요?
　 네. 먹고 싶은 것, 놀이하고 싶은 것을 정할 때요.

❖ 이렇게 생각이 다를 때 서로 자기주장을 펼치는 것을 뭐라고 했지요?
　 토론이요.

❖ 네. 오늘은 모두가 직접 토론을 해 보도록 할 건데요, 토론의 여러 유형 중 짝 토론을 경험해
　 보겠습니다. 먼저 짝 토론의 방법을 알아보고 짝 토론을 해 봅시다.

 생각 펼치기 ···

활동 1 **교차 조사 짝 토론하기**
　● **자리 배치**

❖ 오늘 우리가 하는 토론은 짝과 하는 토론
이에요. 그래서 '짝 토론'이라고 합니다. 짝
과 토론하기 위해서 자리를 토론하기 편하
게 앉을게요. 왼쪽 사람은 의자를 90도로
돌려 짝을 보세요. 오른쪽 사람은 책상을
90도로 돌려 짝과 책상을 함께 쓸 수 있게
해 주세요. 돌려서 가운데 둔 책상 하나로
토론하도록 할게요.

❖ 짝과 찬성과 반대를 어떻게 나눌 수 있을까요?
- 가위바위보로 정해요.
- 서로 하고 싶은 것으로 해요.

❖ 우리는 가위바위보로 정할게요. 이후에 입장을 바꿔서 찬성과 반대를 모두 경험해 볼 수도 있어요.

❖ 토론의 진행은 찬성과 반대에게 모두 공평해야 합니다. 그러기 위해 찬성과 반대 모두 주장하고 질문하는 시간을 같게 정해요. 주장은 1분, 질문은 2분으로 하도록 하겠습니다.

❖ 토론에서는 보통 찬성이 먼저 주장을 폅니다. 그리고 짝 토론에서는 주장인 입안과 질문인 교차 조사를 하게 되는데요, 주장과 질문 중에서 어떤 것을 먼저 해야 할까요?
주장입니다.

❖ 그럼 차례 정리가 다 된 것 같네요. 칠판에 있는 표를 보고 모두 같이 읽어 볼게요.

찬성	반대
주장(입안) - 1분	
	질문(교차 조사) - 2분
	주장(입안) - 1분
질문(교차 조사) - 2분	

❖ 찬성이 먼저 주장을 펼칩니다. 시간은 얼마죠?
1분이에요.

❖ 주장을 다 했는데, 1분이 되기 전에 주장이 끝나 버렸어요. 그럼 어떻게 하면 해야 할까요?
- 묻고 답하기를 준비해요.
- 설명을 더 보태요.

❖ 주장을 다 폈는데 시간이 1분이 되지 않았으면 묻고 답하기를 준비하는 것도 좋아요. 주장을 펴는 사람은 주장을 펼 때 어떻게 해야 할까요?
- 자신 있는 목소리로 크게 말해요.
- 공책만 보지 않아야 해요. 상대편을 보고 말해요.

❖ 네. 그런데 우리가 토론을 자주 해 본 적이 없으니 공책을 보고 해도 괜찮아요. 참고해서 말하되 공책으로 얼굴을 가리지는 않도록 주의하면 좋겠어요. 상대방이 주장할 때 듣는 사람은 무엇을 할 수 있을까요?

– 정성껏 들어요.

– 메모를 하거나 질문 준비를 해요.

❖ 주장을 듣는 사람은 바로 이어서 질문을 해야 해요. 그러니 들으면서 무엇을 질문할 것인지를 계속 따져야 해요. 그러기 위해서는 잊지 않게 메모를 해 두는 게 좋아요.

❖ 주장을 마치면 질문(교차 조사)하는 시간이 있어요. 찬성이 주장을 마치면, 반대 토론자가 질문을 해요. 무엇을 질문하면 될까요?

– 상대 주장에서 궁금한 것이요.

– 상대 주장과 생각이 다른 것이요.

❖ 그래요. 질문에서는 궁금한 것과 반박을 적절하게 하면 돼요. 질문이라고 했지만, 반박을 포함하니 부담 없이 상대와 다른 내 생각을 드러내며 서로 이야기 나누면 됩니다.

활동 2 교차 질의 짝 토론하기

❖ 앞에서 한 짝 토론에서는 찬성이 주장하고서 반대가 뭘 했지요?

질문이요.

❖ 그래요. 그런데 이번에는 조금 달라요. 찬성이 주장하고서 바로 반대도 주장을 해요. 찬성과 반대가 모두 주장을 펴는 것이죠.

찬성	반대
주장(입안) - 1분	
	주장(입안) - 1분
서로 질문(교차 질의) - 2분	

❖ 찬성과 반대가 모두 주장을 했어요. 이어서 무엇을 하죠?

질문이요.

❖ 그런데 이번에는 찬성과 반대에게 질문할 수 있는 기회가 한 번밖에 없어요. 그럼 어떻게 할 수 있을까요?

　서로 묻고 답하기를 해요.

❖ 앞 토론에서는 찬성이 주장을 펴면, 반대는 찬성의 주장에 대해 질문을 계속 할 수 있었는데, 이번 토론에서는 찬성과 반대가 주장을 펴면, 둘이 번갈아 가며 한 번씩 질문을 해요.

❖ 누가 먼저 질문하면 될까요?

　아무나 먼저 해요.

❖ 우리는 찬성이 먼저 하는 것으로 할게요. 찬성이 질문하면 반대는 어떻게 해야 할까요?

　대답하고서 질문도 해요.

❖ 찬성이 질문하면 반대는 질문에 대답하고, 이어서 질문도 해요. 앞서 말했듯 질문에서는 반박을 포함하니 자기 생각을 자유롭게 말하면 좋겠어요.

회전목마 토론

　교차 질의를 활용한 짝 토론은 한 판에 시간이 4분이 걸리므로 교과 수업 한 시간에 여러 판을 할 수가 있다. 이렇게 짝 토론을 돌아가며 여러 판 진행하는 것을 회전목마 토론이라고 한다. 토론을 여러 번 하면 찬성과 반대를 모두 할 수 있고 친한 친구를 만나 마음 편히 할 수도 있으며 토론 실력이 비슷한 친구를 만나 치열하면서도 더 재미있게 토론할 수 있다는 점이 좋다. 아울러 토론할 때마다 주장과 질문이 조금씩 나아진다는 장점이 있다.

• 분단 회전목마: 분단에서 한쪽 줄이 뒤로 한 칸씩 이동하면서 토론한다.
• 모둠 회전목마: 모둠 안에서 짝을 바꿔 가며 토론한다. 한 모둠이 4명이라면 세 판의 토론을 할 수 있다.

활동 3 **판정하기**

❖ 다음의 판정 기준을 잣대로 삼아 우리가 한 토론에 대해 평가해 봅시다.

듣기		평가		
시선	상대방을 보며 들었는가?	상	중	하
메모	중요한 내용을 쓰며 들었는가?	상	중	하
동작	상대방의 말에 적절하게 반응하며 들었는가?	상	중	하

말하기		평가		
성량	상대방이 알아들을 수 있는 크기였는가?	상	중	하
빠르기	경우에 맞게 적당한 빠르기였는가?	상	중	하
동작	말에 알맞은 동작을 했는가?	상	중	하

태도		평가		
자세	바르게 앉아서 토론에 참여했는가?	상	중	하
예의	상대방을 존중하며 토론에 참여했는가?	상	중	하
정성	최선을 다해 토론에 참여했는가?	상	중	하

듣기의 4단계

1단계	보며 듣기	2단계	쓰며 듣기
3단계	대답하며 듣기	4단계	질문하며 듣기

❖ 토론에서는 승패를 따질 때가 많아요. 승패를 따지면 뭐가 좋은가요?

　열심히 하게 돼요.

❖ 승패를 따졌을 때 좋지 않은 건 뭐가 있을까요?

- 졌을 때 기분이 나빠요.

- 이기려고 억지 고집을 부릴 수 있어요.

❖ 승패를 따질 때 좋은 점도 있고 아쉬운 점도 있네요. 그럼 우리는 승패를 자주 따지지는 않고, 한두 번 우리 반 잔치로 토론 대회를 하고 그때에만 승패를 따지는 것으로 할게요. 우리는 토론을 마치면 상대 토론자에게 박수를 보내기도 해요. 먼저 열심히 토론한 나 자신에게 토닥토닥, 열심히 토론해 준 내 상대에게도 큰 박수 부탁해요.

❖ 상대 토론자가 잘한 것을 칭찬해 주세요. 찬성 토론자가 먼저 칭찬할게요. 이어서 반대 토론자도 상대 토론자가 잘한 것을 칭찬해 주세요.

❖ 칭찬을 마쳤으면 전체 앞에서도 상대 토론자가 잘한 점을 발표해 보겠습니다.

❖ 모두 수고했어요. 우리 손뼉 치며 마칠게요.

 마무리하기 ···

❖ 짝 토론을 하고 나서 든 느낌을 이야기해 봅시다.
- 친구가 이렇게 논리적으로 말을 잘하는지 몰랐는데 정말 놀랐어요.
- 친구와 마주 보고 생각을 말하니까 처음에는 조금 어색하고 떨렸는데, 나중에는 미처 생각지 못했던 근거도 떠올라서 더 신나게 주장할 수 있었어요.

❖ 모두 즐겁고 유익하게 짝 토론을 해 주어서 기쁘네요. 다음 시간에는 2:2 토론을 경험해 봅시다.

2차시

2:2 토론하기
• 2:2 토론 알아보기
• 함께 준비하기
• 작전 시간 가지기

생각 열기

❖ 우리는 짝도 있지만, 모둠도 있어요. 모둠이 모두 몇 명이지요?
　네 명이요.

❖ 네 명이서 편을 나눠서 토론할 수 있어요. 몇 명씩 나눌 수 있을까요?
　둘씩 편을 나눠요.

❖ 네, 이렇게 둘씩 편을 나누면 짝 토론과 어떤 점이 달라질까요?
– 토론 준비를 같이 해야 할 것 같아요.
– 마음이 서로 잘 맞아야 할 것 같아요.

❖ 오늘은 2:2 토론의 방법을 알아보고 2:2 토론을 해 봅시다.

생각 펼치기

활동 1 **2:2 토론 알아보기**

● 흐름

찬성		반대	
1 토론자	2 토론자	1 토론자	2 토론자
주장(입안) - 1분			
		주장(입안) - 1분	
모두 묻고 답하기(전원 교차 질의) - 3분			
	주장(입안) - 1분		
			주장(입안) - 1분
모두 묻고 답하기(전원 교차 질의) - 3분			

❖ 2:2 토론에서 같은 편이 몇 명이지요?

　둘이요.

❖ 둘이니까 1, 2번 토론자로 나눠야 해요. 1, 2번
토론자 중에 누가 먼저 주장할까요?

　찬성 1번이요.

❖ 그래요. 찬성 1번이 먼저 주장을 펴면 돼요. 이어서 누가 하면 될까요?

－ 반대 1번이요.

－ 질문이요.

❖ 주장도 되고 질문도 되지만, 우리는 주장을 먼저 할게요. 반대 1번 토론자가 주장을 해요. 찬
성과 반대 1번 토론자들이 모두 주장을 펴는 거죠.

● 모두 묻고 답하기(전원 교차 질의)

❖ 둘 모두 주장을 폈어요. 주장 다음에는 무엇을 하지요?

　질문이요.

❖ 맞아요. 주장을 폈으니 질문으로 묻고 답하는 시간을 가져요.

❖ 둘 모두 주장했으니 질문은 어느 한편만 할까요? 아니면 찬성과 반대가 모두 가능할까요?

　모두 가능해요.

❖ 질문하기에는 무엇을 할 수 있다고 했나요?

－ 모르는 것을 물어요.

－ 생각이 다른 것을 말로 드러내요.

❖ 그래요. 질문에 반박을 담아서 할 수 있어요. 1번 토론자들이 주장을 폈어요. 질문은 누가 할
수 있을까요?

－ 주장한 1번 토론자들이요.

－ 주장하지 않은 2번 토론자들이요.

－ 아무나 해도 좋을 것 같아요.

❖ 이건 정하기 나름인데, 우리는 토론에 참여한 넷 모두 질문하기에 참가하는 것으로 할게요.

전원 교차 질의의 좋은 점

　　전원 교차 질의는 참여자 모두가 묻고 답하기에 참여한다. 1번, 2번 토론자 중에 아무나 질문할 수 있고 대답도 할 수 있다. 이렇게 하면 다음과 같은 좋은 점이 있다.

・넷 모두 토론의 과정에 관심을 가진다.
・모둠원 간에 토론 수준에 차이가 있을 수 있는데, 모두가 묻고 답하는 과정에서 수준 차이를 좁힐 수 있다.
・둘이 한편이 되므로 승패를 따지지 않아도 묻고 답하기가 치열해져 재미를 느낄 수 있다.

활동 2 함께 준비하기

❖ 2:2 토론이 짝 토론과 가장 다른 점은 무엇인가요?
　　우리 편이 있어요.

❖ 우리 편이 있는 2:2 토론은 토론 준비를 같이 해야 해요. 같이 해야 하기에 토론 준비 시간을 줄 거예요. 어느 정도 시간이면 될까요?
　　한 주요.

❖ 준비 시간에 어떻게 만나서 준비하면 좋을까요?
－ 집에서 만나서 해요.
－ 집에서 못 만나면 학교에서 함께 준비해요.
－ 도서관이나 컴퓨터실에서 자료를 함께 찾으며 준비해요.

❖ 2:2 토론에서는 우리 편 토론자(친구)와 함께 준비하면서 근거를 나누고, 그것에 알맞은 설명 자료를 같이 찾으며 협력해야 해요.

활동 3 작전 시간 가지기

❖ 2:2 토론에서 주장 다음에는 무엇을 한다고 했죠?
　　묻고 답하기요.

❖ 2:2 토론에서는 누가 묻고 답하기를 할 수 있지요?
　　넷 모두 할 수 있어요.

❖ 묻고 답하기를 할 때, 뭐가 어렵나요?
　　무엇을 물어야 할지 잘 생각이 안 나요.

❖ 그럼 묻고 답할 내용을 떠올리기 위해 뭐가 필요할까요?
　　우리 편 짝과 함께 생각할 시간을 가지면 좋겠어요.

❖ 같이 생각할 시간, 이를 토론에서는 '작전 시간'이라 해요. 모두가 서로 묻고 답하는 활동을 하기 전에 작전 시간을 가질게요.

❖ 이때 무엇을 하면 될까요?
- 질문을 함께 만들어요.
- 만든 질문을 나눠 가져요.
- 질문과 대답을 잘하기 위한 작전을 세워요.

❖ 이렇게 작전 시간을 가질 때, 서로가 어떻게 말하는 게 좋을까요?
- 같은 편이니까 서로 격려하며 칭찬하면 좋겠어요.
- 같은 편끼리 힘이 될 수 있는 말을 하는 것이 좋아요.

 마무리하기 ··

❖ 오늘 2:2 토론을 하고 나서 든 느낌을 이야기해 봅시다.
- 팀을 짜서 하니까 근거나 자료 찾기가 더 쉬웠어요.
- 내가 생각하지 못했던 점을 친구가 말해 줘서 더 논리적으로 표현할 수 있었어요.
- 같은 편인데도 생각이 다른 점이 있어서 한 생각으로 모으는 데 좀 힘이 들었어요.

❖ 2:2 토론은 짝 토론보다 협동을 필요로 하기 때문에 좋은 점도 있고 좀 더 힘들었던 점도 있었을 거예요. 하지만 백짓장도 맞들면 낫다고 했듯이 하나의 문제에 대해 여러 사람이 생각을 모으면 좀 더 좋은 의견을 만들 가능성이 높아지겠죠?

❖ 다음 시간에는 반 전체가 찬성과 반대로 팀을 짜서 토론을 해 보면서 토론의 재미를 더 크게 느껴 봅시다.

3차시

전체 토론하기
• 전체 토론 알아보기
• 전체 토론의 유의점 알기
• 토론을 마치며 정리하기

 생각 열기 ··

❖ 구기 종목 중에서 무슨 운동을 좋아하나요?

– 축구요.

– 야구요.

– 농구요.

❖ 축구는 혼자 할 때가 좋아요? 여럿이 같이 할 때가 좋아요?

여럿이 같이 할 때요.

❖ 왜 축구를 여럿이 같이 하는 게 좋은가요?

우리 편이 상대를 이기는 게 좋아요.

❖ 축구에서 상대에게 이기기 위해서는 무엇이 필요한가요?

– 힘을 모아야 해요.

– 모두가 열심히 해야 해요.

– 자기 역할을 잘해야 해요.

❖ 토론도 축구처럼 편을 나눠서 전체가 할 수 있어요. 이를 뭐라고 하면 될까요?

– 전체 토론이요.

– 학급 토론이요.

– 학급 전체 토론이요.

❖ 우리는 전체 토론이라고 할게요. 오늘은 전체 토론 방법을 알아보고 전체 토론을 해 봅시다.

생각 펼치기 ··

활동 1 전체 토론 알아보기
- ● 편 나누기

❖ 전체 토론을 하려고 해요. 전체 토론에서는 편이 몇 개일까요?
  둘이요.

❖ 무엇과 무엇이지요?
  찬성과 반대요.

❖ 편은 어떻게 나누는 게 좋을까요?
- 가위바위보로 해요.
- 2분단씩 나눠서 해요.

❖ 우리는 2분단씩 나눠서 할게요. 서로 마주 보고 앉을게요.

❖ 찬성과 반대는 어떻게 나눌까요?
- 가위바위보로 정해요.
- 뽑기로 해요.

❖ 우리는 뽑기로 해서 어느 편이 찬성을 하고 반대를 할지 정할게요. 찬성과 반대를 모두 경험하게 될 테니 찬성과 반대에 너무 신경 쓰지는 마세요.

- ● 흐름

찬성편	반대편
주장(입안) - 1분	
	모두 묻고 답하기(전원 교차 조사) - 3분
	주장(입안) - 1분
모두 묻고 답하기(전원 교차 조사) - 3분	
이어서 계속 진행 가능	

❖ 토론은 늘 그렇듯 주장으로 시작해요. 찬성에서 주장을 하면 반대에서 그에 대해 질문하고, 반대가 주장을 하면 찬성에서 질문을 할 거예요.

❖ 주장은 누가 하면 좋을까요?
– 희망자가 해요.
– 같은 편끼리 의논해서 주장할 사람을 정해요.

❖ 짝 토론으로 했던 토론 주제를 그대로 사용하니 그 주장을 참고하여 누구나 주장하는 사람 역할을 맡을 수 있겠네요.

● **전원 교차 조사**

❖ 찬성편이 주장하고 나면 무엇을 할 수 있지요?
주장이나 질문을 할 수 있어요.

❖ 우리는 찬성편 주장에 반대편이 질문을 하도록 할게요. 질문과 대답은 누가 할 수 있을까요?
전체 토론이니 아무나 할 수 있어야 할 것 같아요.

❖ 찬성편 주장에 반대편은 아무나 질문이 가능하다는 말이네요?
네.

❖ 반대편 질문에 대한 대답은 찬성편에서 누가 할 수 있을까요?
대답도 아무나 할 수 있어야 하겠어요.

❖ 그럼 내가 질문할래, 대답할래 하는 표시는 어떻게 하죠?

　　손을 들어요.

❖ 그럼 손 든 사람 중에서 질문하고 대답할 사람을 정해 줘야 할 테니, 선생님이 사회자(진행자)를 할게요.

❖ 묻고 답하기는 골고루 하는 게 좋을까요? 잘하는 몇이 계속 하는 게 좋을까요?

　　골고루 하는 게 좋을 것 같아요.

❖ 그럼 손 든 사람 중 묻고 답할 사람을 돌아가며 정할게요. 그런데 토론이 치열할 때 가끔은 정해 주지 않을 수도 있을 것 같아요. 그럴 때는 서로 토론 예절을 지켜 가며 하도록 해요.

❖ 토론 예절에는 어떤 것이 있을까요?

－ 서로 높임말을 써요.

－ 질문이나 대답을 끝까지 들어요.

－ 상대를 공격하는 거친 말을 쓰거나, 손가락질을 하는 것 같은 태도는 좋지 않아요.

❖ 2:2 토론에서 모두가 묻고 답하기 전에 작전 시간을 가졌는데, 전체 토론에서도 작전 시간이 필요할까요?

－ 같이 생각을 나누면 좋으니까 작전 시간이 필요해요.

－ 사람이 많아 함께 모이기 힘이 드니 필요 없을 것 같아요.

❖ 우리는 먼저 작전 시간을 10분간 갖고 이후 토론 예절을 지키며 전체 토론을 해 보도록 합시다.

활동 2 전체 토론의 유의점 알기

❖ 전체 토론을 하고나니 어떤 생각이 드나요? 궁금한 것이 있나요?

　　누가 이겼는지 궁금해요.

❖ 판정을 내릴 수는 있지만 이번에는 내리지 않을게요. 서로 어떤 점을 잘했는지 칭찬해 봅시다.

　　근거를 대면서 잘 주장한 것 같아요.

❖ 토론하면서 아쉬웠던 점으로는 뭐가 있을까요?

　　토론에 참여하는 사람만 했어요.

❖ 이번 시간을 시작할 때 축구 이야기를 했는데, 다른 반과 축구를 할 때 이기려면 어떻게 해야 할까요?

 - 힘을 모아야 해요.

 - 모두가 열심히 해야 해요.

 - 자기 역할을 잘해야 해요.

❖ 그래요. 오늘 토론 시간에 자기 모습이 어땠는지 돌아보면 좋겠어요. 우리가 하는 토론이 전체 토론인데 모두가 참여한 건 아닌 것 같아요. 참여하지 않은 사람은 왜 하지 않았을까요?

 - 용기가 안 났어요.

 - 다른 친구가 더 잘하니까요.

 - 무엇을 묻고 대답해야 할지 잘 모르겠어서요.

❖ 묻거나 대답하지 않은 사람들은 토론을 듣지 않았나요?

 토론은 열심히 들었어요.

❖ 맞아요. 말은 하지 않았지만, 토론에는 집중했던 것 같아요.

❖ 전체 토론을 할 때에는 발언을 하는 사람만 계속 하게 되는 경우가 많은데, 모두가 적극적으로 자신의 의견을 내세울 수 있도록 유의해야 해요.

❖ 아마 이번 토론이 처음이라 그럴 거예요. 다음에 할 때는 조금 더 적극적으로 참여하려고 노력하면 좋겠어요.

활동 3 **토론을 마치며 정리하기**

❖ 이번 토론에서 찬성과 반대를 모두 했나요? 원하는 것만 했나요?

 모두 했어요.

❖ 맞아요. 짝 토론에서든 전체 토론에서든 찬성과 반대를 모두 경험했어요.

❖ 찬성과 반대를 모두 해 보니 어떤가요? 혹시 토론하기 전과 생각이 바뀐 사람도 있나요?

 - 바뀌었어요.

 - 바뀌지는 않았어요.

 - 조금 헷갈리긴 해요.

❖ 토론을 마친 뒤의 논제에 대한 여러분의 생각이 어떤지 알아볼게요. 가치 수직선으로 표시해 보도록 할게요.

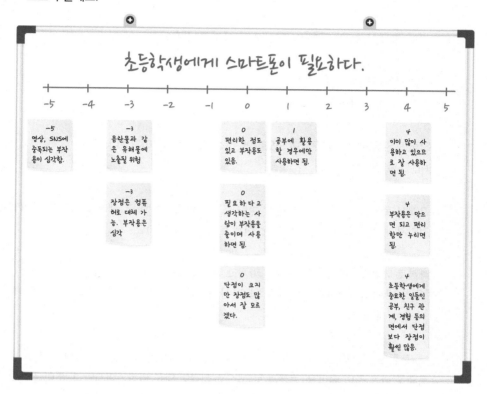

 가치 수직선

　어떤 주제에 대한 사람의 판단은 찬성과 반대로 나눌 수 있다. 그리고 그 찬성도 강한 찬성과 약한 찬성이 있을 수 있다. 반대도 마찬가지이다. 이렇듯 찬성과 반대의 정도를 드러낼 수 있는 방법이 가치 수직선이다. 주로 찬성은 1(약한 찬성)에서 5(강한 찬성)까지로 나타내며, 반대는 -1(약한 반대)에서 -5(강한 반대)로 나타낸다. 0은 중립이다. 학생들은 각자 붙임 쪽지에 숫자를 쓰고 그렇게 생각하는 까닭을 쓴 뒤 아래에 자기 이름을 쓰도록 한다. 다 적은 붙임 쪽지는 가치 수직선의 해당 위치에 붙인다.

❖ 전체 토론에서 이기면 이긴 대로 결정하고 따라야 할까요? 예를 들어 우리 반에서 빼빼로 데이를 해야 한다고 토론했을 때, 찬성이 이겼다면 빼빼로 데이를 해야 하는 것일까요? 반대가 이기면 하지 않고?

그렇게 해야 할 것 같아요. 토론에서 이겼으니까요.

❖ 그럼 찬성과 반대에서는 어떤 편이 이길까요?

토론을 잘한 편이요.

❖ 그럼 토론을 잘하는 친구들이 모였다면, 찬성이든 반대든 이기겠네요?

네. 그럴 것 같아요.

❖ 그래서 토론에서의 승패로 행동의 방향 등을 정하지는 않아요. 행동을 정하려면 '어떻게 할 것인지'에 관해 더 이야기를 나눠요. 전체 토의를 하는 거지요.

❖ 빼빼로 데이로 토론했다면, 토론을 마치고 어떤 주제로 토의하면 될까요?

'우리 반에서는 빼빼로 데이를 할 것인가? 한다면 어떻게 할 것인가?'를 주제로 토의해야 해요.

❖ 네. 토론은 찬성과 반대의 갈등을 푸는 데 좋고, 갈등을 풀고서 문제에 대한 결정을 할 때는 토의를 하는 것이 좋아요. 토론과 토의는 그 성격이 다른 말하기이지만, 토론이 끝나고 토의가 이어지기도 하고 때로는 토의 뒤에 토론이 시작되는 경우도 있지요.

 마무리하기 ···

❖ 전체 토론을 하고 나서 느낀 점을 이야기해 봅시다.
- 여럿이 한 팀이 되어 토론을 하니까 승부욕이 더 생겨서 재밌었어요.
- 혼자서나 둘이서 근거를 마련할 때보다 부담은 덜하고 토론 내용은 더 풍부해졌어요.
- 적극적으로 참여하는 사람과 그렇지 않은 사람으로 나누어지게 되는 것 같아서 아쉬웠어요.

❖ 전체 토론 역시 다른 토론 유형들과 마찬가지로 장점과 단점이 공존하네요. 토론 유형을 정할 때에는 다루려는 문제의 성격이나 토론하는 상황, 토론자들의 성격 등을 먼저 생각해 보고 가장 적절한 유형이 무엇인지 정하는 것이 좋아요.

❖ 지금까지 짝 토론, 2:2 토론, 전체 토론을 경험하면서 토론의 가치와 재미를 흠뻑 느껴 보았나요?

❖ 토론이 무엇이고 어떤 요소를 가지고 있는지, 또 어떻게 진행하고 그 유형에는 무엇이 있는지 잘 알게 되었나요? 아직은 잘 이해가 가지 않거나 익숙지 않은 부분이 많을 거예요.

❖ 다음 시간부터는 여러 가지 주제로 다양한 유형의 토론을 경험해 보면서 토론의 재미와 가치를 더욱 본격적으로 느껴 보도록 해요.

 이럴 땐 이렇게

아이들이 질문과 반박을 잘할 수 있도록 지도하는 방법을 알려 주세요.

토론에서 가장 어려운 것이 질문과 반박입니다. 입안문은 준비할 수 있지만, 질문과 반박은 상대의 주장을 예상해야 하기 때문입니다. 순발력과 재치가 필요합니다. 그래서 초등 토론에서 이 질문 – 반박을 학생들에게 크게 강요하지는 않습니다. 다만 아래와 같은 활동으로 질문 – 반박을 연습하게 할 수 있습니다.

첫째, 입안문 하나를 예시로 들어 교사와 학생 모두가 함께 글을 분석합니다. 교사는 아이들 수준에 맞게 논리적 허점이 있는 입안문을 준비합니다. 선생님이 한 줄씩 읽으면서 아이들에게 어떤 질문거리가 있을지 묻고 함께 살펴보는 것도 좋습니다. 아니면 모둠마다 입안문을 나눠 주면서 함께 분석하게 해도 됩니다. 질문 – 반박을 처음부터 능숙하게 잘하는 아이들이 반마다 꼭 여럿 있습니다. 이 아이들의 발표를 발판 삼아 질문이나 반박이 사실을 확인하는 것인지, 주장에 맞는 근거인지 여부를 검토한 것인지 선생님이 짚어 줍니다. 이 과정에서 다른 아이들은 보고 배우는 기회를 얻을 수 있습니다.

둘째, 논제 분석에서 이끌어 낸 근거들을 함께 살펴봅니다. 그 근거에 대해 각자 궁금한 점이나 질문거리를 붙임 쪽지에 써서 판서된 근거 옆에 붙이도록 합니다. 물론 모든 아이들이 붙임 쪽지에 질문거리를 쓰진 못합니다. 다만 그것을 살펴본 다른 아이들에게는 그 붙임 쪽지 자체가 토론 상황에서 질문 – 반박거리가 될 수 있습니다.

2부

토론의
실제를 익히는
토론 수업

생활 속 문제 해결하기

☑ 성취 기준

[6사05-03] 일상생활에서 경험하는 민주주의 실천 사례를 탐구하여 민주주의의 의미와 중요성을 파악하고, 생활 속에서 민주주의를 실천하는 태도를 기른다.

[6사05-04] 민주적 의사 결정 원리(다수결, 대화와 타협, 소수 의견 존중 등)의 의미와 필요성을 이해하고, 이를 실제 생활 속에서 실천하는 자세를 지닌다.

☑ 수업의 흐름

1차시 생활 속의 문제 알아보기	···▶	• 생활 속의 문제 찾기 • 문제 분석하기 • 논제 만들기
2차시 문제 해결을 위해 토론하기	···▶	• 논제 분석하고 입안문 쓰기 • 토론하고 소감 나누기
3차시 해결 방법 찾고 실천하기	···▶	• 해결 방법 찾기 • 실천 방법 정하기 • 실천하기

☑ 수업의 주안점

이 주제에서는 생활 속의 문제를 인식하고 합리적인 해결 방안과 참여 방법을 모색한다. 나아가 일상생활에서 실천할 참여 방법을 찾아 실천함으로써 생활 속에서 민주주의를 실천하는 태도와 더불어 살아가는 성숙한 민주 시민으로서의 자질을 기르는 데 중점을 둔다.

생활 속의 문제는 학생의 경험과 밀접한 관련이 있는 학교나 지역 사회에서 찾는다. 학생이 평소에 느꼈던 불편한 점이나 문제 상황을 주제로 선정하여 관련된 경험을 충분히 나누는 과정에서 학습 주제가 자기 삶과 밀접한 관계가 있음을 인식하고 문제 해결 과정에 적극적으로 참여하려는 동기를 부여할 수 있다. 생활 속의 문제를 발견한 후에는 문제 상황과 발생한 원인, 문제와 관련된 여러 사람의 주장, 좋은 점과 불편한 점 등 다양한 측면에서 문제를 분석하고 그 과정에서 드러난 쟁점으로 토론을 한다. 토론 과정에서는 문제 상황과 문제에 대한 서로 다른 주장과 근거가 명확하게 드러난다. 이러한 정보와 서로 다른 입장에 대한 이해를 바탕으로 합리적인 문제 해결 방안을 찾을 수 있다. 토론을 한 후에는 토의를 통해 문제 해결 방법과 실천 방법을 찾고 이를 생활 속에서 실천함으로써 생활 속에서 민주주의를 실천하는 태도를 기를 수 있다.

1차시

생활 속의 문제 알아보기
- 생활 속의 문제 찾기
- 문제 분석하기
- 논제 만들기

 생각 열기 ···

❖ 우리 마을이나 학교에서 일어나는 문제들을 찾아봅시다.

예	마을		학교
	불법 광고물 자전거 도로 사고 반려 동물 배설물	길거리 쓰레기 미세 먼지	점심시간 운동장 사용 야외에서 실내화 사용 엘리베이터 이용

> 과제로 제시해서 미리 조사해 오도록 할 수 있습니다. 관공서 홈페이지, 신문 기사, 마을 어른이나 학교 학생 면담 등을 활용하도록 해 주세요.

❖ 우리 마을이나 학교에서 일어나는 문제 중에서 해결하고 싶은 문제가 있나요? 그 이유는 무엇인가요?
- 불법 광고물 문제를 해결하고 싶습니다. 왜냐하면 길거리가 더러워지고 사람이 다칠 위험이 있기 때문입니다.
- 자전거 도로와 보행로 사이에 울타리를 세우면 좋겠습니다. 자전거를 타는 사람들이 보행로에서 달려서 부딪칠 뻔한 적이 있었습니다.
- 점심시간에 운동장 사용 규칙을 정하면 좋겠습니다. 축구나 야구를 하는 친구들 때문에 운동장에서 놀기가 무서워요.

 생각 펼치기 ···

활동1 **상황 이해하기**

❖ 다음 이야기를 읽고 문제가 되는 상황을 파악해 봅시다.

> 월요일 아침 태진이가 목발을 짚고 교실에 들어왔어요.
> "태진아, 무슨 일이야?" 친구들과 선생님이 놀라서 태진이에게 물었어요. "어제 길에서 전단지를 밟고 미끄러져서 넘어졌어요." 어젯밤 태진이는 부모님과 외식을 하고 돌아오다가 비에 젖어 눅눅해진 전단지를 밟고 넘어졌다고 해요. 그 이야기를 들은 친구들이 이야기했어요.
> 유진: 저도 미끄러질 뻔한 적이 있어요. 왜 전단지를 바닥에 버리는지 모르겠어요. 쓰레기를 길거리에 버리면 안 되잖아요.

서진: 저는 자전거를 타고 가다가 간판에 부딪쳤어요. 가게 앞에 있는 간판도 위험해요.

태호: 저는 나무에 묶여 있는 현수막도 싫어요. 보기도 싫고 나무가 너무 불쌍해요.

소희: 버스 정류장도 지저분해요. 손을 짚었다가 테이프 때문에 끈적끈적해진 적도 있어요.

　　태진이네 반에서는 우리 마을에 불법 광고물이 많고 불법 광고물로 인한 피해도 많다는 것을 알고 해결 방안을 찾아보기로 했어요.

❖ 태진이는 어제 무슨 일을 겪었나요?

　　길에서 전단지를 밟고 미끄러져서 넘어졌어요.

> 66
> '불법 광고물 문제'를 풀어 가는 수업 과정입니다. 학생들의 의견이나 마을, 학교의 상황에 따라 다양한 문제 상황에 적용할 수 있습니다.
> 99

❖ 태진이네 반 학생들은 어떤 불편함을 겪고 있나요?

　　전단지, 간판, 현수막 등의 불법 광고물 때문에 피해를 겪고 있어요.

❖ 여러분도 이와 비슷한 경험을 한 적이 있나요?

- 비가 오면 바닥에 있는 전단지가 젖는데 걸을 때 질퍽질퍽해서 기분이 나빠요.
- 불법 광고물에 자전거가 걸려 넘어져서 바퀴에 구멍이 났어요.
- 현수막 때문에 거리를 빙 돌아서 가야 하는 경우도 있어요.

활동 2 문제 분석하기

❖ '불법 광고물'이 무엇인가요?

　　버스 정류장이나 전봇대, 벽 등 허가받지 않은 장소에 붙어 있거나 설치되어 있는 광고물입니다.

❖ 여러분은 마을에서 어떤 '불법 광고물'을 보았나요?

　　길거리의 현수막, 버스 정류장에 붙어 있는 광고지, 지나가는 사람에게 나누어 주는 전단지, 음식점 앞 입간판 등을 보았어요.

광고물의 개념과 종류

- 옥외 광고물: 공중에게 항상 또는 일정 기간 계속 노출되어 공중이 자유로이 통행하는 장소에서 볼 수 있는 것으로 건물에 부착된 간판과 같이 움직일 수 없는 고정 광고물과 움직일 수 있는 유동 광고물로 나뉜다.
- 유동 광고물의 종류
  ① 현수막: 천, 종이, 비닐 등에 문자, 도형 등을 표시하여 시설물에 매다는 광고물
  ② 벽보: 종이, 비닐 등에 문자, 그림 등을 표시하여 지정 벽보판, 시설물 등에 붙이는 광고물
  ③ 전단: 종이, 비닐 등에 문자, 그림 등을 표시하여 옥외에서 배부하는 광고물
  ④ 입간판: 지면에 고정되지 아니한 게시 시설에 문자, 도형 등을 표시하는 광고물
  ⑤ 그 밖의 종류: 세로형 간판, 공연 간판, 애드벌룬, 공공 시설물 이용 광고물, 교통 시설 이용 광고물, 선전탑, 아치 광고물 등

❖ 길거리의 광고물을 보고 물건을 사거나 시설을 이용해 본 적 있나요?

– 어머니께서 요가 학원 수강료 할인 광고를 보고 학원에 등록하셨어요.

– 음식점 할인 쿠폰을 받아서 가족과 외식을 했어요.

❖ '불법 광고물' 피해를 본 경험과 이 문제를 해결해야 하는 이유를 모둠별로 토의해서 정리해 봅시다.

불법 광고물로 피해를 본 경험	불법 광고물 문제를 해결해야 하는 이유
- 음식점 앞 입간판 때문에 통행이 불편했다. - 비에 젖어 축축해진 불법 광고지를 밟고 미끄러져서 넘어질 뻔했다. - 전봇대에 붙은 광고물에 손을 베인 적 있다. - 자전거를 타고 가다 입간판에 부딪쳐서 바퀴에 구멍이 났다. - 현수막을 나무에 걸어 놓아서 나무에 흠집이 났다.	- 길거리가 더러워진다. - 위험하다. 전선에 걸려 넘어질 수 있다. - 입간판 전선에 걸려 넘어지거나 입간판 모서리에 부딪쳐 다칠 수 있다. - 광고지를 붙인 곳에 테이프 자국이 남는다. - 바닥에 뿌려진 전단지를 밟고 미끄러질 수 있다. - 아이들이 안전하게 다닐 수 있도록 해야 한다.

활동 3 **논제 만들기**

❖ '광고물'이라는 말을 활용하여 논제를 만들어 봅시다.

> **길거리에 광고물을 자유롭게 붙여도 된다.**

❖ 논제에서 말하는 길거리는 어디인가요?

　　도로변이나 아파트 벽면, 버스 정류장 등을 말해요.

학생들이 정한 여러 논제 중 어떤 것을 선택할지 결정할 때는 다수결 또는 토너먼트 방법을 활용할 수 있습니다.

마무리하기

❖ 이번 시간에는 우리 반에서 함께 해결할 우리 마을의 문제를 찾고 논제를 만들었습니다.

❖ 다음 시간에는 '길거리에 광고물을 자유롭게 붙여도 된다.'를 논제로 입안문을 쓰고 토론을 해 봅시다.

이런 활동도 할 수 있어요 ▶ **과제 학습, 모둠 학습**

- 우리 마을의 불법 광고물 사진 찍기
- 면담하기: 가족이나 마을 주민, 길거리에서 만난 사람을 대상으로 불법 광고물에 대해 어떻게 생각하는지 면담하기
- 설문 조사 하기: 학교 건물 내 복도나 길거리에 설문 게시판을 설치하고 스티커를 이용해 설문(투표)하기

2차시

문제 해결을 위해 토론하기
- 논제 분석하고 입안문 쓰기
- 토론하고 소감 나누기

생각 열기

❖ 지난 시간에 우리 반에서 논의할 마을이나 학교의 문제를 찾아보았어요. 어떤 문제가 있었나요?
  불법 광고물, 자전거 도로, 길거리 쓰레기, 미세 먼지, 점심시간 운동장 사용 등이요.

❖ 우리 반에서는 어떤 문제를 함께 해결해 보기로 했나요?
  불법 광고물 문제요.

❖ 우리 마을에는 어느 곳에, 어떤 불법 광고물이 있는지 살펴봅시다.
  전봇대와 담벼락 바닥 여기저기에 불법 광고물이 붙어 있어요.

> 학생들에게 '우리 마을의 불법 광고물 사진을 찍어서 선생님께 보내기!' 과제를 제시하여 그 내용을 공유하거나, 교사가 촬영한 사진을 활용할 수 있습니다.

생각 펼치기

활동 1 논제 분석하고 입안문 쓰기

❖ 지난 시간에 정한 논제는 무엇인가요?

> **길거리에 광고물을 자유롭게 붙여도 된다.**

❖ 논제를 분석해 봅시다.

토론을 해야 하는 까닭	• 불법 광고물 문제를 해결해야 하는 까닭은 무엇인가요? - 거리가 지저분해지고, 다칠 위험이 있다. - 불법 광고물 수거 보상제를 시행하는 등 정부에서도 불법 광고물을 근절하기 위해 노력하고 있다.
낱말의 뜻 알아보기	• 길거리는 무엇을 의미하나요? - 도로변이나 건물의 벽면, 버스 정류장 등 • 광고물에는 어떤 것이 있나요? - 현수막, 벽보, 전단지, 입간판 등 • '자유롭게 붙여도 된다.'는 말의 의미는 무엇인가요? - 허가를 받지 않아도 원하는 사람은 누구나 자유롭게 광고물을 붙이거나 나누어 줄 수 있다. • 길거리 광고의 목적은 무엇인가요? - 상품, 가게, 행사 등을 알려서 소비자가 상품을 사거나 이용하도록 하는 것

| 길거리 광고물의 장점과 단점 | • 길거리 광고물의 장점은? - 할인이나 행사 정보를 쉽게 알 수 있게 한다. 등
• 길거리 광고물의 단점은? - 불법이다, 거리가 지저분해진다, 위험하다. 등 |

❖ 논제 분석에서 찾은 근거를 바탕으로 '길거리에 광고물을 자유롭게 붙여도 된다.' 논제의 찬성과 반대 입안문을 써 봅시다.

찬성	반대
저는 '길거리에 광고물을 자유롭게 붙여도 된다.'에 찬성합니다. 왜냐하면 첫째, 거리 광고는 가게 주인의 생존권과 관련이 있기 때문입니다. 길거리에는 수많은 가게가 있습니다. 이런 가게에서는 전단지나 벽보와 같은 광고물로 홍보를 해야 손님들이 찾아와서 돈을 벌고, 그 돈으로 생계를 유지할 수 있습니다. 또한 광고를 할 수 있는 게시판이 별로 없고 허가 절차도 번거로워서 매일 가게를 열어서 장사를 하는 상인들은 허가를 받기가 어렵습니다. 둘째, 소비자들이 정보를 얻을 수 있기 때문입니다. 가격 할인이나 행사 정보는 소비자에게도 유용한 정보입니다. 길거리에 이런 광고물을 붙이거나 전단지를 나누어 주면 소비자가 정보를 쉽게 얻을 수 있어 도움이 됩니다. 그러므로 저는 가게 주인과 소비자에게 모두 유용한 길거리 광고를 찬성합니다.	저는 '길거리에 광고물을 자유롭게 붙여도 된다.'에 반대합니다. 왜냐하면 첫째, 거리가 지저분해지기 때문입니다. 건물 벽이나 버스 정류장에 붙은 광고물과 광고물이 지저분하게 찢어진 모습은 눈살을 찌푸리게 합니다. 또한 길거리에서 나누어 주는 전단지는 사람들이 받아서 바닥에 버리는 경우가 많아서 거리를 지저분하게 만듭니다. 둘째, 위험하기 때문입니다. 우리 반에도 불법 광고물 때문에 다칠 뻔한 경험을 한 친구들이 많습니다. 가게 앞의 입간판이나 거리의 현수막에 부딪치거나 비에 젖은 전단지에 미끄러져서 넘어질 수도 있습니다. 우리는 깨끗하고 안전하게 다닐 권리가 있습니다. 그러므로 저는 길거리에 광고물을 자유롭게 붙이는 것에 반대합니다.

활동 2 '길거리에 광고물을 자유롭게 붙여도 된다.'로 토론하기

❖ 작성한 입안문을 바탕으로 짝 토론, 회전목마 토론을 해 봅시다.

	찬성	반대
1	주장하기 - 1분	
2		묻고 답하기 - 2분
3		주장하기 - 1분
4	묻고 답하기 - 2분	

짝 토론, 회전목마 토론 방법은 책 40~45쪽에 자세하게 나와 있습니다.

마무리하기

❖ 이번 시간에는 '길거리에 광고물을 자유롭게 붙여도 된다.' 논제를 분석하고 입안문을 작성하여 토론을 해 보았습니다.

❖ 토론 후 느낀 점을 발표해 봅시다.

❖ 다음 시간에는 '불법 광고물' 문제를 해결할 방법과 우리가 실천할 방법을 찾아봅시다.

3차시

해결 방법 찾고 실천하기
• 해결 방법 찾기
• 실천 방법 정하기
• 실천하기

 생각 열기 ······························

❖ 지난 시간에는 '길거리에 광고물을 자유롭게 붙여도 된다.' 논제로 토론을 했습니다. 길거리 광고물에 찬성하는 근거로는 무엇이 있었나요?
  - 가게 주인의 생존권과 관련이 있다는 거요.
  - 소비자에게도 유용한 정보를 제공한다는 점도 있었어요.

❖ 길거리 광고물에 반대하는 근거로는 무엇이 있었나요?
  - 거리가 지저분해진다는 이유가 있었어요.
  - 위험하다는 이야기도 많았어요.

❖ 길거리 광고물의 장점을 살리고 문제점을 해결할 방법으로 무엇이 있을까요? 이번 시간에는 불법 광고물 문제의 해결 방법을 찾고 그와 관련하여 우리가 실천할 방법을 찾아서 실천해 봅시다.

 생각 펼치기 ······························

활동 1 **불법 광고물 문제의 해결 방법 찾기**

❖ 모둠별로 불법 광고물 문제를 해결할 방법을 토의해 봅시다. 길거리 광고물에 관련된 사람은 누구인가요?
  가게 주인, 소비자, 시민, 시·군·구청 공무원 등이요.

❖ 관련된 사람 각자가 원하는 것은 무엇일까요?
  - 가게 주인은 가게를 홍보해서 이익을 얻기를 원해요.
  - 소비자는 할인이나 행사와 같은 유용한 정보를 얻기를 원해요.
  - 시민들은 안전하고 깨끗한 거리를 원해요.

❖ 관련된 사람 모두가 함께 원하는 것(공동 목표)은 무엇일까요?

　모두에게 피해 없는 광고를 하기 원해요.

❖ 가게 주인, 소비자, 시민이 원하는 것을 만족시킬 해결 방법에는 무엇이 있을지 모둠 토의를 통해 찾아 보세요.

- 가게 주인: 가게 유리창이나 벽에 행사 정보를 붙인다. SNS나 블로그를 활용해서 광고한다. 등
- 소비자: 여러 사람이 자유롭게 광고를 게시하고 소비자는 정보를 얻을 수 있는 게시판(광고판)을 만든다. 등
- 시민: 불법 광고물을 철거·단속해 줄 것을 건의한다.

❖ 모두가 함께 원하는 공동 목표가 무엇이었나요? 여러 가지 해결 방법을 모아서 모두가 만족할 수 있는 최종 해결 방법을 찾아보세요.

　사람들이 많이 다니는 곳에 게시판(광고판)을 만들어서 가게 주인이 마음대로 광고를 붙일 수 있도록 하고, 대신 불법 광고물을 붙이면 벌금을 내도록 해요.

❖ 모둠별로 해결 방법을 발표해 봅시다. 다른 모둠의 발표를 듣고 보충할 점이 있으면 이야기해 주세요.

이렇게 할 수 있어요

- 갈등 상황에서 문제 분석을 통해 공동 목표를 달성할 해결 방안을 찾는 구름(Cloud) 토론을 응용한 방법입니다.
- 갈등 상황에서 대립하는 사람들이 원하는 것이 무엇인지, 모두가 함께 원하는 공동 목표가 무엇인지 분석한 후에 각각의 해결 방법을 찾고, 해결 방법을 모아 공동 목표를 달성할 수 있는 최종 해결 방법을 만듭니다.

예

[공동 목표] — 피해 없는 광고하기

[원하는 것]
- 가게 주인: 가게를 홍보해서 이익을 얻는다.
- 소비자: 정보를 얻는다.
- 시민: 깨끗하고 안전한 거리를 걷는다.

[해결 방법]

[최종 해결 방법]

활동 2 실천 방법 정하기

❖ 어떤 모둠의 해결 방법이 가장 좋은가요? 우리 반에서 제안할 '불법 광고물' 해결 방법을 무엇으로 결정하면 좋을까요?

❖ ○○ 모둠의 의견이 우리 반에서 제안할 해결 방법으로 결정되었습니다.

> **우리 반에서 제안하는 '불법 광고물' 해결 방법**
>
> 사람들이 많이 다니는 곳에 게시판(광고판)을 만들어서 가게 주인이 마음대로 붙일 수 있도록 하고, 불법 광고를 하지 말자고 홍보하기

❖ '불법 광고물' 문제를 해결하기 위해 어떤 실천을 할 수 있을까요?

– 시청에 게시판(광고판)을 많이 만들어 달라고 요청해요.

– 시장이나 시 의원에게 편지를 써요.

– 불법 광고를 하지 말자고 길거리 캠페인을 해요.

– 캠페인 영상을 만들어서 인터넷에 올려요.

– 서명 운동을 해요.

❖ 모둠별로 실천 방법을 결정해서 실천 계획을 세워 봅시다.

활동 3 생활 속에서 실천하기

❖ 생활 속에서 실천해 봅시다.

> **이렇게 할 수 있어요**
>
> – 아침 시간이나 수업 시간에 학교 주변에서 캠페인 활동과 서명 활동을 할 수 있습니다.
> – 구청 홈페이지에 제안하는 글을 올릴 수 있습니다.
> – 지방 자치 단체장이나 지방 의회 의원에게 제안하는 편지를 쓸 수 있습니다.
> – 영상이나 포스터와 같은 홍보물을 만들어서 SNS에 올릴 수 있습니다.

 마무리하기 ··

❖ 이번 시간에는 불법 광고물 문제를 해결할 방법과 우리가 실천할 방법을 찾아서 실천해 보았습니다. 실천 후 느낀 점을 발표해 봅시다.

이럴 땐 이렇게

Q 실제 토론 수업에서 초등학생들이 논제 만들기를 잘할 수 있나요?

A 논제의 기본 요건만 알려 주면 학생들도 충분히 논제를 만들 수 있습니다. 논제는 찬성과 반대로 생각을 드러낼 수 있는 문장이어야 합니다. 토론할 주제를 결정했다면 '이 주제를 한 문장으로 만들어 봅시다. 찬성과 반대로 의견이 나뉠 수 있는 문장이어야 합니다.'와 같이 안내합니다. 학생이 만든 문장에 여러 개의 쟁점이 들어 있을 경우 교사는 쟁점이 하나만 포함된 문장이 되도록 수정을 돕습니다.

Q 우리 반에서 해결할 문제 한 가지를 고를 때에는 다수결로 결정하나요?

A 여러 사람이 모여서 다양한 의견 중 한 가지를 선택할 때 보통 다수결의 원칙을 따릅니다. 다수결에 따른 선택은 쉽고 빠르다는 장점이 있지만 많은 사람이 원하는 것이 항상 옳은 선택은 아닐 수도 있으며 소수의 의견이 존중받지 못한다는 한계가 있습니다. 따라서 다수결로 의사 결정을 하기 전에 자신의 의견을 주장하고 상대방의 의견을 듣고 생각하는 시간을 충분히 주어야 합니다. 우리 반에서 해결할 문제를 선택하기 전에 어떤 문제를 해결하고 싶은지, 그 이유는 무엇인지 발표하는 시간을 가집니다. 가능하면 전체 학생에게 자기가 원하는 것과 그 이유를 발표하도록 하는 것이 좋습니다. 친구들의 이야기를 모두 들은 후 다른 친구들을 설득하고 싶은 학생에게 말할 시간을 줍니다. 그러면 다른 학생들은 주장하는 친구의 이야기를 듣고 궁금한 점을 질문합니다. 이처럼 자신의 의견을 말할 기회와 상대방의 의견을 듣고 생각할 시간을 충분히 가지면 학생들은 좀 더 합리적인 선택을 할 수 있으며 의사 결정 과정에 적극적으로 참여하였으므로 다수결에 따른 결정이 자신의 선택과는 다르더라도 쉽게 받아들이게 됩니다.

Q 구름(Cloud) 토론의 방법에 대해서 조금 더 설명해 주세요.

A 구름(Cloud) 토론은 문제 상황에서 공동 목표를 달성할 해결 방안을 찾는 토론 방법입니다. 문제를 해결할 방안을 찾으려면 문제 상황을 정확하게 분석해야 합니다. 갈등을 겪는 사람(또는 집단)이 누구인지 찾고 각자가 원하는 것(주장)을 파악합니다. 주장이 무엇인지 알았다면 각자의 입장에서 문제를 해결할 수 있는 방안을 만들고, 이를 결합하여 최종 방안을 결정합니다. 최종 해결 방안을 발표하고 묻고 답하기를 통해 부족한 점을 보충할 수 있습니다.

지구촌의 평화와 발전 생각하기

☑ 성취 기준

[6사08-03] 지구촌의 평화와 발전을 위협하는 다양한 갈등 사례를 조사하고 그 해결 방안을 탐구한다.

[6사08-04] 지구촌의 평화와 발전을 위해 노력하는 다양한 행위 주체(개인, 국가, 국제기구, 비정부기구 등)의 활동 사례를 조사한다.

☑ 수업의 흐름

1차시
지구촌의 갈등 이해하기
····▶
- 난민의 의미 이해하기
- 난민의 어려움 생각하기
- 난민의 지위 이해하기
- 논제 정하기

2차시
토론하기
····▶
- 논제 분석하고 입안문 쓰기
- 토론하고 소감 나누기

3~4차시
해결 방법 찾고 실천하기
····▶
- 지구촌의 평화를 위하여 노력하는 사람들 알아보기
- 난민을 위해서 우리가 할 수 있는 일 찾기
- 생활 속에서 실천하기

☑ 수업의 주안점

2018년 유엔난민기구는 국제 난민이 2천5백만 명을 넘었다고 밝혔다. 특히 2011년 이후 내전을 겪고 있는 시리아에서 가장 많은 난민이 발생했으며 시리아 난민의 수는 560만 명 이상에 달한다고 한다. 이처럼 세계 여러 나라에서 정치, 종교 등이 원인이 되어 생긴 갈등과 분쟁, 그로 인한 전쟁은 수많은 사람의 목숨을 앗아가고 난민을 발생시키고 있다. 이 주제에서는 시리아 내전으로 발생한 난민의 이야기를 통해 국제 사회의 갈등 양상과 이로 인한 피해를 알아보고 평화의 중요성을 인식하도록 한다.

또한 우리나라 난민 신청자 현황과 난민 신청자의 사례를 찾아보고, 난민 수용에 대한 토론을 하면서 난민 수용을 찬성하는 입장의 의견과 반대하는 입장의 의견을 알아본다. 이를 통해 국제 사회의 일원으로서 국제 갈등 사례를 바라보는 안목과 가치관을 함양하며, 지구촌의 평화와 발전에 기여할 수 있는 실천 방안을 토의하고 실천해 봄으로써 세계 시민의 자질을 기를 수 있다.

1차시

지구촌의 갈등 이해하기
• 난민의 의미 이해하기
• 난민의 어려움 생각하기
• 난민의 지위 이해하기
• 논제 정하기

 생각 열기 ···

2,540만 명

❖ 이 숫자가 의미하는 것이 무엇일까요? 이 숫자는 전 세계 난민의 수입니다.(유엔난민기구 2018년 글로벌 동향 보고서) 참고로 우리나라 인구는 대략 5,100만 명입니다.

❖ '난민'이라는 말을 들어 본 적 있나요? 뜻을 알고 있나요?
- 텔레비전 뉴스에서 들어 본 적 있어요.
- 집이나 나라가 없는 사람이라는 뜻일 것 같기는 한데, 정확한 뜻은 모르겠어요.

❖ '난민'이란 단어를 보면 무슨 생각이 떠오르나요? 번개 기법을 활용하여 1분단 첫째 줄부터 생각나는 단어나 문장을 발표해 봅시다. 바로 떠오르지 않으면 '통과'라고 한 후 생각나면 발표해 주세요. 1분단부터 시작해 볼까요?
- 도망치다, 집 없는 사람, 종교, 전쟁, 실향민, 배에 매달린 사람 등

> "
> '번개 기법'은 책 15쪽에
> 자세하게 나와 있습니다.
> "

❖ 다음으로 볼 때 '난민'이 자기 나라를 떠나는 이유는 무엇일까요?

> 난민이란 '인종, 종교, 국적, 특정 사회 집단의 구성원 신분 또는 정치적 의견을 이유로 박해를 받을 우려가 있다는 합리적인 근거가 있는 공포로 인하여, 자신의 국적국 밖에 있는 자로서, 국적국의 보호를 받을 수 없거나, 또는 그러한 공포로 인하여 국적국의 보호를 받는 것을 원하지 아니하는 자'를 말한다.
> ─ 유엔난민기구

- 전쟁 등의 이유로 생명의 위협을 받아서요.
- 인종이나 종교 등이 다르다고 해서 박해를 받았기 때문일 것 같아요.

❖ '난민'의 뜻을 대략적으로 이해했나요? 이번 시간에는 난민의 어려움과 지위를 이해하고 난민과 관련된 토론의 논제를 정해 보도록 하겠습니다.

생각 펼치기 ···

활동 1 **난민의 어려움 생각하기**

❖ 다음 글을 읽고 아비스와 같은 난민은 어떤 어려움을 겪을지 모둠별로 이야기해 봅시다.

아비스는 시리아에서 태어난 소녀입니다. 10살 때 시리아를 떠나야 했어요. 전쟁이 났거든요. 평화롭던 아비스네 마을에 갑자기 폭탄이 떨어졌어요. 수많은 사람들이 다치거나 죽었지요. 아비스네 집에도 폭탄이 떨어져서 지붕이 무너지는 바람에 아비스의 언니가 팔을 다쳤어요. 마을에는 폭탄 소리가 끊이지 않았어요. 머리 위에는 비행기가 날아다니고 총을 든 사람들이 나타나 마을 사람들을 끌고 가기도 했어요. 아비스네 부모님은 며칠 동안 고민하다가 마을을 떠나기로 결정했어요.

아비스네 가족은 시리아를 떠나 주변 나라인 터키에 오기까지 수많은 어려움을 겪었어요. 어둠을 틈타 집에서 빠져나와 걷고 또 걸었지요. 길을 안내해 주는 사람에게 많은 돈도 주어야 했어요. 낮에는 숲속에 숨어서 자고 해가 지면 걷기를 몇 달, 총을 든 사람들과 무서운 개가 지키고 있는 국경을 몰래 넘어 사람들로 가득 찬 큰 트럭을 타고 터키에 도착했어요.

터키에서는 시리아에서 피난을 온 사람들이 천막에서 생활하고 있어요. 폭탄 소리, 비행기 소리는 들리지 않아요. 하지만 먹을 것도, 마실 것도 부족하지요. 학교도, 부모님이 일하실 곳도 없어요.

아비스는 시리아로 돌아가고 싶어 합니다. 함께 놀던 친구들과 친척들도 그립고, 학교에 다니면서 공부도 하고 싶으니까요. 아비스는 공부를 해서 의사가 되고 싶다는 꿈이 있어요. 의사가 돼서 아픈 사람들을 치료해 주고 싶은 아이입니다.

❖ 아비스네 가족은 터키에서 어떤 삶을 살고 있을까요?
- 난민촌에서 살고 있을 것 같아요.
- 아비스는 학교에 다니지 않고 일을 할 것 같아요.

❖ 아비스네 가족이 바라는 것은 무엇일까요?
- 전쟁이 끝나서 시리아로 돌아가는 것이요.
- 전쟁이 일어나기 전과 같은 삶을 살고 싶을 것 같아요.

❖ 국제 사회는 아비스와 같은 난민을 위해 무슨 일을 할 수 있을까요?
- 먹을 것을 보내 줘요.
- 전쟁을 끝내도록 시리아 정부를 설득해요.
- 다른 나라가 난민을 받아들여 그들이 삶을 이어 갈 수 있게 도와줘요.

- 중앙에 토의 주제 '난민의 어려움'을 쓰고, 주변의 8칸(가~아)에 음식, 집, 학교 등 난민이 겪을 어려움을 생각해서 하위 주제로 씁니다.
- 8개의 하위 주제를 주변의 만다라트 중심에 하나씩 쓰고 구체적으로 어떤 점이 힘들지 생각해서 정리하게 합니다.
- 8개의 하위 주제 중에서 몇 가지만 선택해서 정리하도록 할 수 있습니다.

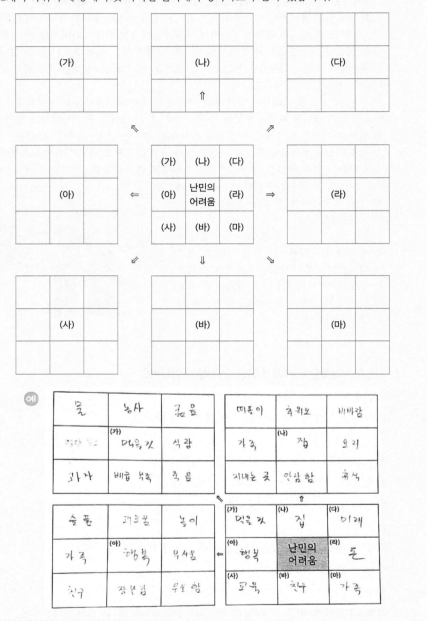

❖ 우리나라 난민 신청자 국적별 현황 그래프와 난민 인정자 현황 그래프를 비교해 봅시다.

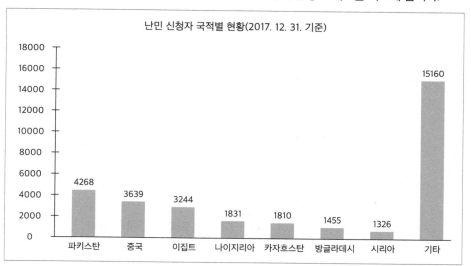

난민 신청자 국적별 현황(2017. 12. 31. 기준)

                  – 출처: 출입국·외국인 정책 본부 누리집(http://www.immigration.go.kr)

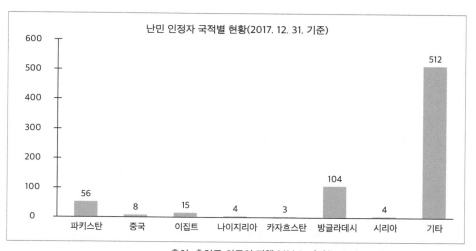

난민 인정자 국적별 현황(2017. 12. 31. 기준)

                  – 출처: 출입국·외국인 정책 본부 누리집(http://www.immigration.go.kr)

❖ 난민 신청을 한 사람과 난민으로 인정받은 사람 수의 차이를 어떻게 해석할 수 있을까요?
   난민으로 신청한 사람은 많은데 난민으로 인정받은 사람은 적어요.

❖ 다음은 우리나라에서 난민으로 인정하고 있는 세 가지 지위에 대한 설명입니다. 이를 참고하
여 난민으로 인정받았을 때와 인정받지 못했을 때 어떤 차이가 있을지 이야기해 봅시다.

- 난민 인정자
  - 난민으로 인정을 받은 사람
  - 처우: 사회 보장, 기초 생활 보장, 교육의 보장, 사회 적응 교육 가능, 학력 인정, 자격 인정, 배우자 등의 입국 허가
- 인도적 체류자
  - 고문 등의 비인도적인 처우나 처벌 또는 그 밖의 상황으로 인하여 생명이나 신체의 자유 등을 현저히 침해당할 수 있다고 인정할 만한 합리적인 근거가 있는 사람
  - 처우: 취업 활동 허가
- 난민 신청자
  - 대한민국에 난민 인정을 신청하여 심사가 진행 중인 사람
  - 처우: 6개월을 넘지 아니하는 범위에서 생계비, 주거 시설, 의료 지원, 교육 보장

- 난민으로 인정받으면 그 나라에 살면서 직업을 가질 수 있고, 학교에 다닐 수 있고, 의료 보험 혜택을 받을 수 있어요.
- 난민으로 인정받지 못하면 직장을 구하지 못해서 생계가 어렵고, 아파도 병원에 잘 가지 못할 것 같아요.

❖ 아비스네 가족이 우리나라에 도착해서 난민 지위 신청을 했어요. 아비스네 가족을 난민으로 받아 주어야 할까요? 또 그렇게 생각하는 이유는 무엇인가요?
- 전쟁으로 고통받은 사람들이므로 난민으로 인정해서 도와주어야 해요.
- 난민으로 신청한 사람들을 모두 받아 주다 보면 우리나라 국민이 피해를 입는 경우도 있을 수 있으므로 난민으로 받아 주어서는 안 돼요.

활동 3 **논제 정하기**

❖ '난민'과 관련하여 앞서 한 활동을 바탕으로 논제를 만들어 봅시다.

난민을 받아들여야 한다.

❖ 이 논제에서 받아들이는 주체는 누구인가요?
  우리나라, 난민 신청을 받은 나라요.

 마무리하기 ···

❖ 이번 시간에는 지구촌 평화를 위협하는 갈등을 이해하고 난민에 대해 알아보았습니다.

❖ 다음 시간에는 '난민을 받아들여야 한다.'라는 논제로 입안문을 쓰고 토론을 해 봅시다.

2차시

토론하기
• 논제 분석하고 입안문 쓰기
• 토론하고 소감 나누기

 생각 열기 ···

❖ 지난 시간에는 '아비스 이야기'를 통해 난민의 어려움과 난민의 지위에 대해 알아보았습니다.
  난민들이 겪는 어려움에는 어떤 것들이 있었나요?
  기본적인 의식주를 보장받지 못하고 아이들은 교육의 기회도 박탈당한 삶을 살고
  있어요.

❖ 우리나라에도 난민 지위 신청자 수가 많은데, 난민들을 받아들이는 것과 관련하여 고려해야
  할 점은 무엇일까요?
  난민으로 인정하기 위한 조건이 무엇인지, 난민 수용이 우리 국민들에게 미치는 영
  향 등은 무엇인지를 고려해야 해요.

 생각 펼치기 ···

활동 1 **논제 분석하고 입안문 쓰기**

❖ 지난 시간에 '난민'과 관련하여 정한 논제는 무엇인가요?

> **난민을 받아들여야 한다.**

❖ 논제를 분석해 봅시다.

토론을 해야 하는 까닭	• 난민에 관한 토론을 해야 하는 까닭은 무엇인가요? - 전 세계에 우리나라의 인구수보다 많은 수의 난민이 있다. 시리아 내전으로 500만 명이 넘는 난민이 생겼다.
낱말의 뜻 알아보기	• 난민 신청자는 어떤 사람을 의미하나요? - 우리나라에 난민 신청을 한 3만2천여 명 • '난민을 받아들인다.'는 말은 무엇을 의미하나요? - 일하고, 교육을 받고, 사회 보장 혜택을 받을 자격을 주는 것

근거 찾기	• 난민으로 받아들여야 한다고 생각하는 이유는 무엇인가요? - 난민도 인간이므로 살고, 먹고, 치료받을 수 있게 해 주어야 한다. - 난민을 받아들이면 음식, 언어 등을 교류하여 문화가 다양해질 수 있고, 일손이 부족한 문제를 해결할 수 있다. - 저출산 고령화 시대에 인구수가 증가하는 긍정적인 효과가 있다. • 난민으로 받아들이면 안 된다고 생각하는 이유는 무엇인가요? - 경제적으로 부담이 된다. - 테러리스트가 몰래 들어올 수 있다. - 난민을 신청한 이유가 불확실하다. - 문화적·종교적 차이 등으로 인한 갈등이 생길 수 있다.

❖ 논제 분석에서 찾은 근거를 바탕으로 '난민을 받아들여야 한다.' 논제의 찬성과 반대 입안문을 써 봅시다.

찬성	반대
저는 '난민을 받아들여야 한다.'에 찬성합니다. 　왜냐하면 첫째, 난민도 인권이 있기 때문입니다. 난민은 생명의 위협을 피해서 온 사람들입니다. 이 사람들도 살고, 음식을 먹고, 아플 때는 치료를 받을 권리가 있습니다. 시리아 내전과 같은 전쟁이나 정치적 박해로 인해서 피난 온 사람들을 돌려보내면 그들은 죽게 될 수 있으므로 그들을 난민으로 인정해서 그들의 생명과 권리를 지켜 주어야 합니다. 　둘째, 문화가 다양해집니다. 난민을 받아들이면 그 나라의 언어, 전통 음식, 전통 놀이, 생활 방식 등을 알 수 있고 우리도 그 문화를 즐길 수 있습니다. 　그러므로 저는 우리나라에 난민 신청을 한 사람들을 받아들여야 한다고 생각합니다.	저는 '난민을 받아들여야 한다.'에 반대합니다. 　왜냐하면 첫째, 문화적·종교적 차이 등으로 인한 갈등이 생길 수 있기 때문입니다. 우리나라에 난민 신청을 한 이집트, 파키스탄, 시리아 사람들은 우리와 언어, 종교, 생활 모습이 다릅니다. 서로 다른 문화를 가진 사람들이 함께 모여서 살게 되면 다툼이 생길 수 있습니다. 　둘째, 경제적으로 부담이 됩니다. 우리나라에 난민 신청을 한 사람들을 모두 난민으로 인정하면 기초 생활, 의료비 지원을 해 주어야 하고, 아이들은 학교도 다닐 수 있도록 지원을 해 주어야 하므로 돈이 많이 듭니다. 　그래서 저는 난민을 받아들이는 것에 반대합니다.

활동 2 '난민을 받아들여야 한다.'로 토론하기

❖ 작성한 입안문을 바탕으로 짝 토론, 회전목마 토론을 해 봅시다.

	찬성	반대
1	주장하기 - 1분	
2		묻고 답하기 - 2분
3		주장하기 - 1분
4	묻고 답하기 - 2분	

마무리하기 ···

❖ 토론 후 느낀 점을 발표해 봅시다.

- 처음에는 반대를 했었는데 난민도 사람답게 살 권리가 있다는 친구의 말을 듣고 찬성으로 바뀌었습니다.

- 난민에 대해서 더 깊이 알게 되었고 사람마다 생각이 다르다는 것을 다시 한번 느꼈습니다.

❖ 이번 시간에는 '난민을 받아들여야 한다.' 논제를 분석하고 입안문을 작성하여 토론을 해 보았습니다.

❖ 다음 시간에는 지구촌의 평화와 발전을 위해 노력하는 다양한 단체와 사람들을 알아보고, 난민을 위해 우리가 할 수 있는 일을 찾아서 실천해 봅시다.

이럴 땐 이렇게

 회전목마 토론에서 계속 비슷한 이야기를 하게 되지는 않나요?

 회전목마 토론에서는 상대를 바꿔 가며 짝 토론을 하므로 찬성과 반대를 다 경험할 수 있습니다. 또한 내 주장과 질문을 여러 친구들에게 할 수 있으며, 여러 친구들의 다양한 주장과 질문도 들을 수 있습니다. 내가 같은 주장을 했더라도 상대가 하는 질문은 다릅니다. 질문과 답변도 마찬가지입니다. 따라서 상대가 계속 달라지는 회전목마 토론에서는 같은 이야기만 되풀이되는 경우가 드뭅니다. 비슷한 이야기일지라도 조금씩 더 나은 토론으로 나아가는 경우가 많습니다.

3~4 차시

해결 방법 찾고 실천하기
• 지구촌의 평화를 위하여 노력하는 사람들 알아보기
• 난민을 위해서 우리가 할 수 있는 일 찾기
• 생활 속에서 실천하기

 생각 열기 ···

❖ 지난 시간에는 '난민을 받아들여야 한다.' 논제로 토론을 했습니다. 난민을 받아들이는 것에 찬성하는 근거는 무엇이었나요?
– 난민을 받아들여서 그들의 인권을 보호해 주어야 한다는 점이요.
– 난민을 받아들이면 우리의 문화가 다양해지는 긍정적인 효과가 있었어요.

❖ 난민을 받아들이는 것에 반대하는 근거는 무엇이었나요?
– 문화적·종교적 차이 등으로 인한 갈등이 생길 수 있기 때문입니다.
– 경제적으로 부담이 되기 때문이에요.

❖ 이번 시간에는 지구촌의 평화를 위해 노력하는 단체와 사람들을 알아보고, 난민을 위해 우리가 할 수 있는 일을 찾아서 실천해 봅시다.

 생각 펼치기 ···

활동 1 **지구촌의 평화와 발전을 위하여 노력하는 단체와 사람들 알아보기**
❖ 지구촌의 문제를 함께 해결하기 위하여 유엔(UN)과 같은 국제기구와 비정부 기구(NGO) 등이 활동을 하고 있어요. 이와 같이 지구촌의 평화와 발전을 위하여 노력하는 단체에는 어떤 것들이 있고 또 그 단체들은 어떤 일을 하고 있는지 조사해서 발표해 봅시다.

UNITED NATIONS 유엔 http://www.un.org	지구촌의 평화를 해치는 사건이 발생했을 때 평화를 위한 회담을 마련하고 유엔 평화 유지군을 파견해요.
World Food Programme 유엔세계식량계획 http://ko.wfp.org	식량 원조를 통해 개발 도상국의 경제, 사회 발전을 도모하기 위하여 설립한 유엔 기구입니다.

유엔난민기구 https://unhcr.or.kr	국제 연합(UN) 산하 기구로 난민의 권리와 복지를 보호하기 위해 노력해요. 깨끗한 식수, 위생 시설, 보건 의료 지원, 머물 곳을 지을 재료, 담요 및 깔개, 그 외 구호 물품, 연료통, 가정 용품, 식품 등 생명 유지를 위한 긴급 지원을 제공하고, 난민 등록, 비호 신청 지원 및 자문, 교육, 법률 상담 등을 지원합니다.
유니세프 http://www.unicef.or.kr	국제 연합 유엔(UN) 산하 기구로 어린이의 건강과 교육, 평등, 보호를 위해 노력해요.
국경없는의사회 https://msf.or.kr	국제 인도주의 의료 구호 단체로, 의료 지원의 부족, 무력 분쟁, 전염병, 자연재해 등으로 생존의 위협에 처한 사람들을 위해 긴급 구호 활동을 펼치고 있습니다. 모든 의료 지원 활동은 인종, 종교, 성별, 정치적 성향에 따른 어떠한 차별도 없이 이루어집니다.
국제앰네스티 https://amnesty.or.kr	국가 권력에 의해 억압받는 정치범들을 구제하고 인권 침해를 중단시키는 일을 하는 국제 기구입니다.

활동 2 난민을 위하여 우리가 할 수 있는 일 찾아보기

❖ 난민에게 필요한 것은 무엇일까요?

　집, 먹을 것, 약, 학교 등이요.

❖ 여러분이 난민을 도울 수 있다면 무엇을 도와주고 싶은가요? 브레인스토밍으로 이야기해 봅시다.

- 먹을 것, 물, 간식, 책, 학용품, 장난감, 옷, 신발 등을 주고 싶어요.
- 전쟁을 끝내고 싶어요.

❖ 우리가 난민을 돕기 위해 생활 속에서 실천할 수 있는 방법에는 무엇이 있을까요?

- 그 나라의 대통령에게 전쟁을 멈추라는 편지를 쓰고, 서명 운동을 해요.
- 전쟁과 난민의 실태를 알리는 캠페인을 해요.
- 난민을 돕기 위한 모금 활동을 해요.
- 옷, 학용품, 장난감 등 시리아 난민에게 보낼 물건들을 수집해요.
- 난민 돕기 홍보 캠페인을 벌여요.

❖ 앞서 제시한 실천 방법을 보다 구체적으로 실행하기 위한 계획을 모둠별로 세우고 발표해 봅시다.

[편지 쓰기]

- 우리 반 친구들 모두가 편지를 한 통씩 써요.
- 다른 반 학생들의 서명도 받으면 좋겠어요.

[모금 활동]
- 우리 반 친구들이 용돈을 모아요.
- 전교 학생 자치회에 안건을 내서 전교생이 모으면 좋겠어요.
- 모은 돈을 시리아 난민을 돕는 기구에 보내면 좋겠어요.

[캠페인]
- 홍보 영상을 만들어서 학교 홈페이지와 SNS에 올리고 부모님들께도 보여 드려요.
- 게시물을 만들어서 학교 현관과 교문 앞에 전시해요.
- 팻말을 만들어서 등교 시간에 홍보 활동을 해요.

예 실행 계획 활동지

계획	구성원	활동 내용
편지 쓰기		• 할 일: 전쟁을 멈춰 달라는 편지 쓰기와 서명 운동 계획을 세운다. - 편지 내용 구성: - 편지 쓰는 기간: - 서명 운동 날짜:
모금 활동		• 할 일: 난민을 돕기 위한 모금 활동 계획을 세운다. - 모금 활동 기간: - 모금 대상: - 모금 방법: - 홍보 방법:
캠페인		• 할 일: 전쟁과 난민의 실태를 알리는 홍보물을 만든다. - 홍보물의 종류: 영상/그림/게시물/팻말 등 - 모둠원의 역할: - 홍보 방법:

활동 3 **생활 속에서 실천하기**

❖ 생활 속에서 실천하고 결과를 나누어 봅시다.

 마무리하기 ∙∙

❖ 이번 시간에는 지구촌의 평화를 위해 노력하는 사람들을 알아보고 난민을 돕기 위해 우리가 할 수 있는 일을 찾아보았습니다. 생활 속에서 실천하고 느낀 점을 발표해 봅시다.

다양한 경제 교류 사례 이해하기

☑ 성취 기준

[6사06-06] 다양한 경제 교류 사례를 통해 우리나라 경제가 다른 나라와 상호 의존 및 경쟁 관계에 있음을 파악한다.

☑ 수업의 흐름

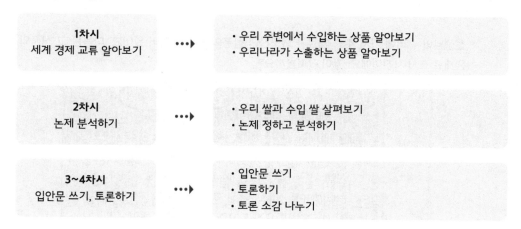

1차시 세계 경제 교류 알아보기	····▶	• 우리 주변에서 수입하는 상품 알아보기 • 우리나라가 수출하는 상품 알아보기
2차시 논제 분석하기	····▶	• 우리 쌀과 수입 쌀 살펴보기 • 논제 정하고 분석하기
3~4차시 입안문 쓰기, 토론하기	····▶	• 입안문 쓰기 • 토론하기 • 토론 소감 나누기

☑ 수업의 주안점

이 수업에서는 다양한 경제 교류 사례를 통해 우리나라 경제가 다른 나라와 상호 의존 및 경쟁 관계에 있음을 파악한다. 본 차시를 진행하기 전에 무역의 개념을 학습한 상태인 것이 좋다.(무역의 기본 개념은 수출과 수입, 비교 우위 정도로 정리한다.) 수출과 수입이 이루어지는 국제 사회에서 우리나라가 겪고 있는 다양한 경제 교류 사례를 바탕으로 토론을 하는 것이 본 수업의 흐름이다.

다양한 경제 교류 사례는 학생들의 경험과 밀접한 관련이 있는 친숙한 상품에서 찾는 것이 좋다. 학생들 스스로 우리나라가 수입하는 상품과 수출하는 상품을 알아보고, 무역과 같은 경제 교류가 학생들의 일상과 깊이 관련되어 있음을 인지하게 하는 데 주안점을 둔다. 다양한 경제 교류 사례를 살펴본 후에는 특정한 상품(쌀 무역)을 바탕으로 상호 의존 및 경쟁 관계를 깊이 이해해 보는 활동을 한다. 나아가 비교 우위 무역이 일어나는 원인을 살피고, 무역에서 발생할 수 있는 문제(무역 마찰, 식량 주권, 세계화 등)를 다루는 심화 활동을 할 수도 있다. 이때 무역 관련 용어는 발달 수준을 고려하여 재구성하여 설명할 수 있다. 무역에서 발생할 수 있는 문제를 이해한 후에는 토론을 통해 서로 다른 주장과 근거가 있음을 확인한다.

이를 통해 무역의 개념과 무역에서 일어나는 문제를 이해하고, 다양한 경제 교류의 상황에서 여러 가지 이견을 종합적으로 수용하고 판단하여 주체적이면서도 협력적인 경제 활동을 해야 함을 인지할 수 있도록 한다.

생각 열기 ....

❖ 선생님이 슈퍼에 가서 주요 재료가 외국산인 상품의 사진을 찍어 왔어요. 다음은 그 식품의
  원재료 표시 사진이에요. 같이 살펴볼까요?

원재료명	•면/소맥분(미국산, 호주산), 감자전분(독일산), 팜유(말레이시아산), 변성전분, 난각칼슘, 정제염, 해물페이스트, 면류첨가알칼리제(산도조절제), 혼합제제(산도조절제), 올리고녹차풍미액, 비타민B2. •스프류/정제염, 정백당, 오징어짬뽕분, 해물볶음조미분, 칠리맛조미분, 구운해물분, 복합조미간장분말, 5'-리보뉴클레오티드이나트륨, 볶음양념분, 짬뽕분말, 육수베이스분말, 해물혼합분말, 마늘베이스, 조미양념분, 짬뽕베이스분말, 정제말토스, 호박산이나트륨, 야채풍미유분말, 후추가루, 매운맛조미분, 분말카라멜(카라멜색소, 물엿분말), 건양배추, 동결건조오징어, 건당근, 건미역, 건목이버섯.
	계란, 우유, 대두, 밀, 새우, 돼지고기, 쇠고기, 오징어, 조개류(홍합 포함) 함유

성분명 및 함량	스프류 중 오징어 9.8%(중국산, 페루산, 국내산 10.4%)	포장재질	폴리프로필렌

❖ 소맥분은 밀가루를 이르는 한자어인데요, 소맥분은 어느 나라에서 왔다고 써 있나요?
  미국, 호주요.

❖ 감자 전분은 어느 나라에서 왔나요?
  독일에서 왔어요.

❖ 이렇게 우리가 먹는 식품들은 세계 곳곳에서 와요. 이번 시간에는 수입·수출과 같은 세계 여
  러 나라와의 경제 교류에 대해 알아봅시다.

생각 펼치기 ....

활동 1 우리 주변에서 수입하는 상품 알아보기

❖ 상품의 원재료 정보를 모둠별로 백지도에 나타내 봅시다.

> *"수업 전에 다양한 상품의 원재료를 조사해 오도록 하여 각 모둠이 서로 다른 상품을 다루게 하면 더욱 좋습니다."*

준비물(모둠별): 지구본, 3mm 원형 스티커, 사인펜

활동 방법
• 지구본에서 원산지 나라 위치 찾아 스티커 붙이기 • 스티커를 붙인 부분에 수입한 상품 쓰기 • 친구들이 한눈에 알 수 있도록 크게 쓰기

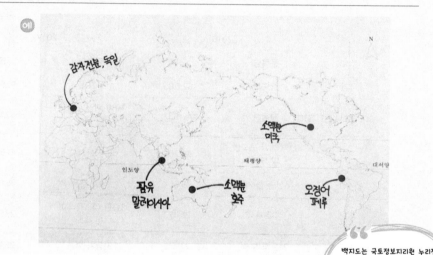

> *"백지도는 국토정보지리원 누리집(http://www.ngii.go.kr)의 어린이 지도 여행 게시판에서 다운로드 받을 수 있습니다. A3 사이즈로 출력이 어려울 경우 '인쇄 > 인쇄 방식 > 나눠 찍기'로 출력하여 A4 두 장을 이어 붙이면 됩니다."*

❖ 수입이 이루어지는 까닭은 무엇일까요?
  우리나라에 재료가 없어서요.

❖ 감자는 우리나라에도 있는데, 왜 굳이 독일에서 수입할까요?
  우리나라보다 값이 더 싸기 때문입니다.

❖ 네, 맞아요. 선생님이 여러분의 설명을 보충하기 위해 질문을 하나 더 해 볼게요. 여러분들이 전철이나 버스를 이용해 먼 곳으로 갈수록 비용은 어떻게 변하나요?
  점점 더 교통비가 비싸져요.

❖ 상품이 수입될 때, 먼 나라에서 올수록 가격은 어떻게 변할까요?

　마찬가지로 점점 더 비싸져요.

❖ 그럼에도 수입이 이루어지는 까닭은 무엇일까요?

- 우리나라에는 없는 상품이기 때문입니다.

- 운송비가 들더라도 우리 상품보다 더 좋거나 싸기 때문입니다.

활동 2　우리나라가 수출하는 상품 알아보기

❖ 우리가 외국에 수출하는 상품에는 무엇이 있는지 함께 살펴봐요.

■ 통계표명: 10대 수출 품목

단위: 백만 불

	2016		2017	
	품목명	금액	품목명	금액
1위	반도체	62,005	반도체	97,937
2위	자동차	40,637	선박 해양 구조물 및 부품	42,182
3위	선박 해양 구조물 및 부품	34,268	자동차	41,690
4위	무선 통신 기기	29,664	석유 제품	35,037
5위	석유 제품	26,472	평판 디스플레이 및 센서	27,543
6위	자동차 부품	24,415	자동차 부품	23,134
7위	합성수지	17,484	무선 통신 기기	22,099
8위	평판 디스플레이 및 센서	16,582	합성수지	20,436
9위	철강판	15,379	철강판	18,111
10위	플라스틱 제품	9,606	컴퓨터	9,177
10대 품목 수출액	-	276,513	-	337,345
총 수출액 대비 비중(%)	-	55.8	-	59.0

- 출처: 통계청(수출 통관 자료 - 수출 품목 중 상위 10개)

❖ 우리가 수출하는 상품에는 무엇이 있나요?

　반도체요. 선박이요. 자동차요. 석유 제품이요.

❖ 수출이 이루어지는 까닭은 무엇일까요?

- 우리나라가 다른 나라보다 상품을 잘 만들기 때문입니다.
- 외국에는 없는 물건이기 때문입니다.
- 운송비가 들더라도 우리 상품이 더 좋거나 싸기 때문입니다.

❖ <활동 1>에서 살펴본 수입이 이루어지는 까닭을 다시 정리해 봅시다.

- 우리나라에는 없는 상품이기 때문입니다.
- 운송비가 들더라도 우리 상품보다 더 좋거나 싸기 때문입니다.

❖ 마찬가지로 수출이 이루어지는 까닭은 무엇일까요?

- 외국에는 없는 상품이기 때문입니다.
- 운송비가 들더라도 우리 상품이 더 좋거나 싸기 때문입니다.

❖ 그 밖에도 수출이 이루어지는 까닭은 무엇일까요?

- 우리 기술이 뛰어나기 때문입니다.
- 우리 상품 디자인이 더 좋기 때문입니다.

 마무리하기 ···

❖ 이번 시간에는 세계 여러 나라와의 경제 교류에 대해 알아보았어요.

❖ 각자 토론 공책에 수입과 수출이 이루어지는 까닭을 정리해 봅시다.

예	수입과 수출이 이루어지는 까닭	
	수입	**수출**
	- 국내 상품보다 싸다. - 우리나라에는 없는 상품이다. - 우리나라 상품보다 기술력이나 디자인이 뛰어나다.	- 외국 상품보다 싸다. - 외국에는 없는 상품이다. - 우리나라 상품의 기술력이나 디자인이 외국보다 뛰어나다.

❖ 다음은 수입 쌀과 국산 쌀을 판매하는 사이트에서 올린 판매 정보의 일부입니다.

❖ 가격만 본다면 여러분은 어떤 쌀을 사 먹을까요?
  태국 쌀이요.

❖ 우리나라 농촌에 가면 가장 흔한 곡식이 무엇일까요? 어떤 농사가 주를 이루나요?
  쌀이요. 벼농사요.

❖ 왜 쌀을 수입할까요?
 – 수입 쌀의 가격이 싸요.
 – 맛이 우리 쌀보다 좋지 않을까요?

❖ 수입과 수출이 이뤄지는 까닭이 가격 때문만은 아니에요. 다음 시간에는 쌀을 예로 들어 수
  입과 수출에 대해 더 알아보도록 할게요.

2차시

논제 분석하기
• 우리 쌀과 수입 쌀 살펴보기
• 논제 정하고 분석하기

 생각 열기 ....

❖ 수입과 수출이 일어나는 까닭을 짝과 함께 이야기해 보세요.
– 수입이 일어나는 까닭은 해당 상품의 값이 국산보다 싸기 때문이야.
– 수출이 일어나는 까닭은 해당 상품이 외국에는 없기 때문이야.

❖ 다음 빈칸을 짝과 서로 나누어 채워 보세요.

수입과 수출이 이루어지는 까닭	
수입	**수출**
– 국산보다 (싸다). – (우리나라)에는 없는 상품이다.	– (외국 상품)보다 싸다. – 외국에는 없는 상품이다. – 우리나라 상품의 (기술력)이나 (디자인)이 외국보다 뛰어나다.

❖ 이번 시간에는 우리나라의 많은 수입품 중 쌀을 수입하는 것과 관련하여 토론을 해 봅시다.

 생각 펼치기 ....

활동 1 **우리 쌀과 수입 쌀 살펴보기**
❖ 우리 쌀과 수입 쌀은 어떤 차이가 있을까요?
– 가격이 차이가 나요.
– 맛도 다르지 않을까요?
– 수입 쌀은 몸에 안 좋을 것 같아요.

❖ 우리 쌀과 수입 쌀의 차이를 알기 위해서 직접 농사를 짓고 계신 분의 이야기를 들으면 도움이 클 것 같아요. 선생님이 한 농부의 인터뷰를 준비했어요. 이야기를 살펴보기 전에 쌀 농사를 지으시는 분들에게 궁금한 점을 한 가지씩 발표해 봅시다.

- 쌀 농사를 지을 때 어려운 점은 무엇인가요?
- 우리 쌀이 비싼 까닭은 무엇인가요?
- 수입 쌀에 대한 생각은 어떠신가요?
- 저희에게 해 주시고 싶은 말씀이 있나요?

농부 면담 자료

• 쌀 농사를 지으면서 무엇이 제일 힘든가요?
- 일손을 구하기 어려워. 요즘에는 다 돈 주고 일손을 구해야 돼. 옛날엔 마을 사람들이 많아서 서로 도와 가면서 했어. 그런데 요즘엔 사람이 너무 없어서 농기계도 다 놀아. 요즘에는 뭐만 하려고 하면 돈이 너무 많이 들어. 요즘 사람들이 농사일이 너무 고되서 다들 안 하려고 해. 그러니 농사일 하는 사람들에게 돈을 더 줘야 하지. 너무 힘들어서 농사일을 그만둘까 생각도 했어. 돈은 돈대로 들고, 생각해 보면 그냥 힘들게 농사짓지 말고 쌀을 사 먹을까 싶기도 했어.
도시 사람들은 다 쌀을 사다 먹어. 그렇지? 그런데 어떤 쌀에는 색소나 약을 많이 뿌려. 사 먹는 사람들은 그걸 몰라. 그래서 약이나 색을 뿌리는 쌀이 있는 걸 아는 사람들은 다 시골로 와서 사 먹어. 그 사람들은 더 비싸게 쌀을 사가.

• 요즘에 외국 쌀을 들여오고 있는데, 그것에 대해서는 어떻게 생각하시나요?
- 우리나라가 외국에 수출도 하니, 우리도 외국 쌀 들여와야지. 그런데 외국 쌀은 어느 정도 창고에 묵혀 두어야 더 맛이 좋대. 그런데 창고에 두면서 약을 치는 경우도 있지. 창고에 묵혀 두려면 오래된 쌀 냄새도 없애야 하고, 상하지 않아야 되거든. 물론 지금 우리나라에는 곡식이 부족해. 쌀뿐만 아니라 많은 곡식이 그래. 그래서 수입은 해야 돼. 그런데 안 하면 농촌에 좋긴 하지. 올해는 그나마 쌀 맛이 좋아서 값을 많이 받았어. 만약에 수입 쌀처럼 싸게 받으면 농사 못 지어. 들어가는 돈이 한두 푼도 아니고.

❖ 농부 인터뷰 내용과 관련해서 선생님이 질문을 준비했어요. 물음에 답해 봅시다.

인터뷰 후 질문	답
우리 쌀이 비싼 까닭은 무엇일까요?	- 외국보다 일하는 분들의 임금이 좀 더 비싸요.
우리 쌀이 건강에 더 좋을까요?	- 건강에 좋은 것도 있어요. 유기농 농법으로 짓는 쌀 등이요.
수입 쌀은 건강에 안 좋을까요?	- 먼 바다를 건너오기 때문에 방부제가 더 들어 있을 수 있어요.
수입 쌀은 맛이 다를까요?	- 어느 것이 더 맛있다고 할 수 없어요. - 우리 입맛은 국산에 길들여져 있어요.

❖ 쌀을 수입하는 것에는 장점도 있고 단점도 있네요. 이와 관련하여 토론 논제를 정해 볼까요?

쌀을 수입해야 한다.

❖ '쌀을 수입해야 한다.' 논제를 자세히 분석해 봅시다.

쌀을
수입해야
한다.

찬성 | 반대

찬성
- 외국 쌀이 더 싸기 때문이다.
- 사람마다 입맛에 차이가 있어서 외국 쌀이 무조건 맛없다고 할 수는 없다.
- 우리 쌀을 사기 힘든 가난한 사람들이 있다.
- 우리가 수출하는 물건이 많으니 우리도 쌀을 수입해야 한다.

반대
- 수입 쌀이 너무 많이 들어오면 우리나라 농부들이 힘들어진다.
- 수입 쌀보다 우리 쌀이 건강에 좋은 경우가 많다.
- 식량 주권을 지켜야 한다.
- 수입 쌀은 방부제 등 여러 약품을 사용해 몸에 안 좋을 수 있다.
- 우리나라 사람 입맛에는 우리 쌀이 더 맞다.

 낱말 풀이
- 우리 쌀: 우리나라에서 농사지은 쌀
- 수입 쌀: 외국에서 들여온 쌀. 외국 쌀로 만든 과자나 빵, 국수도 포함

 경험
- 시골에 갔는데, 할아버지께서 땀 흘리며 농사짓는 모습을 보았다.
- 농부들이 농사를 힘들게 지어 주시는 덕분에 우리가 맛있는 밥을 먹는다.
- 쌀 과자를 사 먹었는데, 쌀이 외국 쌀이었다.

선생님이 판서한 논제 분석의 내용을 학생들이 모두 받아 쓰도록 안내합니다. 이는 학생들이 스스로 입안문을 작성할 수 있게 하는 바탕 자료가 될 수 있습니다.

 지식상자
식량 주권이란?
　'식량 주권(food - sovereignty)'에서의 '주권(主權)'이란 '자주권', 즉 아무런 속박이나 간섭을 받지 아니하고 스스로의 문제를 스스로 결정하고 처리할 수 있는 권리를 뜻한다. 따라서 '식량 주권'은 식량 문제와 관련하여 속박이나 간섭 없이 식량을 섭취하는 주체 스스로 결정하고 처리할 수 있는 권리를 가리킨다고 볼 수 있다. 이는 식량 자급률과 밀접한 관련을 지닌다. 예를 들어 한 나라의 주식에 해당하는 식품이 대부분 외국산에 의존하게 될 경우 해외 산지의 작황이 국내 물가나 수급에까지 고스란히 영향을 미치게 되므로 이때의 '식량 주권'은 위태로운 수준이라고 볼 수 있다. 이러한 '식량 주권'은 건강하고 안전한 먹거리의 수급·유통과 관련되는 '식량 안보'와도 밀접한 관계를 지닌다.

> '쌀을 수입해야 한다.' 논제로 바로 토론을 시작하기에는 무리가 있을 수 있습니다. '쌀을 수입' 한다는 문구는 여러 관점에서 다양하게 해석될 수 있기 때문입니다. 따라서 논제 분석 과정에서 미리 '쌀을 수입' 하는 것의 개념을 정확히 정의 내리고 토론을 시작해야 토론이 효율적으로 진행될 수 있습니다. 가령 '쌀을 수입' 하는 것이 수입 쌀 가공품의 수입까지 포함하는 것인지, 100% 쌀 그 자체만을 수입하는 것을 가리키는지 등을 짚어 주는 과정을 거치는 것이 좋습니다.

❖ 이번 시간에는 '쌀을 수입해야 한다.'를 논제로 정하여 논제 분석을 해 보았습니다.

❖ 우리 토론에서 다루는 '우리 쌀'과 '수입 쌀'은 구체적으로 어떤 의미인가요?
- '우리 쌀'은 우리나라에서 농사지은 쌀을 말합니다.
- '수입 쌀'은 외국에서 들여온 쌀을 가리키되, 외국에서 들여온 쌀로 만든 과자나 빵, 국수도 포함합니다.

❖ 다음 시간에는 오늘 논제를 분석한 내용을 바탕으로 '쌀을 수입해야 한다.' 논제의 입안문을 작성하고 짝 토론을 하겠습니다.

3~4 차시

입안문 쓰기, 토론하기
· 입안문 쓰기
· 토론하기
· 토론 소감 나누기

 생각 열기

❖ '쌀을 수입해야 한다.' 논제의 찬성과 반대 근거에는 무엇이 있었나요?

찬성	반대
- 국산보다 싸다. - 맛이 국산보다 떨어지지 않는다. - 우리나라가 다른 나라에 물건을 수출하기도 하므로 쌀을 수입하는 것도 허용해야 한다.	- 우리나라 농부들의 정성과 노력이 담긴 쌀을 사야 한다. - 식량 주권을 지켜야 한다. - 우리 쌀이 건강에도 좋고, 맛도 좋다.

❖ 오늘은 입안문을 작성하고 본격적으로 토론을 해 봅시다.

 생각 펼치기

활동 1 **입안문 쓰기**

❖ 지난 시간에 논제를 분석한 내용을 참고하여 입안문을 써 봅시다.(찬성과 반대 입장의 입안문을 모두 씁니다.)

찬성 입안문

저는 '쌀을 수입해야 한다.'에 찬성합니다.

첫째, 가격이 싸기 때문입니다. 가격이 비싼 국산 쌀만 있다면 가난한 사람은 쌀을 사는 것이 부담스럽습니다. 2~3만원은 누군가에게는 큰돈이어서 부담이 될 수 있습니다. 또 쌀은 주식이기 때문에 자주 사 먹으면 더 큰 부담이 됩니다.

둘째, 수입 쌀도 맛은 괜찮기 때문입니다.

셋째, 우리도 다른 나라에 여러 물건을 수출하고 있으므로 쌀 수입도 해야 하기 때문입니다.

그래서 저는 '쌀을 수입해야 한다.'에 찬성합니다.

반대 입안문

저는 '쌀을 수입해야 한다.'에 반대합니다.

첫째, 수입 쌀을 들여오면 우리 농부들이 정성껏 만든 쌀이 잘 안 팔리게 됩니다. 우리가 먹는 밥 한 그릇에 농부의 정성과 땀이 담겨 있습니다. 만약에 수입 쌀이 들어오면 우리 농부들이 힘들어집니다.

둘째, 식량 주권을 지켜야 하기 때문입니다. 쌀은 우리의 주식입니다. 다른 물건도 아닌 우리의 주식인 쌀의 유통을 수입에 의존하게 되면 우리는 어느 순간 식량 주권을 잃고 쌀을 수입하는 국가들에 의해 휘둘리게 될 위험도 있습니다.

셋째, 우리 쌀은 수입 쌀보다 건강에 좋고 맛도 좋습니다. 우리 쌀도 물론 농약을 쓰는 곳이 있지만, 수입 쌀은 배를 타고 오래 오면서 방부제와 같은 약을 꼭 써야 하는 경우가 많습니다. 우리 쌀은 유기농 방법을 쓰기고 하고 따라서 건강에도 좋다고 생각합니다. 또 오래 묵힌 쌀이 아니므로 맛도 좋을 가능성이 높습니다.

그래서 저는 '쌀을 수입해야 한다.'에 반대합니다.

❖ 입안문을 쓰다가 궁금한 점이 있거나 필요한 근거 자료가 생기면 선생님에게 도움을 요청하세요.

이렇게 할 수 있어요 ▶ **근거 자료 찾기**

입안문을 쓰면서 학생들이 가장 어려워하는 부분은 '자료 찾기'입니다. 학생들이 자료를 찾을 때, 주로 문제가 되는 부분은 아래의 두 가지입니다.

① 어떤 자료를 쓸 것인가?
② 자료를 어떻게 찾을 것인가?

학생들에게 무작정 자료를 찾으라고 하면, 성취 수준이 뛰어난 몇몇 학생들만 활동이 가능한 경우가 많습니다. 이때 학생들의 부담을 덜어 주기 위해 자료 찾기는 교사가 도와줄 수 있습니다. 자료를 찾기 위해서는 자료 검색에 필요한 '개념어'를 떠올려야 하고, 검색된 수많은 자료 중에서 자기에게 필요한 자료를 고르는 눈이 있어야 합니다. 더욱이 사회 문제와 관련된 토론 논제에 쓰이는 자료는 초등학생 어휘 수준에 턱없이 어려운 자료(기사, 논문, 책 등)가 대부분이기 때문에 교사가 쉽게 다듬어서 알려 주는 것이 효과적입니다. 물론 자료 검색 능력도 학생이 배워야 할 내용임은 분명하나, 짧은 시간에 자료 검색 능력을 끌어올리기는 어렵습니다. 따라서 처음에는 학생들이 필요한 자료를 떠올리는 것에 집중하게 하고, 토론에 익숙해짐에 따라 차츰 자료 검색 능력을 키워 주는 것이 좋습니다.

활동 2 **토론하기**

❖ 앞에서 완성한 입안문을 바탕으로 짝 토론을 해 봅시다. 짝 토론은 다음과 같은 방식으로 진행합니다.

교차 질의 토론	
찬성	반대
주장하기 - 1분	
	주장하기 - 1분
서로 묻고 답하기 - 2분	

또는

교차 조사 토론	
찬성	반대
주장하기 - 1분	
	질문하기 - 90초
	주장하기 - 1분
질문하기 - 90초	

❖ 토론을 하면서 함께 지켜야 할 약속에는 무엇이 있을까요?

- 상대방을 배려하고 존중하며 말해요.
- 메모를 하며 친구의 주장을 들어요.
- 주장을 들으며 질문거리를 적어요.
- 토론을 하며 친구와 싸우지 않아요.
- 상대방의 말을 되도록 끊지 않아요.
- 상대 토론자가 잘 들을 수 있도록 목소리 크기와 속도를 생각하며 말해요.
- 준비한 글을 읽기보다 대화하듯이 말해요.

> 교차 질의에서는 질문 우선권이 정해지나, 서로 묻고 답할 수 있습니다. 교차 조사에서는 한 쪽만 질문을 하고 상대방은 답변을 합니다. 교차 질의가 교차 조사보다 토론이 활발하지만, 토론 규칙에 익숙하지 않은 학생들은 교차 질의보다는 교차 조사을 우선 접하는 것을 추천합니다.

이렇게 할 수 있어요 ▶ **짝 토론의 자리 배치**

짝 토론을 하면 교실이 무척 시끌시끌해집니다. 따라서 일반적인 배치로는 짝 토론자의 목소리조차 잘 들리지 않을 때가 많습니다. 이럴 때는 책상을 조금 옮겨 물리적 거리를 좁히면 문제를 해결할 수 있습니다.

일반적인 자리 배치	짝 토론의 자리 배치

❖ 토론 순서와 시간에 맞게 토론을 시작하겠습니다.(1차 토론)

🎬 교차 조사 토론

• 찬성 측 주장하기

교사: 지금부터 '쌀을 수입해야 한다.'를 논제로 토론을 시작할게요. 먼저 찬성 측 '주장하기'부터 시작해요. 1분 말하기예요.

찬성: 저는 '쌀을 수입해야 한다.'에 찬성합니다. 첫째, 가격이 싸기 때문입니다. 비싼 국산 쌀만 있다면 가난한 사람은 쌀을 사는 것이 부담스럽습니다.

둘째, 수입 쌀도 맛은 괜찮기 때문입니다.

셋째, 우리도 다른 나라에 여러 물건을 수출하고 있으므로, 쌀 수입도 해야 하기 때문입니다.

그래서 저는 '쌀을 수입해야 한다.'에 찬성합니다.

• 반대 측 질문하기

교사: 주장하기가 끝났어요. 지금부터 반대 측 '질문하기'를 해요. 1분 30초 동안 해요. 시작하세요.

반대: 가격이 싸다고 하셨는데, 가격 차이가 많이 나나요?

찬성: 네. 국산 쌀은 x.x.x.x.원인데, 수입 쌀은 x.x.x.x.원입니다.

반대: 수입 쌀 맛이 괜찮다고 하셨는데, 개인적인 생각 아닐까요? 수입 쌀과 우리 쌀 맛에 차이가 없음을 보여 줄 자료는 있나요?

(중략)

• 반대 측 주장하기

교사: 이제 반대 측 '주장하기' 시작해요. 1분 말하기예요.

반대: 저는 '쌀을 수입해야 한다.'에 반대합니다. 첫째, 수입 쌀을 들여오면 우리 농부들이 정성껏 만든 쌀이 잘 안 팔리게 됩니다. 우리가 먹는 밥 한 그릇에 농부의 정성과 땀이 담겨 있습니다. 만약에 수입 쌀이 들어오면 우리 농부들이 힘들어집니다.

둘째, 식량 주권을 지켜야 하기 때문입니다. 쌀은 우리의 주식입니다. 다른 물건도 아닌 우리의 주식인 쌀의 유통을 수입에 의존하게 되면 우리는 어느 순간 식량 주권을 잃고 쌀을 수입하는 국가들에 의해 휘둘리게 될 위험도 있습니다.

셋째, 우리 쌀은 수입 쌀보다 건강에 좋고 맛도 좋습니다. 우리 쌀도 물론 농약을 쓰는 곳이 있지만, 수입 쌀은 배를 타고 오래 오면서 방부제와 같은 약을 꼭 써야 하는 경우가 많습니다. 우리 쌀은 유기농 방법을 쓰기도 하고 따라서 건강에도 좋다고 생각합니다. 또 오래 묵힌 쌀이 아니므로 맛도 좋을 가능성이 높습니다.

그래서 저는 '쌀을 수입해야 한다.'에 반대합니다.

• 찬성 측 질문하기

교사: 주장하기가 끝났어요. 지금부터 찬성 측 '질문하기'를 해요. 1분 30초 동안 해요. 시작하세요.

찬성: 수입 쌀을 들여오면 우리 농부들이 힘들어진다고 하셨는데, 수입 쌀을 들여오는 대신 자동차나 휴대 전화를 수출하고 번 돈으로 농부들을 도와주면 되지 않을까요?

반대: 농부들을 도와주더라도 수입 쌀보다 비싼 우리 쌀을 우리나라 사람들이 점점 안 사 먹게 될 수 있습니다. 그럼 우리나라에서 누가 농부를 하게 될까요?

(중략)

• 토론 마무리

교사: 열심히 토론을 해 준 상대편 토론자에게 박수 부탁해요. 토론을 마치고 상대방이 잘한 점을 서로 칭찬해 주도록 합니다.

❖ 찬성과 반대를 바꾸어 다시 토론을 하겠습니다.(2차 토론)

짝 토론의 경우 찬반의 입장은 학생들 개인 의견보다는 교사가 임의적으로 정해 주는 것이 효과적일 수 있습니다. 자기 생각과 다른 입장에서 토론을 해 봄으로써 생각의 크기를 넓히고 문제를 다각도로 볼 수 있는 능력이 생길 수 있기 때문입니다.
또한 찬성과 반대의 입장을 바꾸어 토론하면 한쪽의 주장에 매몰되지 않도록 하고 생각을 유연하게 해 주어, 보다 짜임새 있는 근거를 구축하게 하는 밑바탕이 될 수 있습니다.

활동 3 토론 후 소감 나누기

❖ 토론을 마치고 짝 토론자와 소감을 나눠요. 소감을 나눌 때 어떤 말을 하면 좋을까요?
- 상대방이 잘한 점(칭찬할 점)을 이야기해요.
- 내가 잘한 점, 아쉬운 점을 친구들에게 들으면 다음 토론에 도움이 되겠어요.
- 새롭게 깨달은 점을 나누고 싶어요.
- 토론 중 미처 하지 못한 주장이나 질문을 할래요.
- 토론 전 내 생각과 토론 후 내 생각의 달라진 점을 말하면 좋겠어요.

❖ '짝 대신 말하기' 활동으로 토론 후 소감을 모둠끼리 나눠 볼게요.

 짝 대신 말하기

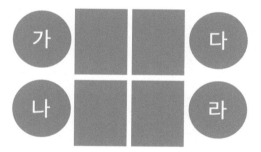

'짝 대신 말하기' 활동은 '가 - 나', '다 - 라'로 짝을 지어 짝 토론을 한 상태일 때, '가'의 소감을 '나'가 '다', '라'에게 말하는 활동이다. 이때 '다', '라'는 소감을 듣고 질문을 하나씩 한다. 이 방법으로 한 명씩 돌아가며 소감을 대신 말한다.

짝 대신 소감 말하기를 들은 후 질문하기

- 자료는 어떻게 찾았나요?
- 토론을 할 때 기분은 어땠나요?
- 상대 토론자의 주장 중 마음에 드는 근거가 있었나요?
- 토론을 마치고 더 알고 싶은 것은 없었나요?
- 토론을 하며 생각이 바뀐 점이 있었나요?

 ## 마무리하기 ···

❖ 이번 시간에는 '쌀을 수입해야 한다.'를 논제로 하여 입안문을 작성하고 짝 토론을 했어요.

❖ 토론을 마치고 우리가 할 수 있는 일로는 무엇이 있을까요?
- 토론 후 내 생각과 느낀 점 글로 쓰기
- 농부에게 감사 편지 쓰기
- 우리가 먹고 있는 것들 중 수입 쌀로 만들어진 음식과 상품 조사하기
- 수입 쌀과 우리 쌀로 만든 음식 비교해 보기

❖ 우리가 정한 토론 후 활동을 꾸준히 해 보고, 쌀을 수입하는 것에 대한 자신의 생각을 꾸준히 발전시켜 나가 봅시다.

자신의 감정 올바로 조절하기

☑ 성취 기준

[6도01-01] 감정과 욕구를 조절하지 못해 나타날 수 있는 결과를 도덕적으로 상상해 보고, 올바르게 자신의 감정을 조절하고 표현할 수 있는 방법을 습관화한다.

☑ 수업의 흐름

1차시
감정의 의미와 중요성
이해하기

••••▶

• 감정 맞히기 놀이하기
• 감정이 생기는 이유 알기
• 감정을 느끼지 못하는 상태 상상해 보기

2차시
감정을 표현하고
판단하기

••••▶

• 이야기 읽고 논제 정하기
• 논제 분석하기
• 찬반 토론하기

3차시
감정 조절의 방법
이해하고 실천하기

••••▶

• 적절한 감정 표현 방법에 대한 생각 나누기
• '나 전달법' 완성 후 역할극으로 표현해 보기

☑ 수업의 주안점

사람은 기쁨, 편안함, 슬픔, 화, 창피함 등 다양한 감정을 느끼며 살아간다. 일상 속에서 느끼는 다양한 감정들은 자연스러운 것이지만, 그 감정을 어떻게 다루고 표현하는지는 도덕적 판단의 대상이 될 수 있다.

이 주제에서는 학생들이 각자 자주 느끼는 다양한 감정과 그 감정의 원인에 대해 이야기를 나누면서 감정의 의미와 중요성에 대해 생각해 본다. 학생들이 일상생활에서 겪을 수 있는 상황을 제시하여 적절한 감정 표현에 대한 도덕적 판단을 함께해 볼 것이다. 감정을 어떻게 다루고 표현해야 할지에 대해서는 '~해야 한다.'라고 일방적으로 가르치기보다는 토론을 하는 과정 속에서 학생들이 스스로 고민해 보게 한다.

토론 후에는 학생들이 생활 속에서 감정 표현과 관련하여 고민했던 순간들을 떠올려 보게 하며 적절한 감정 표현에 대해 함께 이야기를 나눠 볼 수 있다. 그 시간을 통해 개개인이 자신의 감정을 적절히 다루고 표현하는 것도 중요하지만 다른 사람이 느끼는 감정을 이해하고 공감하는 것 또한 중요하다는 것을 느끼게 한다.

학생들이 평소에 느끼던 감정들을 자연스럽게 꺼내어 놓고, 고민스러웠던 감정 표현의 순간들을 나누기 위해서는 수업 이전부터 서로 충분히 소통할 수 있는 학급 분위기 조성이 중요하다.

1차시

감정의 의미와 중요성 이해하기
- 감정 맞히기 놀이하기
- 감정이 생기는 이유 알기
- 감정을 느끼지 못하는 상태 상상해 보기

 생각 열기 ···

❖ 지금부터 모둠이 함께 놀이 활동을 할게요. 선생님이 모둠별로 낱말 카드를 줄 거예요. 한 명씩 돌아가면서 그 카드를 뒤집어 보고 카드에 적힌 낱말을 몸짓으로 표현해 보세요. 모둠 친구들은 친구의 몸짓 표현을 보고 카드의 낱말을 맞히면 됩니다. 몸짓 표현이 어려울 경우 그 낱말과 관련된 상황을 말로 설명해도 됩니다.

❖ 친구가 표현한 낱말을 맞히면 다음 친구가 같은 방법으로 카드를 가져가서 문제를 내면 됩니다. 맞히기 어려운 문제가 있을 수 있겠죠? 그럴 경우에는 함께 '다음'을 외치세요. 맞히지 못한 카드는 맨 밑으로 넣고, 맞히면 맞힌 친구가 그 카드를 가져갑니다.

❖ 카드에는 어떤 낱말들이 있었죠?
- '기쁘다'라는 말이 있었어요.
- '슬프다', '편안하다'라는 말이 있었어요.

❖ 카드에 적힌 낱말들의 특징이 무엇인가요?
- 기분을 나타내는 말 같아요.
- 감정을 나타내는 말 같아요.

❖ 여러분이 말한 대로 카드에 적힌 말들은 우리가 살아가면서 어떤 대상이나 일에 대해 느끼는 기분이나 마음의 움직임, 바로 감정을 나타내는 낱말들이에요.

❖ 이번 시간에는 우리가 느끼는 다양한 감정이 발생하는 이유와 감정의 중요성에 대해 함께 이야기 나눠 볼게요.

생각 펼치기 ···

활동 1 **감정이 생기는 이유 알기**

❖ 우리는 다양한 감정을 느끼고 살아가고 있는데, 여러분이 요즘 자주 느끼는 감정에는 어떤 것들이 있나요? 그 감정을 느끼게 된 원인은 무엇인가요?

- 가끔 우울해질 때가 있어요. 학원이 많아지니까 힘들어서 그런 것 같아요.

- 강아지를 기르게 돼서 너무 신이 나요.

❖ 각자 요즘 자주 느끼는 감정 낱말을 골라 본 후, 그 감정이 생겨난 원인을 생각해 봅시다. 그리고 그 감정을 느낀 후 그것을 어떻게 표현했고 표현한 결과는 어땠는지 멀티플로우맵 활동을 활용하여 적어 봅시다.

 멀티플로우맵 활동

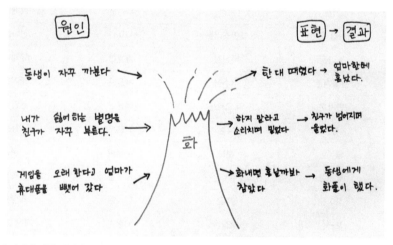

- 어떤 사건에 대한 원인과 결과에 대한 생각들을 끌어낼 때 쓰는 기법
- 주로 사회과에서 많이 활용하는 편이나, 감정의 원인과 결과에 대해 다룰 때 아이들이 순차적으로 자신이 느낀 감정의 원인과 표현, 결과를 인과적으로 나열하여 살피는 데 도움이 될 수 있음.

❖ 모둠 친구들과 각자가 느낀 감정의 원인과 표현 방법, 결과에 대해 함께 나눠 보도록 합시다. 친구가 말하는 내용을 듣고 비슷한 경험이 있는 친구들은 자신의 이야기를 덧붙여 말해도 좋습니다.

- 난 요즘 짜증이 많이 나. 5학년이 되니 엄마가 공부를 열심히 해야 한다고 영어, 수학 학원을 등록했는데 숙제가 너무 많아. 어제는 숙제가 너무 많다고 짜증이 나서 엄마한테 소리쳤다가 혼나서 기분만 더 나빠졌어.

– 나는 요즘 기쁘다는 감정을 많이 느껴. 4학년 때 친했던 친구들이랑 같은 반이 돼서 기뻐. 그리고 어제가 내 생일이었는데 친구가 선물을 줘서 친구에게 고맙다고 말했어.

> **이렇게 할 수 있어요 ▶ 감정 낱말 활용하기**
>
> 학생들의 말과 글을 보면 감정을 표현하는 낱말들을 '좋다', '기분 나쁘다.' 등과 같이 매우 한정적으로 씁니다. 자신이 느끼는 감정을 인식하고 좀 더 다양한 감정 낱말로 표현할 수 있도록 학급에 감정 낱말을 게시해 놓고 관련 활동('아침 느낌 나누기', '주말 이야기', '활동 후 느낌 나누기')을 하면 주제 수업뿐 아니라 학급 운영에도 도움이 될 수 있습니다.

희(기쁨)	노(화)	애(슬픔)	락(즐거움)
감격스러운	고통스러운	가슴 아픈	가뿐한
감동적인	골치 아픈	걱정되는	경쾌한
감사한	괘씸한	고독한	명랑한
만족스러운	기분이 상하는	괴로운	밝은
기쁜	노한	두려운	상쾌한
날아갈 듯한	불만스러운	부끄러운	신나는
놀라운	배신감	불쌍한	유쾌한
눈물겨운	복수심	서글픈	즐거운
반가운	약 오르는	애통한	편안한
좋은	나쁜	외로운	홀가분한
행복한	분노	우울한	가벼운
흐뭇한	무서운	지루한	산뜻한
고마운	불쾌한	창피한	희망찬
포근한	속상한	처량한	자신 있는

활동 2 감정을 느끼지 못하는 상태 상상해 보기

❖ 친구들과 다양한 감정의 종류와 그 감정을 느끼게 되는 원인에 대해 이야기 나눠 봤어요. 만일 우리가 어떤 일을 겪을 때 감정을 느끼지 못한다면 어떻게 될까요?

– 칭찬을 받고 기뻐하지 않으면 칭찬한 사람이 당황할 것 같아요.

– 위험한 상황에 두려움을 느끼지 않으면 다칠 위험이 커질 것 같아요.

– 잘못하고도 미안해하지 않으면 다툼이 많이 생길 것 같아요.

– 화가 나는데 화가 나는 걸 드러내지 못해 화를 쌓아 두기만 하면 건강이 나빠질 것 같아요.

❖ 감정은 우리가 평소 자연스럽게 느끼는 것이지만 감정이 없는 상황을 떠올려 보니 어떤가요?

- 화나 슬픔이라는 감정은 나쁜 거라고만 생각했는데, 그런 감정을 느끼는 것이 잘못된 건 아니란 걸 알았어요.

- 자신이 느끼는 감정이 무엇인지 아는 것도 중요하다는 생각을 했어요.

 ## 마무리하기

❖ 이번 시간에는 다양한 감정의 경험을 나누고, 감정의 소중함에 대해 이야기를 해 봤습니다.

❖ 각자 자주 느끼는 감정에게 마음을 표현하는 짧은 글쓰기를 해 봅시다.(붙임 쪽지 활용)

- 기쁨아, 네가 있어서 내게 좋은 일이 생겼을 때 더 밝고 즐겁게 웃을 수 있는 것 같아. 고마워.

- 피곤함아, 내가 너를 느끼니 그래도 자는 시간을 조절하게 되는 것 같아.

- 짜증이란 감정, 널 아무 때나 막 꺼내서 미움받게 해서 미안해.

- 나는 겁이 많은 편이라 어떤 상황에서든 무서움을 잘 느껴. 그런 내 모습이 싫었는데, 무서움을 느껴서 내가 안전하게 생활하게 된 부분도 있는 것 같아. 고마워.

❖ 다음 시간에는 적절한 감정 표현 방법에 대해 함께 토론해 봅시다.

2차시

감정을 표현하고 판단하기
- 이야기 읽고 논제 정하기
- 논제 분석하기
- 찬반 토론하기

 생각 열기 ....

❖ 혹시 자신이 느낀 감정을 행동이나 말로 표현했다가 불편한 상황을 겪어 본 적이 있나요?

– 네. 동생이 제 공책에 낙서를 해서 소리를 쳤는데 부모님이 저한테만 뭐라고 하셨어요.

– 수업 시간에 친구가 선생님이 하신 질문에 엉뚱한 답을 해서 너무 재미있어서 웃었는데 선생님께서 저한테 화를 내셨어요.

❖ 감정을 어떻게 표현하느냐에 따라 다른 사람뿐 아니라 자신의 마음에도 영향을 줄 수 있어요. 이번 시간에는 적절한 감정 표현에 대하여 함께 판단하며 생각을 나눠 볼게요.

 생각 펼치기 ....

활동 1 **이야기 읽고 논제 정하기**

❖ 다음 이야기를 읽고 함께 생각을 나눠 봅시다.

학교 체육 대회가 있는 날, 민주는 친구들과 계주 응원 준비를 하며 즐겁게 이야기를 나누고 있었어요. 그런데 계주 대표인 하은이가 주머니에 있는 물건을 놓고 가려고 급하게 뛰어가다가 민주 쪽으로 넘어졌어요.

"아악!"

민주는 소리를 크게 내며 아파했어요. 민주의 아파하는 소리를 들은 하은이는 깜짝 놀라 여러 번 사과를 했어요.

"민주야, 미안해. 일부러 그런 건 아닌데, 정말 미안해. 많이 아프지?"

하은이가 여러 번 사과를 했지만 민주는 소리를 지르며 하은이에게 짜증을 냈어요.

"미안하다고 하면 다야? 앞을 제대로 보고 다녀야지! 아, 짜증 나!"

"민주야, 정말 미안해. 내가 조심했어야 하는데······."

"이제 와서 그런 말 하면 뭐 하니? 너 때문에 다칠 뻔 했잖아."

민주가 흥분하면서 소리를 지르자 하은이는 어쩔 줄 몰라 했어요.

"민주야, 너 좀 심하다. 하은이가 그렇게 사과를 하는데, 적당히 좀 해."

옆에 있던 정아가 하은이 역성을 들며 한마디를 했어요.

"너 뭐야? 하은이가 뛰어가다 넘어져서 아픈 건 난데 넌 왜 하은이 편을 들어?"
민주가 소리를 치자 주변에 있던 다른 친구들이 수군거리며 민주를 쳐다봤어요.
"다리를 벌리고 앉은 민주 자기 잘못도 있는 건데, 너무 화를 내는 거 같아."
"맞아. 민주는 평소에도 너무 짜증을 내고 소리쳐서 대하기 힘들어."
친구들의 수군거리는 소리를 들은 민주는 너무 화가 나서 펑펑 울었어요. 그 소리를 들은 선생님이 민주 쪽으로 오셨어요.
"민주야, 무슨 일이니? 감정 가라앉히고 선생님에게 이야기해 줄래?"
"선생님, 하은이가 뛰어가다 넘어져서 제가 다칠 뻔 했거든요. 아프고 속상해서 화를 냈는데 친구들이 저한테만 뭐라고 하잖아요."
민주와 다른 친구들을 통해 있었던 일을 들으신 선생님이 민주를 바라보며 말씀하셨어요.

"민주야, 많이 아팠나 보구나. 그래도 하은이가 진심으로 미안해하고 있으니 사과를 받아 주면 어떨까? 하은이 너도 친구들 사이로 다닐 때는 늘 조심해야 하고."
민주네 반 일로 계주 경기는 계속 지연되었고, 선생님과 친구들 앞에 서 있던 민주는 너무 당혹스러웠어요.
'하은이가 잘못해서 다칠 뻔한 건 난데, 왜 다들 내 탓을 하는 거 같지? 정말 속상해.'

❖ 민주와 친구들 사이에 갈등이 생긴 이유는 무엇인가요?

　하은이가 실수로 넘어져서 부딪혔는데 민주가 심하게 화를 내서요.

❖ 민주는 자신이 느끼는 감정을 솔직하게 표현했다고 했는데 이에 대해서는 어떻게 생각하나요?

- 갑작스럽게 일어난 상황이라 아프니까 저렇게 소리쳤을 수도 있을 듯해요.
- 아무리 그래도 친구가 진심으로 사과하는데 표현이 지나쳐 보여요.

❖ 선생님의 말씀과 친구들의 이야기를 들은 민주의 감정은 어땠을까요?

- 모두 하은이 편만 든다고 여겨져서 속상할 것 같아요.
- 자신의 입장을 몰라주니 슬플 것 같아요.

❖ 이 상황에서 하은이는 어떤 감정을 느꼈을까요?

　처음엔 미안했겠지만 민주가 너무 화를 내니 하은이도 불쾌했을 것 같아요.

❖ 이 활동과 관련하여 논제를 만들어 봅시다.

> **화가 날 땐 화를 내야 한다.**

활동 2 논제 분석하기

❖ 화가 날 땐 화를 내야 할까요? 참아야 할까요? 양쪽의 입장을 생각하며 화를 낼 때와 참을 때의 좋은 점, 나쁜 점을 이야기 나눠 볼게요. 친구들이 낸 의견과 관련해서 비슷한 경험이 있으면 붙임 쪽지에 써 봅시다.

- 집에 동생 친구들이 놀러왔는데 장난을 심하게 쳤어요. 처음에는 그러지 말라고 좋게 말했는데 듣지 않았어요. 소리를 치며 화를 내니 그때부터 조용히 하더라고요.
- 단짝 친구들과 지내며 화가 날 때가 있는데, 화를 내면 친구들이 놀아 주지 않을까 봐 참은 적이 많아요. 그러고 나면 꼭 집에 가서 가족들에게 짜증을 내게 돼요.

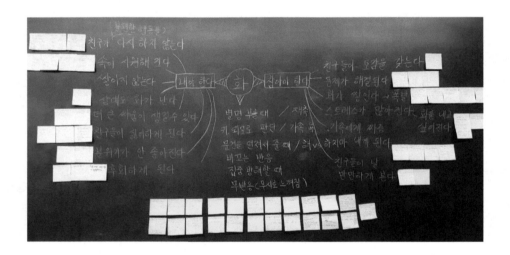

	내야 한다.		참아야 한다.	
장점	화를 표현해야 친구가 불편한 행동을 다시 하지 않는다.		화를 잘 내지 않으면 친구들이 호감을 갖는다.	장점
	속이 시원해진다.		자연스럽게 문제를 해결할 수도 있다.	
	화가 쌓이지 않는다.	◀ (화) ▶	화가 쌓여서 폭발할 수 있다.	
단점	상대도 화가 나서 더 큰 싸움이 될 수 있다.		스트레스가 많아지면서 자꾸 다른 사람에게 화를 내게 된다.	단점
	친구들이 나를 싫어하게 된다.			
	분위기가 안 좋아진다.		친구들이 날 만만하게 볼 수 있다.	

❖ <활동 2>의 논제 분석에서 찾은 근거를 바탕으로 '화가 날 땐 화를 내야 한다.' 논제의 찬성과 반대 입안문을 써 봅시다.

예	찬성	반대
	저는 화가 날 땐 화를 내야 한다고 생각합니다. 왜냐하면 첫째, 화를 표현해야 상대방이 날 불편하게 만든 행동을 다시 하지 않기 때문입니다. 제가 3학년 때 친구들이 계속 저를 '원숭이'라고 놀려서 화를 내었더니 더 이상 하지 않았습니다. 친구가 내가 싫어하는 행동을 할 때 나는 그 행동이 싫다고 단호하게 이야기를 해야 친구도 주의를 한다고 생각합니다. 둘째, 화를 참으면 참을수록 감정이 쌓이고 쌓여 결국 어딘가에서 폭발하게 됩니다. 화나는 순간이 있을 때 상대에게 이야기를 하지 않으면 결국 그 화를 다른 누군가에게 표현하게 됩니다. 저도 학교에서 친구들과 다툼이 있어 화가 났는데 제가 화를 내면 분위기가 이상해질 것 같아서 참았습니다. 그랬는데 결국 그 쌓였던 감정이 집에 와서 폭발해서 그 문제와 상관없는 부모님께 화를 냈던 경험이 있습니다. 화도 기쁨, 슬픔과 같은 감정입니다. 슬픈데 기쁜 척하고, 기쁜데 슬픈 척하면 매우 답답할 것입니다. 화가 날 때는 그 감정을 풀어야 속도 시원해집니다. 저는 화도 소중한 감정이니 화가 날 때는 화를 내야 한다고 생각합니다.	저는 화가 나더라도 화를 참아야 한다고 생각합니다. 왜냐하면 첫째, 감정 표현도 습관이 되기 때문에 화를 내다 보면 결국 자신의 이미지만 나빠집니다. 민주의 이야기에서처럼 갈등 상황이 생겼다고 해서 화만 내다 보면 친구들에게는 다가가고 싶지 않은 친구로 느껴지게 됩니다. 화를 좀 참으면 친구들에게도 다가가고 싶은 편한 친구가 될 수 있습니다. 둘째, 화를 내지 않고도 문제를 해결할 수 있기 때문입니다. 친구들의 경험을 들어 보니 그 순간은 화가 났지만 좀 참고 나중에 돌아보니 자연스럽게 문제가 해결되고 감정이 가라앉았던 적이 많았다고 합니다. 문제가 생긴 순간에 화를 내지 않고, 감정을 가라앉히고 난 후 친구와 이야기를 나눈다면 서로 불편함 없이 문제를 해결할 수 있다고 생각합니다. 화를 내고 나서 후회했던 순간이 많습니다. 그 순간은 화가 나더라도 좀 참고 친구와 자연스럽게 이야기를 나누다 보면 자연스럽게 문제를 해결할 수 있습니다. 스스로도 친구들에게 좋은 친구의 모습으로 호감도를 높일 수 있기 때문에 화가 나더라도 참아야 한다고 생각합니다.

❖ 상대편의 입안문에 대한 질문을 만들어 봅시다.

찬성 → 반대	반대 → 찬성
- 화라는 감정 자체가 나쁜 거라고 생각하시나요? - 화가 날 때 표현을 해야 상대가 내가 기분 나쁜 것을 알 수 있지 않나요? - 화나는 감정을 참으면 결국 쌓여서 나중에 더 큰 문제가 되지 않을까요? - 화를 내지 않으면 친구들에게 호감을 산다고 했는데, 만약 계속 참다 보면 학교 생활이 더 힘들어지지 않을까요?	- 자신이 속이 시원해진다고 화를 내면 주변 분위기도 안 좋아질 텐데 그것에 대해서는 어떻게 생각하시나요? - 화를 내는 것이 습관이 된다는 생각은 하지 않으시나요? - 서로 화를 내면 더 큰 싸움이 될 수 있는데, 그게 지혜로운 방법이라고 생각하시나요? - 화가 날 때 다른 것에 집중하면 화나는 감정이 가라앉지 않을까요?

❖ 작성한 입안문과 질문을 바탕으로 분단 회전목마 토론을 해 봅시다.

마무리하기

❖ 토론을 하고 난 후 생각이 바뀐 사람 있나요? 있다면 이유는 무엇인가요?

- 저는 화는 무조건 참아야 한다고 생각을 했어요. 그런데 같이 토론한 친구가 화라는 감정 자체가 잘못된 게 아니고, 그 감정을 상황에 맞게 적절하게 표현하지 않아서 생기는 문제가 더 많다고 했어요. 그 이야기를 들으면서 화를 참기보다는 적절한 방법으로 표현할 필요도 있다고 생각했어요.

- 저는 '화를 내야 한다.'고 생각을 했는데, 상황에 따라서 화가 나지만 조금 감정을 가라앉힌 후 이야기를 나누면 문제 해결에 훨씬 더 도움이 된다는 친구의 주장을 듣고 참을 필요도 있겠다는 생각이 들었어요.

❖ 그렇다면 화가 난 상황에서 우리는 어떻게 표현해야 할까요? 다음 시간에는 적절한 감정 표현 방법에 대해 함께 이야기해 봅시다.

3차시

감정 조절의 방법 이해하고 실천하기
• 적절한 감정 표현 방법에 대한 생각 나누기
• '나 전달법' 완성 후 역할극으로 표현해 보기

 생각 열기 ....

❖ 지난 시간에 '화가 날 땐 화를 내야 한다.' 논제로 토론을 해 봤어요. 찬성 측 친구들은 어떤 근
  거를 들었나요?
- 화가 나는데 그걸 참으면 나중에 더 크게 감정이 표현될 수 있다고 했어요.
- 감정을 표현해야 상대가 날 기분 나쁘게 한 행동을 다시 하지 않는다고 했어요.

❖ 화를 참아야 한다고 주장한 친구들은 어떤 근거를 들었나요?
- 화를 내지 않고도 문제를 해결할 수 있는 방법이 있다고 했어요.
- 자꾸 화를 내는 것도 습관이 돼서 친구 관계가 안 좋아질 수 있다고 했어요.

❖ 화가 난다고 무조건 화를 내는 것도, 그렇다고 참는 것도 염려되는 부분이 있었죠? 그렇다면
  화가 난 상황에 어떻게 해야 할까요? 이번 시간에는 적절한 감정 표현 방법에 대해 알아보고
  실천해 봅시다.

 생각 펼치기 ....

활동 1 **적절한 감정 표현 방법에 대한 생각 나누기**

❖ 화가 날 때 어떻게 감정을 표현하는 게 좋을까요? 각자의 생각을 붙임 쪽지에 쓰고 모둠 친구
  들과 생각을 나눠 봅시다.

 적절한 감정 표현 방법에 대한 생각

• 화가 날 때 (10초 기다린 후) "나는 네가 ~하면 화가 나. ~ 해 주면 좋겠어."라는 '나 전달법'으로 자신의 감정
  과 바라는 것을 표현하면 된다고 생각한다.
• 화가 날 때 친구한테 단호하게 "나는 네가 그 행동을 하지 않으면 좋겠어."라고 말하니 친구도 "알겠어. 나도
  노력을 해 볼게."라고 했다. 화가 난다고 무조건 화내지 않고 차분히 말하면 친구도 그 이유를 알게 되고 다음
  부터는 그 행동을 안 하게 된다.
• 나는 화가 날 때 마음속으로 하고 싶은 말을 하고 그래도 안 풀리면 사람이 별로 없는 곳에 가서 소리를 지르
  거나 종이에 쓰고 싶은 이야기를 쓰고 그걸 찢어 버린다.
• 화를 가라앉히다가 안 되면 딱 단호하게 이야기를 한다. 그래도 힘들면 가족에게 스트레스를 어떻게 푸는지
  물어보고 해소법을 찾는다.

- 자신의 진심을 담아 상대방에게 이야기를 하고, 그래도 답답하면 자신을 이해해 줄 수 있는 사람을 찾아가 이야기를 한다.
- 화가 너무 나면 그 순간은 일단 참는다. 그래도 화가 안 풀리면 소리를 지를 만한 곳 아니면 베개에 얼굴을 대고 소리를 지르면 된다.
- 의지할 수 있는 사람, 물건, 생명체에게 속상했던 일을 말한다.
- 친구가 마음을 담아 사과를 할 때는 그 마음을 받아 준다.

교사가 일방적으로 '~해야 한다.'라고 감정 표현에 대해 가르치기보다는 학생들이 생각하는 적절한 감정 표현 방법에 대해 우선 들어 보고 함께 생각을 나누는 것이 좋습니다. 적절하지 못한 표현 방법이 나오면 교사가 지적하기보다 그 방법으로 표현했을 때 생길 수 있는 결과에 대해 학생들 스스로 충분히 생각해 볼 수 있게 유도합니다.

❖ 여러분이 쓴 적절한 감정 표현 방법에 나오는 "나는 네가 ~하면 ~해."라는 표현과 "너는 ~해서 ~해."라는 표현의 차이는 무엇일까요?

"너는 ~해서 ~해."라고 하면 상대편 탓을 하는 것처럼 전달되어서 기분이 더 나빠질 거 같아요.

❖ 상대방을 존중하면서 내가 느끼고 있는 감정을 잘 전달하려면 어떻게 해야 할까요?

- 그 감정을 느끼게 된 이유를 설명해요.
- 상대방이 이런 상황에 어떻게 해 줬으면 좋겠는지 자신의 바람을 구체적으로 이야기해요.

나 전달법(I Message)

'나 전달법'은 자신의 감정을 전달하는 데 효과적인 방법이다. 우리는 부정적인 감정이 들 때 대부분 '너'를 주어로 사용하여 문제 해결을 하려고 한다. 그러나 '너'를 주어로 이야기할 경우 상대방은 비난을 받는다는 느낌을 받게 된다.

'나 전달법'은 상대방을 비난하지 않고, 일어난 사실을 바탕으로 상대방의 행동이 나에게 미친 영향을 '사실 - 감정 - 바람' 단계로 전달하는 표현 방법이다.

1) 사실: 상대방의 행동을 객관적으로 묘사하기(객관적인 사실만 말하기)
   "정현아, 내 지우개를 사용하고 잃어버렸구나."
2) 감정 + 그 감정을 느끼는 이유: 상대방의 행동이 나에게 미치는 영향/내가 느끼게 되는 기분 표현하기(나의 느낌을 묘사하는 적절한 표현 찾기)
   "나는 네가 내 지우개를 사용하고 잃어버려서 속상해."
3) 바람(욕구): 상대방이 해 주길 바라는 점 제시하기(지금 내가 원하는 것을 솔직하고 구체적으로 표현하기)
   "나는 네가 내 물건을 빌려 쓰고 나면 소중하게 쓰고, 잊지 않고 돌려주면 좋겠어."

❖ 모둠별로 주어진 상황을 보고 감정 표현을 어떻게 바꾸어 볼지 함께 고민해 봅시다. 친구가 감정을 바꾸어 표현했을 때 상대가 어떻게 반응할지도 써 봅시다.(교과서 상황을 이용해도 되고, 학습지 형태로 만들어도 좋습니다.)

상황 ①

정현이는 청소 시간에 1인 1역을 하는데 쓸기를 맡은 재훈이가 그냥 가서 혼자서 쓸기와 닦기를 다 했다. 그래서 힘들고 화가 났다.

"야, 너 왜 도망갔어? 너 때문에 내가 다 했잖아."

– 친구의 반응: "해 줄 수도 있지 뭘 그렇게 화를 내냐? 누가 너 보고 쓸랬어?"

1) 사실

"재훈아, 어제 1인 1역을 하지 않고 그냥 갔더라."

2) 감정 + 이유

"나는 네가 그냥 가는 바람에 혼자서 분단 청소를 하느라 힘들었어."

3) 바람(욕구)

"나는 네가 급한 사정이 있거나 가야 할 일이 있을 때는 미리 말해 주었으면 좋겠어."

– 친구의 반응: "내가 그냥 가서 혼자 청소하느라 힘들었겠다. 미안해. 다음에는 꼭 이야기 하고 갈게."

상황 ②

미술 시간에 그림을 그리는데 짝이 실수로 내 옷에 물감을 묻혔다. 엄마한테 혼날까 봐 걱정이 되고 화가 난다.

"아악, 어쩌면 좋아. 너 어떻게 할 거야. 나 이거 새로 산 옷인데, 물어내."

– 짝의 반응: "내가 일부러 그런 것도 아닌데 왜 그렇게 소리를 질러. 물어 주면 될 거 아냐."

1) 사실

"네가 움직이다가 내 옷에 물감을 묻혔네."

2) 감정 + 이유

"나는 네가 내 옷에 물감을 묻혀서 속상하고 엄마한테 혼날까 봐 걱정이 돼."

3) 바람

"나는 네가 이런 활동을 할 때는 좀 더 조심해 주면 좋겠어."

– 짝의 반응: "미안해, 내가 좀 더 조심했어야 하는데. 네가 괜찮다면 우리 엄마께 세탁을 부탁드려 볼게."

부정적인 감정이든 긍정적인 감정이든 어떻게 표현하는지가 중요합니다. 감정을 표현할 때 언어적인 표현뿐 아니라 비언어적 표현(표정, 행동 등), 반언어적 표현(말투, 목소리의 크기 등)도 많은 영향을 미친다는 것을 지도할 필요가 있습니다.

❖ 감정 표현을 바꾸기 전과 바꿔 보고 난 후의 상황을 모둠별로 역할극으로 표현해 봅시다.

❖ 친구들의 역할극을 보며 어떤 생각이 들었나요?
- 말하는 방법뿐 아니라 표정과 말투도 중요하다는 생각이 들었어요.
- 친구의 반응에 따라 표현한 사람의 기분이 바뀔 수도 있을 거 같아요.

 마무리하기 ···

❖ 지금까지 감정 표현 여부에 대해 토론도 하고 감정을 적절하게 표현하는 방법에 대해서도 생각을 나눠 봤습니다. 활동을 하고 난 후 느낀 점을 이야기해 볼까요?
- 앞으로 어떤 감정이 느껴질 때 한 번 더 생각한 후 표현해야겠다는 생각이 들었어요.
- 감정 표현을 잘해야겠다는 생각은 드는데 참 쉽지 않은 거 같아요. 화가 나는 순간에는 그게 조절이 잘 안 돼요.

> 감정 표현을 적절하게 하기 위한 실천 방법 체크리스트를 작성해 오는 것을 과제로 내는 것도 좋습니다.

❖ 앞으로 여러분이 느끼는 다양한 감정 상황에 대해 친구들이나 가족들과 진솔하게 이야기를 나누고, 좀 더 바람직하게 표현하는 방법에 대해 항상 고민해 보는 태도를 지니면 좋겠습니다.

정보 사회에서 지켜야 할 점 알기

☑ 성취 기준

[6도02-01] 사이버 공간에서 발생하는 여러 문제에 대한 도덕적 민감성을 기르며, 사이버 공간에서 지켜야 할 예절과 법을 알고 습관화한다.

☑ 수업의 흐름

1차시
정보 사회 이해하기
····▶
• 정보 사회의 변화된 모습 알아보기
• 정보 사회의 긍정적인 면과 부정적인 면 생각해 보기

2~3차시
토의, 토론을 통해
정보 사회 속 우리 돌아보기
····▶
• 정보 사회 관련 논제들로 월드 카페 토론하기
• 가상 공간에서 일어나는 문제 상황과 해결 방법 토의하기

4차시
참여하고 실천하기
····▶
• 정보 사회에서 보호하고 지켜야 할 것들 나누기
• 생활 속에서 실천하기

☑ 수업의 주안점

요즈음 학생들은 가상 공간에서 많은 활동을 하며 살아간다. 컴퓨터와 스마트폰을 이용하여 공부를 하고 여가 생활을 즐기며, 가상 공간에서 친구들과 대화를 하고 자신의 삶도 나눈다. 또한 가상 공간 속에 있는 것들을 누리는 수준을 넘어서 스스로 콘텐츠를 만들고 공유하기도 한다. 이렇게 정보 사회가 제공하는 다양한 정보를 통해 편리함을 누리기도 하지만 그 이면에서는 또 다른 갈등과 문제점이 생겨나고 있다.

이 주제에서는 학생들이 정보 사회의 긍정적인 면과 부정적인 면을 생각해 보고, 우리가 지녀야 할 바람직한 자세에 대해 월드 카페 토론을 통해 고민해 볼 것이다. 그리고 정보 사회에서 우리가 보호하고 지켜야 할 것이 무엇인지 생각을 나누고, 가정과 연계하여 할 수 있는 일들을 지속적으로 실천하고 습관화할 수 있도록 하는 데 주안점을 둔다.

이 과정 속에서 학생들은 사이버 공간에서 발생하는 여러 문제에 대한 도덕적 민감성을 지니고 사이버 공간에서 지켜야 할 예절과 법을 습관화하게 될 뿐만 아니라, 자신의 생활에 대한 수동적·무비판적 태도를 버리고 주체적·반성적 태도로 자신의 삶을 바람직하게 이끌어 가는 자세도 함께 지닐 수 있게 될 것이다.

1차시

정보 사회 이해하기
• 정보 사회의 변화된 모습 알아보기
• 정보 사회의 긍정적인 면과 부정적인 면 생각해 보기

 생각 열기 ···

❖ 여러분은 궁금한 것이 있으면 어떻게 해결하나요?
- 인터넷을 검색해요.
- 유튜브 영상을 활용해요.
- 포털 사이트의 묻고 답하기 코너에 물어 봐요.

❖ 알고 싶은 내용이 있을 때 가장 많이 사용하는 물건은 무엇인가요?
 스마트폰이나 컴퓨터요.

❖ 알고 싶은 내용을 찾는 것 말고도 그 물건으로 어떤 활동을 하나요?
- 친구와 대화를 나누면서 게임을 해요.
- 제가 좋아하는 연예인의 영상을 찾아봐요.
- 인터넷 강의를 들어요.

❖ 우리가 스마트폰이나 컴퓨터 등으로 이렇게 다양한 활동을 할 수 있게 된 이유는 무엇일
 까요?
 인터넷이 발달해서요.

❖ 여러분 말처럼 인터넷 시대가 되면서 우리는 많은 정보를 가상 공간 속에서 주고받고 다양한
 활동을 할 수 있게 되었어요. 이렇게 인간 활동에서 정보가 중요한 역할을 하는 사회를 무엇
 이라 할까요?
 정보 사회요.

❖ 이번 시간에는 정보 사회의 특징을 알고, 정보 사회의 긍정적인 면과 부정적인 면을 생각해
 봅시다.

🤔 생각 펼치기 ···

활동 1 **정보 사회의 변화된 모습 알아보기**

❖ 인터넷을 사용하지 않았던 사회와 비교할 때 인터넷을 사용하는 지금 사회의 모습에는 어떤 변화들이 있을까요? 모둠별로 상황이 적힌 쪽지를 뽑아 정지 화면 역할극으로 표현해 봅시다.

이렇게 할 수 있어요 ▶ **정지 화면 역할극**

정지 화면 역할극은 주제로 정한 하나의 장면을 정지 동작으로 표현하는 활동입니다. 연극 활동에 대한 부담은 줄이고, 표현하는 학생들과 정지 화면을 보는 학생들 모두 주제에 대해 고민해 볼 수 있도록 합니다.

1) 모둠별 주제와 관련해서 어떤 상황을 표현할지 의논한다.
2) 역할을 정하고 무대에 어떻게 서 있을 것인지 동작(자세, 표정)을 정한다.
3) 자기 모둠 순서가 되면 교실 앞으로 나와 조각상처럼 서 있는다. (하나, 둘, 셋! 얼음!)
4) 다른 모둠 학생들의 예상을 돕기 위해 정지 화면과 관련된 모둠원들의 속마음 듣기나 면담하기 활동을 추가할 수 있다.

※ 학생들이 정지 화면 역할극 활동을 함으로써 정보 사회 전후의 변화에 대해 스스로 고민해 볼 수 있도록 합니다. 학생들은 정보 사회 이전의 경험이 없으므로 모둠 활동을 할 때 교사가 순회 지도를 통해 생각의 폭을 넓혀 줄 필요가 있습니다.

🔵 상황	인터넷을 사용하지 않았던 사회 (정보 사회 이전)	인터넷을 사용하는 요즘 사회 (정보 사회)
친구와 대화를 할 때	만나야만 이야기를 나눌 수 있었어요. 집 전화로 통화하기도 했어요.	만나지 않아도 컴퓨터나 스마트폰을 이용해 대화할 수 있어요.
필요한 자료를 찾을 때	모르는 것이 있을 땐 어른들한테 묻거나, 책을 찾아봤어요.	언제 어디서나 인터넷으로 다양한 자료를 쉽게 찾을 수 있어요.
목적지를 찾아갈 때	지도나 표지판을 보고 찾아가거나, 사람들에게 물어봤어요.	길 찾기 서비스(내비게이션)를 통해 찾아갈 수 있어요.
공부를 할 때	혼자 공부를 하다가 모르는 게 있을 때는 선생님께 여쭤 봤어요. 자료를 찾을 때는 백과사전을 주로 봤어요.	공부를 하다가 모르는 부분이 있을 때 인터넷으로 검색하며 쉽게 정보를 얻고 학습할 수 있어요.
물건을 살 때	시장이나 슈퍼 등에 가야만 물건을 살 수 있었어요.	밖에 나가지 않아도 집에서 물건을 주문할 수 있어요.
여가 활동을 할 때	주로 바깥에서 놀이를 하며 놀았어요.	여가 시간에 인터넷으로 영화, 음악, 게임 등을 다양하게 즐길 수 있어요.

❖ 정지 화면 역할극을 통해 알 수 있는 정보 사회의 특징은 무엇인가요?
- 언제 어디서든 원하는 정보를 쉽게 찾을 수 있어요.
- 시간과 공간에 상관없이 다양한 활동을 할 수 있게 됐어요.

활동 2 정보 사회의 긍정적인 면과 부정적인 면에 대해 자유롭게 생각 나누기

❖ 지금부터 정보 사회의 긍정적인 면과 부정적인 면에 대해 이야기 나눠 볼게요.

이렇게 할 수 있어요 ▶ **붙임 쪽지를 이용한 브레인 라이팅(Brain Writing)**

준비물: 붙임 쪽지, 색깔 펜

1) 붙임 쪽지를 나눠 준다.(긍정적인 면과 부정적인 면 색 구분)
2) 붙임 쪽지에 자신의 의견을 쓴다.
3) 돌아가면서 자신의 의견을 이야기한다.
4) 같은 의견은 아래로, 다른 의견은 옆으로 붙여 본다.
5) 다 함께 전체적으로 생각을 나눈 후 공감이 되거나 지지하는 의견에 스티커를 붙이는 활동을 한다.

> " 브레인 라이팅 방법은 책 13쪽에 자세하게 나와 있습니다.

※ 정보 사회라는 주제는 포함하고 있는 내용이 많다 보니 토의, 토론 방향이 분산될 수 있습니다. 스마트폰 사용, SNS 사용과 같이 좀 더 구체적인 세부 주제로 변경해서 지도해도 좋습니다.
※ 긍정적인 면과 부정적인 면을 동시에 다루면 내용이 분산될 수 있으니 모둠별로 주제를 나누어 생각해 보아도 됩니다.(예: 1~3 모둠 긍정적인 면, 4~6 모둠 부정적인 면) 가능하다면 교사가 임의로 정하기보다 학생들이 주제 선정을 고민할 수 있게 하는 것이 좋습니다.

예 정보 사회의 긍정적인 면	정보 사회의 부정적인 면
- 모르는 내용을 언제 어디서든 빠르게 알 수 있다. - 의사소통이 편리해진다. - 목적지를 쉽고 편리하게 찾아갈 수 있다. - 다양한 정보를 많은 사람들과 나눌 수 있다. - 간편한 기기로 다양한 문화 생활을 즐길 수 있다. - 빠르고 신속하게 자료를 전송할 수 있다.	- 다양한 중독의 우려(게임 중독, 영상 중독, SNS 중독, 스마트폰 중독)가 있다. - 정보 기기의 과다 사용으로 건강 문제(거북 목, 시력 저하 등)가 발생할 수 있다. - 사이버 폭력이 일어날 수 있다. - 언어 파괴가 심하다. - 사생활 침해, 개인 정보 유출의 위험이 있다. - 가족 간의 대화가 줄어든다.

마무리하기 ···

❖ 정보 사회의 긍정적인 면에는 어떤 것들이 있었나요?
- 다양한 정보를 쉽게 얻을 수 있어요.
- 친구를 만나지 않고도 대화를 나눌 수 있어요.
- 사람들이 각자 가진 정보를 빠르게 나눌 수 있어요.

❖ 정보 사회의 부정적인 면에 대해서도 생각을 나눴죠. 친구들과 생각을 나누며 어땠나요?
- 스마트폰을 쓰면서 부모님과 의견이 충돌하는 일이 많아졌는데, 그게 저만의 문제가 아니란 걸 알았어요.
- 친구들이 스마트폰을 많이 사용하고 있으면서도, 문제점에 대해서도 고민하고 있다는 걸 알게 되었어요.

❖ 친구들이 낸 의견 중에서 좀 더 깊이 있게 생각을 나눠 보고 싶은 주제가 있나요? 주제를 함께 정해 봅시다.

악성 댓글	스마트폰 중독	게임 중독
사이버 폭력	언어 파괴	사생활 침해
저작권 침해	스팸 메일	정보 기기의 올바른 사용법
개인 정보 유출	불법 다운로드	스몸비(스마트폰 좀비. 걸으면서도 스마트폰에 몰입하여 주위 환경을 인식하지 못하는 사람)

브레인 라이팅을 통해 제시된 내용을 바탕으로 다음 시간에 이야기 나눌 내용을 학생들이 고민해 보게 합니다. 스스로 다양한 질문을 써 보고 그 활동을 통해 미리 논제를 고민해 보도록 하는 것도 좋습니다.
제시된 여러 주제 중 다음 차시에 함께 이야기 나눌 주제를 정하고 난 후, 낱말로 표현된 주제를 좀 더 구체화시켜 가는 과정을 학생들과 함께하도록 합니다.

❖ 다음 시간에는 정보 사회 관련 주제로 월드 카페 토론을 하겠습니다.

2~3 차시

토의, 토론을 통해 정보 사회 속 우리 돌아보기
· 정보 사회 관련 논제들로 월드 카페 토론하기
· 가상 공간에서 일어나는 문제 상황과 해결 방법 토의하기

 생각 열기 ···

❖ 지난 시간에 어떤 이야기를 나누었죠?
- 정보 사회가 되고 어떤 변화들이 있었는지 이야기했어요.
- 정보 사회의 긍정적인 면과 부정적인 면에 대해 이야기를 나누었어요.

❖ 지난 시간에 나누었던 이야기 중에 공감이 되는 이야기에는 무엇이 있었나요?
- 친구들과 가상 공간에서 이야기를 나누다 보면 언어 파괴 문제가 정말 심각한 것 같다는 거요.
- 궁금한 게 있을 때 빠르고 쉽게 정보를 찾을 수 있다는 점을 집에서 과제를 할 때도 다들 많이 느끼고 있었어요.

❖ 이번 시간에는 정보 사회와 관련된 주제로 월드 카페 토론을 해 볼 거예요.

 생각 펼치기 ···

활동 1 **월드 카페 토론 방법 이해하기**
❖ 우리가 지난 시간에 나눈 내용을 바탕으로 정한 월드 카페 토론 주제는 다음과 같았습니다.

 1) 정보 기기의 올바른 사용법
2) 부모님이 자녀의 정보 기기 사용을 제한해야 한다.
3) 인터넷 방송 BJ(Broadcasting Jockey)들의 언어를 모방하는 것은 괜찮다.
4) 인터넷 동영상의 연령 제한이 필요하다.
5) 보행 시 스마트폰 사용을 제한해야 한다.

❖ 월드 카페 토론의 방식에 대해 알고 있나요?
- 주제에 대해서 모둠별로 이야기를 나누는데, 다른 주제로 옮겨 가며 생각을 나눠요.
- 모둠별 토론을 이끄는 사회자가 있어요.

❖ 네, 맞아요. 월드 카페 토론은 주제에 대해 모둠별로 이야기를 나누고, 다른 주제로 옮겨 가며 생각을 나눕니다. 또한 모둠별 토론을 이끄는 사회자가 있습니다. 월드 카페 토론을 할 때 생각해야 할 것에 대해 자세히 이야기해 줄게요.

첫째, 이끔이(호스트)를 정합니다. 이끔이는 친구들의 이야기를 잘 듣고 정리하며 진행하는 역할을 합니다. 친구들이 주제를 바꿔서 토론을 할 때 이끔이는 자리를 옮기지 않고 이어서 진행을 합니다.

둘째, 주제에 대해 하고픈 이야기는 낱말, 문장, 그림 등 다양한 형태로 제시해도 됩니다. 단, 쓴 사람 이름도 꼭 적어 주세요. 다른 친구 의견에 질문을 적어도 됩니다.

셋째, 모둠 활동 시 정해진 방향으로 함께 이동하되, 처음에 이야기를 나눈 후에는 각자 관심 있는 주제 모둠으로 자리를 옮겨 주세요. 단, 그 모둠에 인원이 채워졌으면 관심 있는 다른 주제로 가 주세요.

월드 카페 토론 방법

1) 학급 인원을 4~5 모둠으로 나눈다.
2) 이끔이(호스트)를 정한다. 모르는 사람들이면 자기소개를 하고서 정하는데, 학급에서는 서로 잘 알고 있으니 바로 정해도 된다. 다만 이끔이가 하는 역할(진행을 하면서 모둠에서 나눈 이야기를 정리해서 다음 회에 오는 친구들에게 소개하는 역할)에 대해 안내한 후 정하게 한다.
3) 이끔이는 모둠에서 다룰 주제를 알려 준다.
4) 해당 모둠원들은 주제와 관련하여 하고픈 이야기를 전지에 쓴다. 문장, 낱말, 그림 모두 가능하다.(개인별로 펜의 색깔을 다르게 하면 내용이 더 잘 구별된다.)
5) 돌아가면서 자신이 쓴 내용을 발표할 시간을 갖는다. 이때 이끔이가 내용을 정리해 준다.
6) 1차 시간이 끝나면 이끔이는 모둠에 그대로 있고, 모둠원들은 다른 주제로 옮겨 간다.
7) 이끔이는 새로 온 사람들에게 이전까지 나눈 이야기를 들려준다. (쓰고 발표하고 정리하기를 되풀이한다.)
8) 모든 주제에 대해 이야기를 나눠 봤으면 처음 속해 있던 주제 모둠으로 간다.
9) 주제와 관련하여 나온 이야기 중 중요 내용이나 해결 방법 관련 내용을 몇 가지 정해 붙임 쪽지에 써 붙인다.
10) 모둠별로 돌아가며 발표를 하고 생각을 나눈 종이는 교실이나 복도에 게시해서 언제든 볼 수 있도록 한다.
※ 치열하게 논쟁이 오고간 주제의 경우 다음 시간 짝 토론이나 모둠 토론의 논제로 가져가도 좋다.

❖ 월드 카페 토론을 할 때 우리가 함께 지켜야 할 것은 무엇일까요?

- 주제와 관련된 이야기를 나눠요.

- 다른 친구가 의견을 말할 때 끼어들지 않아요.

- 다른 친구가 쓴 의견에 장난을 치지 않아요. 지난번에 제가 쓴 의견에 친구가 낙서를 해서 기분이 상했거든요.

활동 2 정보 사회 관련 주제로 월드 카페 토론하기

❖ 월드 카페 토론이 의미 있게 진행되려면 앞에서 이야기한, 서로 지켜야 할 것들을 생각하며 활동했으면 합니다. 그럼 우선 이끎이를 정해 주세요.

> 늘 이끄는 역할을 해 본 친구들이 이끎이가 되는 경우가 많습니다. 가능하다면 사전에 하고 싶은 친구들의 신청을 받아서 이끎이 교육을 하고 월드 카페를 진행하는 것도 좋습니다.

❖ 다음 논제로 월드 카페 토론을 진행해 봅시다.

> **부모가 자녀의 정보 기기 사용을 제한해야 한다.**

이끎이: 우리 모둠의 주제는 '부모가 자녀의 정보 기기 사용을 제한해야 한다.'입니다. 주제와 관련된 자신의 생각을 자유롭게 써 주세요.

모둠원: (주제 종이에 자신의 생각을 글(낱말, 문장), 그림 등으로 자유롭게 쓴다.)

이끎이: 돌아가면서 자신의 생각을 짧게 나눠 볼게요.

모둠원 1: 저는 부모님께서 제한하셔야 한다고 생각해요. 제 주변에 보면 새벽까지 잠을 안 자고 게임을 하거나 친구들과 문자로 이야기를 나누는 친구들이 있어요. 아이들 스스로 조절하는 것은 어려움이 있으니 부모님께서 제한을 하시는 게 맞다고 생각합니다.

모둠원 2: 저는 아직 입장을 못 정했어요. 제 사생활이니 부모님이 관리하시는 건 싫은데, 또 관리하지 않으면 제가 조절을 못 할 거 같아요.

모둠원 3: 부모님이 계속 제한하다 보면 스스로 조절하는 능력이 키워지지 않을 것 같아요. 우린 어차피 스마트폰 같은 기기를 계속 사용하며 클 테니 스스로 조절하는 노력이 필요해요.

모둠원 4: 전 스마트폰 때문에 부모님이 잔소리하시는 그림을 그렸어요. 사용 시간 제한 등의 관리는 필요한데, 그게 지나치면 서로 스트레스 받아서 관계가 더 안 좋아질 거 같아요.

이끎이: '부모가 제한을 해야 한다.'에 찬성하는 친구들은 스스로 조절이 되지 않는다는 근거를 들었고, 반대하는 친구는 각자의 사생활이고 또 스스로 조절하는 능력을 기를 필요도 있다고 했습니다.

교사: 두 번째 토론 시작할게요. 각자 관심 있는 주제로 자리를 옮겨 주세요.

이끎이: 우리 모둠 주제는 '부모가 자녀의 정보 기기 사용을 제한해야 한다.'입니다. 전에 이야기를 나눈 친구들은 우리 스스로 조절이 되지 않으니 부모님이 관리하셔야 한다

는 의견을 말하기도 했고, 한편으로 스마트폰 사용은 우리의 사생활이고 또 관리로 인해 서로 스트레스를 받으니 관리를 반대한다는 의견도 있었어요. 이에 대한 여러분의 의견이나 질문을 써 주세요.

모둠원: (앞 친구들이 쓴 의견에 질문이나 반론의 내용을 쓰거나, 새로운 근거나 경험이 있을 경우 다른 의견을 쓴다.)

이끔이: 돌아가면서 자신의 생각을 나눠 볼게요.

(중략)

• 이렇게 쓰고, 발표하고, 정리하기를 반복해서 한다.

교사: 토론을 마무리할게요. 모두 처음 자기 자리로 돌아가 주세요. 다른 친구들은 어떤 의견을 냈는지 모둠원이 같이 이야기를 나눠 보고, 모둠 주제에 대해 정리한 후 나온 주된 의견들을 붙임 쪽지에 써서 붙여 주세요.

모둠원: (친구들이 쓴 의견을 읽고 살펴본다.)

이끔이: 친구들의 의견을 읽고, 가장 많이 나온 생각들을 정리해 볼게요.

모둠원 1: 관리는 필요하나 지나친 통제는 안 된다는 의견이 많은 거 같아요.

모둠원 2: '스스로 조절하는 능력을 키우게 해야 한다.'는 의견이 많은데, 그 생각에는 저도 동의해요.

모둠원 3: 부모님이 사용 제한을 해야 한다고 생각하는 친구들은 관리를 받지 않으면 스스로 조절하기가 힘들다는 근거를 제시했어요.

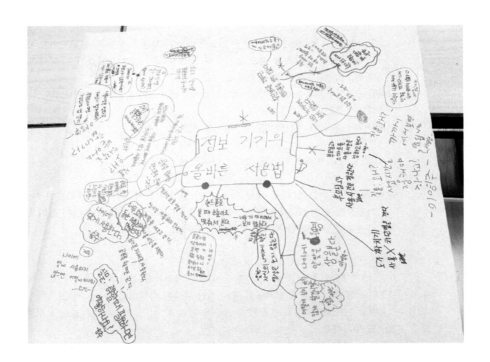

 마무리하기 ∙∙∙

❖ 정보 사회 관련 주제로 월드 카페 토론을 해 봤어요. 친구들과 다양한 주제에 대해 생각을 나
누니 어땠나요?

- 저는 친구들 앞에서 제 생각을 이야기하는 걸 잘 못하는데, 글로 쓰니 마음이 편했
어요.

- 저는 평소 인터넷에서 영상을 보면서 방송하는 사람들 말에 별로 관심이 없었는데,
토론을 하다 보니 친구들이 요즘 쓰는 말에 그런 말들이 많은 것 같아서 걱정이 됐
어요.

❖ 다음 시간에는 정보 사회 속에서 우리가 소중하게 여겨야 할 것들은 무엇인지 알아보고, 구
체적인 실천 방법에 대해 함께 이야기해 볼게요. 정보 기기의 올바른 사용을 위해 가족들과
실천하고 있는 내용이 있으면 써 오세요.

4차시

 생각 열기

❖ 지난 시간에 월드 카페 토론을 하며 기억에 남았던 주제가 있나요?

- 저는 '스몸비'라는 단어를 지난 시간에 처음 들어 봤는데, 그 이야기를 나누고 나니 거리에 사람들이 스마트폰을 보며 걸어다니는 게 유독 눈에 들어왔어요. 저 스스로도 좀 조심하게 돼요.

- 스마트폰 중독 문제요. 집에 가서 친구들과 토론한 내용에 대해 부모님과도 이야기 나눠 봤어요.

❖ 어떤 이야기를 나누어 보았나요?

가족들이 식사를 할 때 각자 스마트폰을 보고, TV를 보느라 대화를 거의 안 해요. 그래서 우리 반이 나눈 이야기를 부모님과 하며 앞으로 식사를 할 때는 스마트폰을 보지 말자고 했어요.

❖ 가족 모두에게 의미 있는 실천이 될 수 있겠어요. 우리가 나눈 이야기들이 좀 더 의미 있게 실천되려면 어떤 규칙들이 필요할까요?

❖ 이번 시간에는 정보 사회를 살아가며 우리가 지켜야 할 규칙을 만들고 실천해 볼 거예요.

 생각 펼치기

활동 1 **해결 방법, 노력할 점 생각해 보기**

❖ 각 모둠 책상 위에 지난 시간에 만든 월드 카페 활동지가 있어요. 친구들이 쓴 내용을 다시 읽어 보며 그 주제에 대해서 우리가 고민해 보아야 할 것, 노력할 점을 함께 이야기 나눈 후 붙임 쪽지에 써서 붙여 봅시다.

예	주제	노력할 점
	1) 정보 기기의 올바른 사용법	- 나이에 맞는 응용 프로그램(애플리케이션)을 사용한다. - 자세를 바르게 하고 사용한다. - 걸으면서 사용하지 않는다.
	2) 부모님이 자녀의 정보 기기 사용을 제한해야 한다.	- 자녀의 정보 기기 사용을 제한하기 전에 부모님들 스스로도 정보 기기 사용 습관을 돌아보아야 한다. - 해야 할 일을 다 하고 나서 정보 기기를 사용해야 한다.
	3) 인터넷 방송인(BJ)들의 언어를 모방하는 것은 괜찮다.	- 잘못된 언어를 사용하는 친구를 보면 쓰지 말라고 이야기해 준다.
	4) 인터넷 동영상 시청에 연령 제한이 필요하다.	- 동영상을 올릴 때는 타인에게 피해가 가는 내용이 아닌지 생각하며 올린다. - 자신이 동영상을 보고, 개인 방송을 한다는 것을 부모님께 알린다. - 부모님이 아이의 영상 계정을 어린이용 계정으로 등록한다.
	5) 보행 시 스마트폰 사용을 제한해야 한다.	- 중요한 일이 있을 경우에는 보행을 멈추고 가장자리 쪽으로 가서 스마트폰을 사용하고, 일을 다 마친 뒤에 보행을 한다. - 횡단보도를 건널 때 스마트폰을 사용하는 것에 대해서는 법적으로 제재를 한다.

활동 2 정보 사회 속 스스로의 모습 성찰하고 자기 가족의 실천 내용 나누기

❖ 정보 사회를 살아가며 편리해진 부분도 많지만 편리함 뒤에 우리가 걱정하고 살펴야 할 것들도 많았어요. 스스로 돌아봤을 때 정보 기기를 사용하며 걱정되는 점이 있나요?

- 공부를 할 때 스마트폰이 옆에 있으면 자꾸 보게 돼요.(게임, SNS 등) 그러다 보면 삼십 분이면 할 숙제를 두 시간 이상 붙들고 있던 적도 있어요.

- 친구들이 학급 단체 대화방에서 불필요한 대화나 시비성 글을 남겨서 싸움이 일어난 적이 많아요.

❖ 편리하게 사용하고 있지만 우리 친구들이 갖는 걱정도 많군요. 혹시 가족끼리 따로 실천 약속을 정해서 도움을 받거나 스스로 약속을 정해서 실천하고 있는 친구 있나요?

- 스마트폰으로 해야 할 일이 있을 때 적정한 사용 시간으로 알람을 맞춰 놓고 해요.

- 저는 밤 9시가 되면 휴대폰을 엄마한테 내요.

- 제 나이에 맞지 않는 애플리케이션을 사용하거나 영상을 시청하는 것은 하지 않기로 부모님과 약속을 해서 지키고 있어요.

- 저는 인터넷을 통해 다양한 영상을 보며 도움을 받아요. 제가 관심 있는 것들을 스스로 선별해서 찾아보면 의미 있는 영상도 많고, 구체적인 활동 방법 등이 나와 있어 도움을 받는 경우가 많아요. 대신 자극적이거나 유해한 영상은 절대 클릭하지 않기로 다짐하고 써요.

활동 3 정보 기기 사용 관련 학급 약속 정하기

❖ 지난 시간에 토의, 토론한 내용을 바탕으로 정보 기기 사용과 관련하여 우리 학급의 약속으로 고민해 볼 수 있는 것들에는 어떤 것이 있을까요?

– 아무래도 사용 시간이 조절이 되지 않는다는 부분이 있어서 사용 시간 제한에 대한 약속이 필요할 거 같아요.

– 우리 나이에 맞지 않는 애플리케이션, 영상 등을 사용하거나 시청하지 않겠다는 약속이 필요해요.

실제로 학급 약속을 정하다 보면 아이들 개개인의 사정이 달라 의견을 맞춰 가기가 쉽지 않습니다. 예를 들어 정보 기기를 밤 9시에 부모님께 내자는 의견이 있었는데, 학원을 다녀오면 밤 10시가 넘는데 그렇게 되면 전혀 정보 기기를 사용하지 못한다고 학급 약속에 불편한 감정을 갖는 아이들이 있었습니다. 이럴 때는 '사용 시간 정하기'로 학급 약속을 정한 후 구체적인 실천 방법에 대해서는 가족과 협의를 해서 결정하게 하는 것이 좋습니다. 가정에 안내할 때에도 일방적인 부모님의 지시가 되지 않도록, 자녀와 충분히 생각을 나눈 후 약속을 정할 것을 권장하고 아이만의 약속이 아닌 가족 전체의 약속이 되도록 당부하면 아이들의 실천이 더 의미 있게 이어질 수 있습니다.

❖ 토의를 통해 우리 학급의 실천 약속은 다음과 같이 정해졌어요. (투표를 하거나 의견 정하기 월드컵(토너먼트) 방식을 사용해도 됩니다.)

정보 기기 사용에 대한 우리 학급의 실천 약속
첫째, 사용 시간 정하고 지키기
둘째, 내 나이에 맞게 사용하기
셋째, 걸을 때는 사용하지 않기
넷째, 유해한 콘텐츠는 보지 않기

마무리하기 ··

❖ 우리가 함께 실천할 약속을 정해 보았어요. 정한 약속 말고도 우리가 정보 사회를 살아가며 지켜야 할 것들에는 어떤 것이 있을까요?

- 온라인에서 언어 사용을 조심해야 해요.(욕설이나 비방하지 않기)
- 다른 사람의 정보를 함부로 올리지 않고, 자신의 개인 정보도 유출되지 않도록 신경 써야 해요.
- 정보 기기를 통해 다양한 뉴스나 영상을 접할 때 그것이 정말 사실인지 늘 살펴볼 필요가 있어요.
- 다른 사람의 권리나 이익을 함부로 침해하고 있지는 않은지(저작권 침해, 초상권 침해 등) 유의해야 해요.

❖ 학급에서 정한 실천 약속은 가정에도 안내가 될 예정이에요. 이를 바탕으로 다음 주까지 가족 회의를 열어 약속을 정하고 함께 실천해 보아요.

가족들과 다양한 정보 기기 사용에 대해 이야기 나누기

이름:

함께 이야기해요.

아이들과 스마트폰, TV, 컴퓨터 사용에 대한 이야기를 나눠 봤어요. 학급에서 우리 모두가 지킬 약속을 정하고, 그와 관련된 세세한 약속은 가족들과 협의하기로 했어요. 아이들 다수가 가족들이 스마트폰, TV를 보느라 대화하는 시간이 확실히 많이 줄었다고 하더라고요. 아이들 개인의 약속이 되면 실천이 쉽지 않습니다. 가족 모두가 함께 생각을 모아 정보 기기 사용에 대한 약속을 정해 봤으면 해요.

[우리 학년 약속]
① 밤에는 부모님께 휴대 전화 반납하기 - 아이들이 자기 전후로 휴대 전화를 붙들고 있어 수면 시간이 짧아집니다.
② 패턴이나 비밀번호 걸어 두지 않기 - 정보 기기 사용은 사생활이기는 하지만 한편으로는 부모님의 지속적인 지도와 관심도 필요해요.
③ 문자, 톡 등에서 예쁜 말 사용하기 - 비속어 사용, 불법 사진 캡처 등을 하지 않아요.

✂️

학년 약속과 관련하여 학급에서도 약속을 정했습니다.
※ 아이들이 실천할 세세한 시간과 내용은 가족들이 협의해 주세요.
※ 스마트폰이 있는 아이는 스마트폰 사용 규칙, 없는 친구들은 컴퓨터, TV, 태블릿 피시 등의 사용 규칙을 고민해 봐요.

1) 사용 시간 정하기(~까지, ~분, ~시간 동안)
  →
2) 내 나이에 맞게 사용하기(게임, 동영상 시청, SNS 사용 등)
  →

✂️

우리 가족의 약속 정하기(스마트폰, 컴퓨터, TV 사용 관련)

1)

2)

<가족끼리 이야기 나누며 느낀 점>

정보 기기 사용 약속을 돌아보며(월)

_____ 초등학교 __학년 __반 __번 이름:

나는 온라인 공간 안에서 어떤 모습으로 지내고 있나요? 스스로 돌아보는 글을 써 보아요.	
스스로 스마트폰, 컴퓨터, TV 사용 습관 돌아보기	- 잘한 점: - 노력할 점:
가족들이 전하는 말	- 잘한 점: - 노력할 점:

※정보 기기 사용 약속을 스스로 또는 가족과 함께 돌아본 후 글로 평가해 주세요.
※심심할 때 스마트폰, 컴퓨터, TV를 사용하여 시간을 보내기보다는 가족, 친구 또는 책과 시간을 보내요.

쾌적한 생활 공간에 대해 이해하기

☑ 성취 기준

[6실03-04] 쾌적한 생활 공간 관리의 필요성을 환경과 관련지어 이해하고 올바른 관리 방법을 계획하여 실천한다.

☑ 수업의 흐름

1차시 난상 토론하기	┅┅▶	• 우리 반 친구들의 정리, 청소 습관 알아보기 • '정리 정돈은 자기 방식대로 하면 된다.' 난상 토론하기
2~3차시 쾌적한 생활 공간 관리의 방법 알기	┅┅▶	• 쾌적한 생활 공간 관리의 필요성 알기 • 쾌적한 생활 공간 관리의 방법 포스터 만들기 • 발표하기
4차시 쾌적한 생활 공간 관리 실천하기	┅┅▶	• 실천 전후 사진 찍기 • 소감 나누기

☑ 수업의 주안점

이 주제에서는 각자의 청소나 정리 습관을 돌아보고, 토론을 통하여 쾌적한 생활 환경 관리의 필요성과 방법을 알아본다. 나아가 포스터를 만들어 서로 쾌적한 생활 공간 관리의 구체적인 방법을 소개해 보고 이를 직접 실천하는 활동을 해 본다.

생활 공간 관리와 관련하여 의견이 대립할 수 있는 것 중의 하나가 정리 정돈의 방식에 대한 것이다. 자기 방식대로 정리 정돈을 해도 된다는 의견과 청소를 깨끗이 하고 쾌적하게 관리하는 것만이 옳다는 의견이 대립할 수 있다. 이는 학생들의 일상생활과 밀착된 주제이면서 자신의 경험 등을 근거로 하여 토론에 보다 쉽게 참여할 수 있는 주제라는 점에서 찬반 토론에 적극적인 태도를 유도하기에 적절하다.

토론의 형식은 누구나 어느 편에든 설 수 있는 난상 토론으로 하였다. 자유롭게 이야기할 수 있도록 모든 학생들의 의견을 긍정적으로 받아들이고 기록하는 것이 중요하다. 학생들이 스스로 자신의 생활 경험을 바탕으로 자유롭게 의견을 제시함으로써 쾌적한 생활 공간 관리의 필요성을 환경과 관련지어 이해하고 올바른 관리 방법을 계획하고 실천하는 성취 기준에 보다 효과적으로 접근할 수 있을 것이다.

1차시

난상 토론하기
• 우리 반 친구들의 정리, 청소 습관 알아보기
• '정리 정돈은 자기 방식대로 하면 된다.' 난상 토론하기

 생각 열기 ··

❖ 여러분은 정리나 청소를 어떻게 하나요? 집도 좋고 학교 서랍이나 사물함 얘기도 좋아요. 한 군데 골라서 얘기해도 좋고 전반적인 습관을 얘기해도 좋아요.

- 사물함에 교과서는 교과서끼리, 공책은 공책끼리 두고 바구니 하나에 잡동사니들을 넣어 두었어요.
- 저는 사물함에 교과서와 공책을 같이 둬요.
- 저는 그냥 막 집어넣어요.
- 저는 옷을 침대나 의자 위에 쌓아 놓아서 맨날 엄마한테 혼나요.
- 저는 물건을 종류별로 따로 모아 놓아요. 장난감은 장난감끼리, 인형은 인형끼리, 문구류는 문구류끼리 모아서 각각 제자리에 두어요.
- 저는 청소할 때 물건을 정리하고 책상을 닦은 뒤, 바닥을 쓸고 닦아요.

❖ 각자 정리하는 방법에 비슷한 점도 있고 다른 점도 있군요. 이번 시간에는 '정리 정돈은 자기 방식대로 하면 된다.'라는 논제로 자유롭게 이야기 나누어 봅시다.

정리 정돈은 자기 방식대로 하면 된다.

 난상 토론

　실제 본인의 생각과 상관없이 찬성이나 반대 입장에서 떠오르는 대로 의견을 제시하는 형태의 토론을 말한다. 학급 구성원 중 누구나 말할 수 있으며, 발언권을 얻지 않고 자리에 앉은 채로 마구 말을 쏟아 내는 것을 교사가 칠판에 정리하여 적는다. 여러 사람이 동시에 말해서 제대로 의견을 알아들을 수 없을 경우에만 손을 들게 하여 순서대로 발표하게 한다.

　부담 없이 할 수 있는 방법으로 토론을 많이 해 보지 않은 학급, 발표를 잘 안 하는 소극적인 학급에 적용하면 학생들이 토론에 즐겁게 참여할 수 있다. 학생들에게는 굳이 난상 토론이라는 용어를 사용하지 않아도 되고 교사가 발문과 예시 답변으로 토론을 이끌면 된다.

생각 펼치기 ....

활동 1 **'정리 정돈은 자기 방식대로 하면 된다.' 논제에 대한 근거 찾기**

❖ 자유롭게 찬성과 반대를 오가며 의견을 내 봅시다.

❖ 찬성 근거에는 무엇이 있을까요?

1. 정리하는 사람의 자유이다.

2. 정리 하나 안 하나 먼지가 쌓이기는 마찬가지이다.

3. 기억만 하면 물건을 찾는 데 문제가 없다.

> 학생들이 발표에 주저하지 않도록 처음에는 모든 의견을 다 적은 뒤에 같은 내용인 것은 없는지, 묶을 내용은 없는지 묻고 정리합니다.

❖ 반대 근거에는 무엇이 있을까요?

1. 정리하는 방식이 다르면 같이 지내는 사람이 불편하다.

2. 효율적으로 정리해 놓으면 청소가 편하다.

3. 정리해 놓으면 물건을 찾는 데 시간이 적게 든다.

4. 정리해 놓으면 보기에 좋다.

5. 물건을 마구 쌓아 놓으면 곰팡이가 생기거나 냄새가 날 수 있다.

❖ 찬성 근거가 세 개였으니 반대 근거도 세 가지로 추려 볼까요? 비슷한 내용이라서 함께 묶을 것이 있을까요?

– 2번과 3번이 편리하다는 내용으로 비슷한 것 같습니다.

– 4번이 1번과 연결될 수 있지 않을까요? 정리를 안 하면 보기에 좋지 않아서 다른 사람이 불편한 거니까요.

❖ 반대 근거를 정리하면 다음과 같이 추릴 수 있겠네요.

1. 정리하는 방식이 다르면 같이 지내는 사람이 불편하다.

2. 효율적으로 정리를 해 두면 편리하다. – 청소하기에 편하다. 물건을 찾기가 편하다.

3. 물건을 마구 쌓아 놓으면 곰팡이가 생기거나 냄새가 날 수 있다.

활동 2 **근거에 대한 반박 또는 질문 찾기**

❖ 이번에는 각각의 근거에 반박하거나 질문을 해 봅시다. 이 역시 누구나 발표할 수 있습니다. 자신이 찬성이든 반대이든 찬성 입장에게 할 수 있는 질문이나 반박을 해 봅시다.

> 교사가 들으며 정리하여 칠판에 받아 적거나 컴퓨터에 입력합니다.

[1. 정리하는 사람의 자유이다.]
- Q: 같이 사는 사람 생각은 안 하나? 같이 쓰는 물건일 수도 있다.
  A: 같이 쓰는 물건은 합의해서 정리하면 된다.
- Q: 보기 안 좋은 건 어떻게 할 것인가? A: 안 보면 된다.
- Q: 보이는데 어떻게 하나? A: 안 보이게 집어넣으면 된다.

[2. 정리 하나 안 하나 먼지 쌓이기는 마찬가지이다.]
- Q: 정리를 하면 먼지가 덜 쌓이는데?
  A: 어떻게 해서 먼지가 덜 쌓이나?
- Q: 상자나 서랍, 장, 주머니 등에 종류별로 넣으면 된다.
  A: 그러면 상자나 서랍, 장, 주머니 등에 막 집어넣겠다.
- Q: 막 집어넣으면 다른 물건이 밑에 깔려 문제가 생길 수 있다.

[3. 기억만 하면 물건을 찾는 데 문제가 없다.]
- Q: 그때그때 다르게 넣으면 어떻게 기억하나?
  A: 자기만의 방식으로 기억할 수 있다.
- Q: 다른 사람이 필요할 때는 어떻게 하나?
  A: 함께 쓰는 물건은 합의해서 정리하고 개인의 물건만 각자의 방식대로 정리해 놓는다는 말이다.

❖ 반대 의견에도 질문하거나 반박해 봅시다.

[1. 정리하는 방식이 다르면 같이 지내는 사람이 불편하다.]
- Q: 내 물건을 내 방식대로 정리하는데 다른 사람이 무슨 상관인가?
  A: 다른 사람 눈에 자꾸 지저분한 게 보여 스트레스가 쌓일 수 있다.
- Q: 내 방식대로 정리하지 못하는 스트레스는 어떻게 할 것인가?
  A: 습관이 안 돼서 그렇지 자꾸 하다 보면 오히려 기분이 좋아질 것이다.
- Q: 다른 사람이 보지 않는 내 방 책상, 책장, 옷장 등 개인적인 물건들이면 상관없지 않은가?
  A: 부모님이 보기에는 자녀의 생활 습관이 걱정될 수 있다.

[2. 효율적으로 정리를 해 두면 편리하다. - 청소하기에 편하다. 물건을 찾기가 편하다.]
- Q: 정리하는 것 자체가 귀찮으면 어떻게 하나? 그것 자체가 불편한 것 아닌가?
  A: 몇 번 하다 보면 그것이 더 편리하다는 것을 알게 되고 그러면 그렇게 정리하고 싶을 것이다.

[3. 물건을 마구 쌓아 놓으면 곰팡이가 생기거나 냄새가 날 수 있다.]
- Q: 자기 방식대로 정리하는 것과 곰팡이가 무슨 관계인가?
  A: 만약 음식 종류를 막 집어넣었는데 그 위로 물건이 쌓이거나 가리게 되면 그 속에 음식이 있는지 모르고 계속 놔둬서 곰팡이가 생길 수 있다. 예전에 교실에서 이상한 냄새가 났는데 한 친구의 사물함에서 우유가 썩은 것이었다. 사물함에 우유를 넣어 두고 그 위에 물건을 마구 얹어 놓아 우유가 있는 줄 잊어버린 것이다.

활동 3 **토론 소감 나누기**

❖ 토론을 하고 난 소감을 이야기해 봅시다.

- 우유가 썩었을 것을 생각하니 끔찍합니다. 물건을 마구 쌓아 두면 왜 안 되는지 알
게 되었습니다.

- 물건을 상자나 서랍, 바구니 등에 종류별로 정리해 보고 싶어졌습니다.

❖ 정리 방법에 대한 이야기로는 무엇이 있었나요?

- 지저분한 것이 보이지 않게 상자나 서랍, 장, 주머니 등에 집어넣는 방법이 있었습
니다. 이때 이왕 넣는 것이니 종류별로 넣으면 편하다는 의견도 있었습니다.

- 함께 쓰는 물건은 둘 곳을 함께 정한다는 규칙도 제안되었습니다.

 마무리하기 ....

❖ 이번 시간에는 '정리 정돈은 자기 방식대로 하면 된다.'라는 논제로 자유롭게 이야기 나누었
습니다.

❖ 다음 시간에는 오늘 토론 결과를 토대로 생활 공간 관리의 필요성과 방법에 대해 더 자세히
공부하겠습니다.

2~3 차시

쾌적한 생활 공간 관리의 방법 알기
• 쾌적한 생활 공간 관리의 필요성 알기
• 쾌적한 생활 공간 관리의 방법 포스터 만들기
• 발표하기

 생각 열기 ···

❖ (지난 토론에서 나온 정리 방법으로 물건들을 정리한 사진을 보여 주며) 선생님이 어떻게 정리한 것 같나요?
- 지저분한 것이 보이지 않게 넣어 두었어요.
- 상자나 서랍, 장, 주머니 등에 종류별로 넣어 두었어요.
- 함께 쓰는 물건은 둘 곳을 함께 정했어요.

❖ 지난 시간에 이미 생활 공간을 어떻게 쾌적하게 관리할지에 대해 이야기를 나눠 봤지요? 이번 시간에는 쾌적한 생활 공간 관리의 필요성을 짚어 보고 그 방법을 포스터로 만들어 봅시다.

 생각 펼치기 ···

활동1 **쾌적한 생활 공간 관리의 필요성 알기**
❖ 생활 공간 관리가 필요한 까닭은 무엇인가요?
- 건강하게 살기 위해서 필요합니다.(우유가 썩는 등의 문제가 생기지 않는다.)
- 여럿이 함께 지내는 공간이기 때문입니다.
- 생활이 편리해지기 때문입니다.(청소 등의 관리가 편하고 물건을 찾는 데 시간이 적게 든다.)

❖ 선생님이 한 가지 추가할게요. '환경을 위해서'입니다. 선생님이 물건을 정리하지 않아서 어디 있는지 못 찾다가 그 물건을 한 개 더 산 적이 있어요. 나중에 예전 것이 나왔는데 이제 두 개가 되었잖아요. 나머지 하나는 필요 없는데 선생님이 괜한 쓰레기를 하나 더 만든 거죠.

활동 2 **쾌적한 생활 공간 관리의 방법 포스터 만들기**

❖ 그러면 공간마다 어떻게 관리를 할 수 있을지 알아보고 포스터를 만들어 봅시다. 우리가 관리해야 하는 공간이 어디인가요?
　내 방과 교실입니다.

❖ 방 안에서 관리해야 할 부분은 어디 어디인가요?
　책상 위, 책상 서랍, 책장, 옷장, 서랍장, 침대, 방바닥 등이 있습니다.

❖ 교실에서 관리해야 할 부분은 어디 어디인가요?
　책상 위, 책상 서랍, 사물함 등입니다.

❖ 이제 우리 모둠에서 어느 부분의 관리 방법에 대해 이야기할지 상의해서 정해 주세요.

❖ 주제를 정했으면 돌아가며 어떻게 관리하면 되는지 말하세요. 한 사람은 기록해 주세요.
－ 사물함에 물건을 넣어 둘 때는 가지런하게 정리하여 물건이 잘 보이게 해야 해요.
－ 책상 위에는 수업 시간에 필요한 것만 올려 두기로 해요.

❖ 돌아가며 말한 내용을 정리해서 포스터를 만들어 봅시다. 이해하기 쉽게 그림을 그려도 좋겠습니다.

❖ 발표할 때에는 모든 사람이 한 마디씩 할 수 있도록 노력해 봅시다.

❖ 포스터를 다 만들었으면 실제 발표하는 것처럼 연습해 보세요.

활동 3 **발표하기, 묻고 답하기**

❖ 모둠별로 나와서 발표해 봅시다.

❖ 듣는 사람은 궁금한 것이 있으면 발표가 끝나고 손을 들고 묻습니다.

 마무리하기 ···

❖ 이번 시간에는 쾌적한 공간 관리의 필요성을 알아보고 그 방법에 대해 이야기 나누어 보았습니다.

❖ 다음 시간에는 직접 실천해 보고 소감을 나누어 보겠습니다.

4차시

쾌적한 생활 공간 관리 실천하기

• 실천 전후 사진 찍기
• 소감 나누기

생각 열기

❖ 포스터의 가려진 글자를 맞혀 봅시다.

> 미리 전 시간에 모둠에서 발표한 포스터의 중요 글자를 가려 놓습니다.

- '필요한, 가지런'이 들어가야 해요.

❖ 이번 시간에는 지난 시간에 이야기 나눈 대로 쾌적한 생활 공간 관리 방법들을 직접 실천해 봅시다.

생각 펼치기

활동 1 **교실을 쾌적하게 관리하기**

❖ 지난 시간에 배운 대로 우리의 생활 공간을 쾌적하게 해 봅시다. 먼저 정리하기 전의 상태를 사진으로 남긴 뒤 정리를 시작하세요.

❖ 정리를 마친 뒤 다시 사진을 찍으세요.

❖ 정리를 하는 동안이나, 정리를 하고 나서 든 생각이나 느낌 등을 자유롭게 써 봅시다.

❖ 소감문을 읽어 줄 사람이 있습니까?

> 저는 사물함을 정리하면서 지우개를 다섯 개나 발견했습니다.
>
> 저번 시간에 선생님께서 생활 공간을 쾌적하게 관리해야 하는 중요한 이유 중 하나가 '환경을 위해서'라고 하셨는데, 그때는 그게 무슨 뜻인지 잘 이해하지 못했습니다. 그런데 제가 사물함에 물건을 넣을 때 구분해서 넣지 않고 마구 집어넣다 보니 학용품이 없는 줄 알고 자꾸만 새로 샀다는 것을 깨달았습니다. 만약에 내가 필통 같은 주머니에 잘 정리해서 넣어 놓았다면 쓸모없는 물건을 자꾸만 살 필요가 없었다는 걸 알게 됐습니다. 사물함에서 발견한 지우개 중에는 아직 쓸 수 있는 것도 있었지만 고무가 녹아서 찐득해진 것도 있어서 멀쩡했던 지우개를 쓰레기로 만들고 말았다는 죄책감이 들었습니다. 쓰레기를 만든 것도 문제지만 그 지우개를 만들기 위해서 연료가 사용되었다고 생각하면 우리 지구의 환경도 그만큼 오염된 거니까요.
>
> 이제는 필기도구들은 필통에 꼭 넣어서 사물함에 넣고, 사물함에 다른 학용품들이 무엇무엇이 있나 잘 알아볼 수 있게 정리해 두었습니다. 그랬더니 사물함뿐만 아니라 제 기분도 개운해진 느낌이었습니다. 여러분도 함께 개운해지면 좋겠습니다.

> " 소감문을 쓰는 동안 학생들의 정리 전후 사진을 받아 교사 컴퓨터에 저장합니다. 인쇄하여 학생들의 소감문에 붙여 주어도 좋겠습니다. 또한 소감문을 읽기 전에 그 학생의 정리 전후 사진을 보여 주는 것도 효과적인 방법입니다. "

 마무리하기 ....

❖ 이번 시간에는 책상, 사물함 등을 정리함으로써 생활 공간을 쾌적하게 관리하는 것을 실천해 보았습니다. 앞으로도 집과 학교에서 모두 꾸준히 실천해 봅시다.

생활 속 동물에 대해 이해하기

☑ 성취 기준

[6실04-03] 생활 속 동물을 활용 목적에 따라 분류하고, 돌보고 기르는 과정을 실행한다.

☑ 수업의 흐름

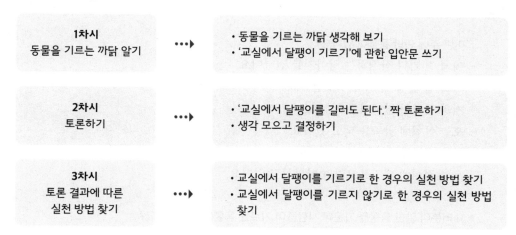

1차시
동물을 기르는 까닭 알기 ••••▶
- 동물을 기르는 까닭 생각해 보기
- '교실에서 달팽이 기르기'에 관한 입안문 쓰기

2차시
토론하기 ••••▶
- '교실에서 달팽이를 길러도 된다.' 짝 토론하기
- 생각 모으고 결정하기

3차시
토론 결과에 따른
실천 방법 찾기 ••••▶
- 교실에서 달팽이를 기르기로 한 경우의 실천 방법 찾기
- 교실에서 달팽이를 기르지 않기로 한 경우의 실천 방법 찾기

☑ 수업의 주안점

우리 생활에서 동물은 꼭 필요한 존재이다. 하지만 동물이 오로지 인간을 위해서 존재하는 것은 아니므로 우리는 동물을 생명으로 또 존재 자체로 존중하는 자세를 가져야 할 것이다.

동물을 돌보고 기르는 과정은 쉽지 않다. 그래서 준비 과정이 필요하다. 이 주제에서는 동물을 기르는 까닭을 생각해 보고 교실에서 달팽이를 길러도 되는지에 관해 토론하는 과정을 거친다. 토론 뒤 교실에서 달팽이를 기르기로 결정했다면 어떻게 기를지에 대해 토의한다. 토의에서는 토론에서 반대 근거로 제시되었던 점들, 즉 교실에서 달팽이를 기를 때 발생할 수 있는 문제점들을 어떻게 해결할지를 중점적으로 이야기한다. 교실에서 달팽이를 기르지 않기로 결정했다면 달팽이를 길렀을 때의 좋은 점을 성취할 수 있는 다른 방법에는 무엇이 있는지 대안을 찾아본다.

이러한 일련의 활동들을 통해 인간과 동물의 바람직한 관계에 대해 생각해 보고, 생활 속에서 동물과 관련하여 올바른 가치를 실천하고 함양할 수 있도록 한다.

1차시

동물을 기르는 까닭 알기
• 동물을 기르는 까닭 생각해 보기
• '교실에서 달팽이 기르기'에 관한 입안문 쓰기

 생각 열기 ....

❖ 이번 주에 만난 동물이 있나요?
- 어제 길 가다 산책하는 강아지를 만났어요.
- 저희 집 앞에 길 고양이가 살아요.
- 저희 집에서 달팽이를 키워요.
- 오늘 아침에 닭죽을 먹고 왔어요.
- 학교 운동장에서 개미를 보았어요.
- 오늘 점심에 돼지불고기가 나와서 먹었어요.

❖ 여러분이 말한 동물들 가운데 사람들이 기르는 동물은 무엇인가요?
강아지, 고양이, 달팽이, 닭, 돼지

❖ 이외에 사람들이 기르는 동물들에는 또 어떤 것들이 있을까요?
도마뱀, 거북이, 햄스터, 소, 오리, 금붕어, 우럭 등

❖ 사람들은 여러 가지 이유로 동물을 기릅니다. 이번 시간에는 사람들이 동물을 기르는 까닭을
살펴보고, 교실에서 동물을 기를 때의 장단점을 파악하여 주장하는 글을 써 봅시다.

 생각 펼치기 ....

활동1 **동물을 기르는 까닭 생각해 보기**

❖ 사람들은 동물을 왜 기를까요?
- 동물이 귀여워서 기르는 경우가 많습니다.
- 심심하거나 외로워서 함께하고 싶어 길러요.
- 버려진 동물이 가여워서 기르기도 해요.
- 다친 동물을 낫게 해 주려고 임시로 보호하기도 합니다.

- 먹으려고 기르기도 해요.
- 팔아서 돈을 벌 수 있기 때문이에요.
- 동물의 털이나 가죽으로 옷이나 신발, 가방 등을 만들기 위해서요.

❖ 여러분들은 동물을 길러 본 경험이 있나요?
- 강아지를 기르고 있어요.
- 햄스터를 기르고 있어요.
- 달팽이를 기르고 있어요.

활동 2 '교실에서 달팽이 기르기'에 관한 입안문 쓰기

❖ 만약 교실에서 달팽이를 기른다면 어떨까요?
- 좋은 경험이 될 것 같아요.
- 달팽이가 잘 자라지 못한다면 속상할 것 같아요.

❖ 모둠별로 교실에서 달팽이를 기를 때의 좋은 점과 기르면서 생길 수 있는 어려운 점이나 문제점을 논의해 봅시다. 모둠에서 한 사람이 발표하면 선생님이 칠판에 쓰겠습니다.

예 좋은 점	어려운 점 또는 문제점
1. 재미있다.	1. 할 일이 많을 것 같다.
2. 실제 겪어 봐야 진짜 공부가 된다.	2. 달팽이가 행복하지 않을 것 같다.
3. 동물을 사랑하는 마음을 기를 수 있다.	3. 우리에게 달팽이를 키울 권리가 있나?
4. 책임감, 성실함, 생명 존중 태도를 배울 수 있다.	4. 주말이나 평일 밤에 괜찮을까?
5. 교감을 할 수 있다.	5. 비용이 든다.
6. 스트레스가 줄어든다.	6. 냄새가 난다.
7. 달팽이를 싫어하던 사람도 좋아하게 될 수 있다.	7. 병이 들면 돌보기가 힘들다.
8. 달팽이를 키우면서 협동을 할 수 있다.	8. 수업 시간에 집중을 못 할 수도 있다.
9. 달팽이에 대해 자세히 알 수 있다.	

❖ 이와 관련된 경험이 있는 사람은 손 들고 이야기해 주세요. 궁금한 것도 좋습니다.
- 제가 달팽이를 기르고 있는데 먹이를 주고 똥을 치워 주면서 책임감을 기르게 된 것 같습니다.
- 저는 고양이를 키우면서 위로를 많이 받고 있어요. 달팽이도 그럴 수 있을 것 같아요.
- 거북이를 키워 봤는데 생각보다 신경 써야 할 일이 많더라구요. 처음에는 신경 써서 돌보다가 시간이 지나며 귀찮아져서 안 하게 되었습니다.
- 달팽이도 병에 걸리나요? 어떤 병이 있고 병에 걸리면 어떻게 하죠?
- 달팽이도 주말이나 밤에 교실에 혼자 있으면 외로울까요?

❖ 앞에서 나온 이야기를 바탕으로 하여 '교실에서 달팽이를 길러도 된다.'라는 논제에 대한 자신의 의견을 입안문으로 써 봅시다. 입안문을 쓸 때에는 아래와 같은 형식을 바탕으로 씁니다.

1) 먼저 '저는 ~에 찬성/반대합니다.' 형식으로 주장을 씁니다.
2) 그 다음 '왜냐하면 ~하기 때문입니다.' 형식으로 근거를 제시합니다.
3) 그 근거를 뒷받침할 수 있는 예를 들어 주거나 설명을 씁니다. '제가 10살 때~/저희 형이 그러는데~/예를 들어~'와 같은 말로 시작할 수 있겠습니다.
4) 마무리로 '따라서 저는 ~에 찬성/반대합니다.' 형식으로 다시 한번 주장을 씁니다.

> **예**
>
> 저는 교실에서 달팽이를 기르는 것에 반대합니다.
> 왜냐하면 우리가 달팽이를 완벽하게 돌볼 수 없을 것이라고 생각하기 때문입니다. 첫째, 우리가 학교에 나오지 않는 주말이나 집에 돌아간 평일 밤 시간에는 달팽이가 교실에 혼자 남겨지게 되므로 제대로 돌봄을 받지 못하게 됩니다. 또 저희 사촌 형이 달팽이를 키운 적이 있는데 생각보다 병이 자주 들어 키우기 쉽지 않다고 했습니다.
> 따라서 저는 교실에서 달팽이를 기르는 것에 반대합니다.

❖ 이번에는 방금 쓴 입장과 반대되는 입장의 입안문을 써 봅시다.

> **예**
>
> 저는 교실에서 달팽이를 기르는 것에 찬성합니다.
> 왜냐하면 우리가 달팽이를 기르면서 얻는 것이 더 많다고 생각하기 때문입니다. 달팽이를 기르면서 우리는 동물을 사랑하는 마음을 가질 수 있고 달팽이와 교감하면서 스트레스도 줄일 수 있습니다. 또한 달팽이를 돌보는 과정에서 책임감과 성실함, 협동심도 기를 수 있습니다.
> 따라서 저는 교실에서 달팽이를 기르는 것에 찬성합니다.

 마무리하기 ┄┄

❖ 이번 시간에는 사람들이 동물을 기르는 까닭을 생각해 보고, 교실에서 달팽이를 기를 때의 장단점을 파악하여 '교실에서 달팽이를 길러도 된다.'라는 논제에 관해 입안문을 써 보았습니다.

❖ 다음 시간에는 오늘 쓴 입안문을 바탕으로 짝 토론을 한 뒤 생각을 모아 최종 결정을 합시다.

2차시

토론하기
• '교실에서 달팽이를 길러도 된다.' 짝 토론하기
• 생각 모으고 결정하기

 생각 열기 ···

❖ 지난 시간에 교실에서 달팽이를 기를지에 대한 입안문을 써 보았어요.

❖ 그런데 여러분은 달팽이에 관해 얼마나 알고 있나요?

❖ 달팽이에 대해 ○× 퀴즈를 낼 테니 맞혀 보세요.

> 1. 달팽이의 머리에는 2쌍의 더듬이가 있다. 그중 큰 더듬이
>   의 끝에는 눈이 있다. (○)
> 2. 달팽이는 자웅동체이기 때문에 한 마리만 키워도 번식할
>   수 있다. (×)
>   → 달팽이가 자웅동체인 것은 맞다. 그러나 정자와 알이
>   동시에 생겨 수정되는 것이 아니라 먼저 정자가 생기
>   고 다음에 알이 생기므로 동일 체내에서 수정되는 일
>   은 없고 두 마리의 개체가 교미하여 수정하게 된다.

❖ 오늘은 교실에서 달팽이를 길러도 될지 토론을 하고 최종 결정을 합시다.

 생각 펼치기 ···

활동 1 **'교실에서 달팽이를 길러도 된다.' 짝 토론**

❖ 아래 논제에 관해 짝 토론을 해 봅시다.

> **교실에서 달팽이를 길러도 된다.**

❖ 가위바위보를 하고 이긴 사람이 원하는 입장으로 토론을 해 봅시다.

❖ 이번에는 입장을 바꿔서 해 봅시다.

❖ 짝 토론을 하면서 친구가 말한 근거나 설명 중 공감이 갔던 내용이 있으면 말해 주세요.

- 제 짝의 누나가 동물을 무서워해서 집에서 동물 기르는 것에 반대했는데 기르게 되었다고 합니다. 지금은 만지기도 하고 좋아한다는 게 인상 깊었습니다. 징그러워서 달팽이를 싫어하던 사람도 막상 실제로 달팽이를 키우게 되면 좋아하게 되지 않을까 하는 생각이 들었습니다.

- 반려 동물을 기르는 사람들이 반려 동물을 기르지 않는 사람보다 수명이 더 길다고 한 어떤 연구 결과의 내용이 인상 깊었습니다. 우리도 교실에서 달팽이를 키우면 스트레스가 줄고 즐거운 일이 많이 생길 것 같습니다.

❖ 자신이 이야기한 근거 중에 친구들에게 꼭 들려주고 싶은 이야기가 있으면 말해 주세요.

- 저는 우리가 아무리 조용히 한다고 해도 사람이 많으니 시끄러워서 달팽이가 스트레스를 받을까 봐 걱정됩니다.

- 저는 달팽이가 저녁이나 주말에 혼자 있는 게 걱정됩니다.

활동 3 **생각 정하기**

❖ 우리 반에서 달팽이 기를 것인지 결정해 봅시다. 마음을 정했나요? 2/3 이상이 찬성하면 그렇게 하는 것으로 하겠습니다.

❖ 투표 용지를 나누어 주겠습니다.

❖ 투표 결과 우리 교실에서 달팽이를 기르기로 결정했습니다. / 투표 결과 우리 교실에서는 달팽이를 기르지 않기로 결정했습니다.

 마무리하기 ··

❖ 이번 시간에는 우리가 교실에서 달팽이를 기를 것인지 토론과 투표를 통해 결정했어요.

❖ 교실에서 달팽이를 기르기로 결정하였으므로, 다음 시간에는 달팽이를 어떻게 기를지 자세하게 이야기 나눌게요.

> 교실에서 달팽이를 기르지 않기로 결정했다면, 달팽이를 기를 때 얻을 수 있는 좋은 점들 대신 들면 책임감, 성실함, 생명 존중 태도, 협동심 등의 가치를 어떻게 배울 수 있는지 대안을 찾아보는 활동을 하기로 합니다.

3차시

토론 결과에 따른 실천 방법 찾기
· 교실에서 달팽이를 기르기로 한 경우의 실천 방법 찾기
· 교실에서 달팽이를 기르지 않기로 한 경우의 실천 방법 찾기

1안_교실에서 달팽이를 기르기로 한 경우

 생각 열기 ···

❖ 지난 시간에 우리 교실에서 달팽이를 기르기로 결정했습니다.

❖ 달팽이를 기르게 되니 기분이 어떤지 간단히 이야기해 볼까요?
- 매우 설레지만 한편으로는 걱정되는 점도 있어요.

❖ 칠판에 '긍정 +5'부터 '부정 −5'까지 수직선을 그려 볼게요. 자신의 기분이나 생각이 어디쯤에 있는지 붙임 쪽지를 붙여 주세요.
- 달팽이를 기를 생각에 신난다. (+5)
- 우리가 달팽이를 잘 기를 수 있을지 걱정이다. (−1)

❖ 친구들의 마음과 생각을 잘 알겠어요. 긍정의 기운으로 걱정이나 어려움들을 함께 해결해 보기로 해요.

❖ 이번 시간에는 교실에서 달팽이를 기르려면 어떻게 해야 할지 자세하게 정해 봅시다.

 생각 펼치기 ···

활동 1 **'달팽이 기르기' 월드 카페**

❖ 토론할 때 제시되었던 반대 근거들을 가지고 모둠 안에서 월드 카페를 하려고 합니다. 각 모둠의 이끔이는 나와 주세요.

❖ 주제를 하나씩 고르세요.

❖ 모둠으로 돌아가 4절지 가운데에 주제를 쓰세요.

월드 카페에 대한 설명은 책 116~120쪽에 자세하게 나와 있습니다.

❖ 주제와 관련하여 해결 방안을 각자 쓰세요.

❖ 모두 쓰고 나면 이끔이가 돌아가며 말할 수 있도록 하세요. 한 사람이 말하는 동안 다른 사람
들은 궁금한 것이나 보태고 싶은 생각을 쓰며 듣습니다. 말이 끝나면 질문하고 보태고 싶은
생각을 말합니다. 그리고 다음 사람이 말합니다.

❖ 이제 이끔이만 남고 나머지 모둠원은 옆 모둠으로 가세요.

❖ 이끔이는 새로 온 모둠원에게 지난 이야기를 간단히 소개하세요.

❖ 모둠원은 주제와 관련하여 각자 해결 방안을 쓰세요. 자신의 생각이 이미 써 있더라도 나만
의 표현으로 쓰세요. 왜 그렇게 생각하는지 이유를 써도 좋아요. 다른 생각, 보태고 싶은 생
각, 질문 모두 써도 좋습니다.

예 반대 근거	해결 방안	실천 사항
1. 할 일이 많을 것 같다.	→ 하루에 두 사람이 달팽이 보호자가 되어 책임을 진다. → 할 일: 밥 주기, 습도 유지, 집 청소	
2. 달팽이가 행복하지 않을 것 같다.	→ 정해진 기간 동안(2주~한 달)만 기르고 원래 있던 곳에 다시 돌려놓는다. → 최대한 달팽이가 살던 곳과 비슷한 환경을 만들어 준다. → 함부로 만지지 않는다.	달팽이가 사는 환경 알아보기
3. 우리에게 달팽이를 키울 권리가 있나?	→ 권리는 없지만 더 잘 알고 사랑하기 위해 키워 보는 경험을 해 보는 것이 좋다.	
4. 주말이나 평일 밤에 괜찮을까?	→ 어차피 밖에서 혼자 살던 동물이니 혼자 있는 것도 괜찮을 것 같다.	달팽이의 습성 알아보기
5. 비용이 든다.	→ 학급 운영비, 학습 준비물 등으로 해결한다.	필요한 물품 알아보기
6. 냄새가 난다.	→ 다른 동물보다 달팽이는 냄새가 거의 없을 것 같다. → 짧은 기간 동안이니 참을 만할 것이다.	냄새가 나는지 알아보기
7. 병이 들면 돌보기가 힘들다.	→ 최대한 살던 곳과 비슷한 환경을 만들어 준다.	
8. 수업 시간에 집중을 못 할 수도 있다.	→ 수업 시간에 달팽이 생각을 하지 않도록 집중한다.	

도서관에서 달팽이 기르기에 관련된 책을 빌려오거나 인터넷 검색 등을 활용하여 각 실천 사항을 개인별 또는 모둠별로 해결할 수 있게 합니다.

❖ 모둠끼리 이야기 나눈 것을 이끔이가 발표해 봅시다.

❖ 궁금한 것이 있으면 적어 두었다가 발표를 마치면 질문해 주세요.

❖ 결정해야 할 것(키우는 기간, 필요 물품, 관리 방법 등)이 있으면 바로 다수결로 결정합시다.

 마무리하기 ⋯⋯⋯⋯⋯⋯⋯⋯⋯⋯⋯⋯⋯⋯⋯⋯⋯⋯⋯⋯⋯⋯⋯⋯

❖ 오늘 많은 것을 결정하느라 피곤하지요? 애쓴 우리에게 손뼉을 쳐 줍시다.

❖ 생명을 기르는 일이니 앞으로도 여러 가지 어려움이 생길 수 있을 거예요. 그때마다 이렇게 머리를 맞대고 함께 해결해 가도록 해요.

2안_교실에서 달팽이를 기르지 않기로 한 경우

 **생각 열기** ⋯⋯⋯⋯⋯⋯⋯⋯⋯⋯⋯⋯⋯⋯⋯⋯⋯⋯⋯⋯⋯⋯⋯⋯

❖ 반려 동물을 기르면 좋은 점이 무엇인가요? 기르고 있는 사람이나 길러 본 사람이 발표해 주세요.
- 외롭지 않습니다.
- 동물을 돌보며 책임감이 길러졌습니다.
- 귀여워서 보고만 있어도 행복합니다.

❖ 우리는 지난 시간에 교실에서 달팽이를 기르지 않기로 결정했어요.

❖ 이번 시간에는 교실에서 달팽이를 기를 때의 좋은 점을 어떻게 배울 수 있을지 대안을 찾아 실천 계획을 세워 봅시다.

생각 펼치기 ....

활동 1 **활동 정하기**

❖ 토론할 때 제시된 내용 중 달팽이를 기를 때의 좋은 점은 무엇이었나요?

– 달팽이에 대해 자세히 알 수 있다는 점이요.

– 동물을 사랑하는 마음을 기르고 책임감, 성실함, 생명 존중 태도를 기를 수 있어요.

– 달팽이를 키우면서 친구들끼리 협동을 할 수 있어요.

❖ 어떻게 하면 동물을 기르면서 얻는 책임, 성실, 생명 존중 등의 덕목을 키울 수 있을까요?

– 공원이나 운동장에 있는 동물들을 찾고 관찰 일지를 써요.

– 동물 보호소에 봉사 활동을 하러 가요.

– 자신이 키우고 싶은 동물에 대해 알아보고 발표하는 활동을 해요.

❖ 달팽이를 기르지 못하게 된 것이 아쉽지요? 대신 자신이 기르고 싶은 반려 동물에 대해 알아
보고 실제로 기르는 것 같은 상황을 가상으로 경험해 보면서 생명 존중 태도를 지니고 책임
감과 성실함에 대해 생각해 볼 수 있을 듯합니다. 그런 의미에서 '가상 반려 동물 프로젝트'
활동을 해 봅시다.

❖ 어떻게 하면 반려 동물에 대해 자세히 배울 수 있을까요?

– 동물에 대한 책을 읽어요.

– 동물에 대해 여러 방법으로 조사해서 발표를 해요.

– 동물을 직접 키우는 사람의 이야기를 들어 봐요.

– 동물을 키우고 있는 사람에게 부탁하여 동물을 하루 길러 봐요.

– 동물을 키우면서 생기는 문제를 알아보고 해결 방법을 찾아요.

활동 2 **자료 조사 준비**

❖ 기르고 싶은 동물이나 길러 본 경험이 있는 동물에 대해 자세히 조사하고 발표해 봅시다. 자
신의 이름과 관심 있는 동물을 1 ~ 3지망까지 쪽지에 써서 내 주세요. 선생님이 이를 고려해
서 모둠을 만들겠습니다.

❖ 모둠이 모여서 각자 그 동물을 왜 골랐는지 이야기 나누고 정리하세요.

- 우리 모둠이 키우고 싶은 동물: 하늘다람쥐
- 하늘다람쥐를 고른 이유
- 지능이 높은 편이라 주인과 교감을 할 수 있으며 친화력이 좋고 애교가 많다.
- 털 날림이나 소음, 냄새가 없다.

- 우리 모둠이 키우고 싶은 동물: 카멜레온
- 카멜레온을 고른 이유
- 몸의 색깔을 바꾸어 감정이나 의사를 표현하므로 키우는 재미가 있다.
- 습도와 온도에 민감해 동물을 키우며 지녀야 할 책임감을 기르기에 적합하다.

❖ 다른 종이에 그 동물에 대해 궁금한 것을 마인드맵으로 쓰세요. 가능한 떠오르는 대로 모두 써 보도록 하세요.

❖ 이제 조사할 내용을 각자 고르세요. 한 사람이 종이 한 장씩에 따로 조사한 내용을 정리하세요. 도서관에서 책을 빌리거나 인터넷 검색 등을 통해 내용을 조사해 봅시다.

❖ 조사 내용을 바탕으로 퀴즈 세 개 정도를 준비해 주세요. 발표할 때 친구들이 집중하는 데 도움이 됩니다. 퀴즈를 마치고 나면 질문 받는 시간을 가지겠습니다. 궁금한 것이 있는 사람은 손을 들고 질문해 주세요.

❖ 시청각 설명 자료(PPT 등의 프레젠테이션 자료)를 만든다면 소제목이나 사진 위주로 간단하게 만들어 주세요.

1. 동물을 고른 까닭
2. 동물이 좋아하는 환경 - 잠 잘 공간, 놀이 공간 등
3. 동물의 특성
4. 먹을 것 - 하루 몇 번 얼마만큼 먹이를 제공해야 하는지, 사료의 종류 등
5. 위생 관리 - 목욕, 귀 청소, 발톱 깎기 등
6. 건강 관리 - 건강 검진, 예방 접종 등
7. 주의 사항
8. 동물을 키우면서 생길 수 있는 어려움과 해결 방안
9. 퀴즈

활동 3 **발표하기**

❖ 발표자가 발표를 하는 동안에는 귀 기울여 듣고 궁금한 것이 있으면 적어 두었다가 발표를 마치면 질문해 주세요. 발표자 퀴즈 뒤에 질의응답 시간을 가지도록 하겠습니다.

 **마무리하기** ∙∙

❖ 오늘은 교실에서 달팽이를 기를 때 함양할 수 있는 덕목을 갖추기 위해, 그 대안 활동으로 '가상 반려 동물 프로젝트'를 계획해 보았습니다. 활동을 하면서 느낀 점들을 자유롭게 발표해 볼까요?

- 그동안 반려 동물을 기르는 것을 단순히 재미로만 생각한 것 같아요. 내가 기르고 싶은 반려 동물에 대해 철저히 조사해 보고 유기 동물 보호 센터에 봉사를 하러 가서 실제로 기르는 체험을 해 본 다음 진지하게 생각해 보고 해야 하는 일이라는 걸 깨달았어요.

- 여러 가지 어려움이 있겠지만, 실제로 내가 길러 보고 싶은 반려 동물을 길러 보고 사랑해 주고 보살펴 주고 싶은 마음이 더 강하게 들었어요.

❖ 네, 여러 가지 느낀 점이 많았군요. 우리 주변에는 반려 동물 말고도 여러 동물들이 함께 생활하고 있습니다. 동물들을 대할 때 항상 생명의 가치를 생각하면서 소중하게 대해야 한다는 점 잊지 마세요.

생태계 보전의 필요성 인식하기

☑ 성취 기준

[6과05-01] 생태계가 생물 요소와 비생물 요소로 이루어져 있음을 알고 생태계 구성 요소들이 서로 영향을 주고받음을 설명할 수 있다.

[6과05-03] 생태계 보전의 필요성을 인식하고 생태계 보전을 위해 우리가 할 수 있는 일에 대해 토의할 수 있다.

☑ 수업의 흐름

1차시 문제 인식하기	┄┄▶	• 플라스틱이 생태계에 미치는 영향 알기 • 플라스틱 없이 사는 삶 상상하기 • 논제 정하기
2차시 논제 분석하기	┄┄▶	• 플라스틱에 대해 궁금한 점 조사하기 • 발표하기
3~4차시 토론하기	┄┄▶	• 입안문 쓰기 • 회전목마 토론하기
5차시 해결 방법 찾고 실천하기	┄┄▶	• 플라스틱 쓰레기를 줄이기 위한 방법 토의하기 • 손 팻말 만들기

☑ 수업의 주안점

인류 역사에 큰 변화를 준 발명품 중 하나가 바로 플라스틱이다. 하지만 플라스틱 쓰레기로 인해 지구는 병들고 있다. 배출된 플라스틱 쓰레기 중 실제로 재활용되는 비율은 얼마 안 되고 대부분이 불에 태워지거나 땅에 묻히는데, 이 중 많은 양이 바다로 흘러들어 가고 있다. 바다 생물들은 작은 플라스틱을 먹이로 착각해서 먹다가 다치고 죽음에까지 이른다. 또 미세 플라스틱은 먹이 사슬을 타고 우리 식탁에까지 올라와 우리 건강도 위험한 상황이다.

이 주제에서는 '플라스틱을 쓰지 말아야 한다.'를 논제로 플라스틱 없이 사는 삶이 가능한지 토론해 보고, 작은 일이라도 우리가 할 수 있는 일을 찾아 함께 실천해 보고자 한다. 어떤 일이든 깨달음이 있어야 행동할 수 있고, 행동해야 세상이 바뀐다. 이러한 수업이 아이들의 생각과 생활 습관을 바꾸고, 나아가 더 좋은 세상을 만드는 작은 발걸음의 토대가 될 수 있을 것이다.

생각 열기 ···

❖ 그림책 『플라스틱 섬』(이명애, 상출판사, 2014)을 읽으며, 이야기 나눠 봅시다.

• 책 소개

　이 책은 바다 한가운데 떠 있는 플라스틱 섬에 살고 있는 바닷새 이야기를 다루고 있다. 플라스틱은 강을 따라 바다로 조금씩 흘러오기도 하고, 태풍이나 해일이 일으킨 파도를 타고 엄청나게 몰려오기도 한다. 바닷새들은 그것이 무엇인지도 모른 채 물고 쓰고 덮고 먹는다. 고통받는 바다 생물들과 우리에게 닥쳐올 문제와 관련하여 플라스틱의 사용과 처리를 고민하게 만드는 그림책이다.

❖ 플라스틱을 먹은 새나 물고기들은 어떻게 될까요?

– 플라스틱이 목에 걸려서 죽어요.

– 배에 플라스틱이 가득 차서 죽어요.

❖ 사람들이 치워도 왜 섬이 금세 플라스틱으로 채워질까요?

　치우는 플라스틱 양보다 쓰고 버리는 플라스틱 양이 더 많아서요.

❖ 새는 무슨 생각을 하고 있을까요?

– 깨끗한 바다, 아름다운 섬에서 살고 싶다고 생각하는 것 같아요.

– 플라스틱 쓰레기를 버리는 사람들이 원망스러울 것 같아요.

❖ 정말 플라스틱 섬이 있을까요?

– 없을 것 같아요. 쓰레기가 있긴 해도 섬이 될 만큼 많지는 않을 것 같아요.

– 있을 것 같아요. 바닷가에 놀러갔을 때 플라스틱 쓰레기들을 많이 봤어요.

생각 펼치기 ···

활동 1 플라스틱이 생태계에 미치는 영향 알기

❖ 북태평양 환류 해역에 우리나라 14배 크기의 거대한 플라스틱 섬이 실제로 있습니다. 이곳 쓰레기는 90%가 플라스틱이에요. 잘게 부서진 플라스틱을 모이로 착각한 새들은 이를 먹고 많이 죽어요. 다른 환류 지대에도 플라스틱 구역이 발견되었는데, 모두 합치면 바다 면적의 40%, 지구 표면의 4분의 1이랍니다.

❖ 플라스틱이 바다 생태계와 사람에게 어떤 영향을 미칠지 모둠별로 토의하고 발표해 봅시다.

바다 생태계	사람
- 물이 오염돼요. - 플라스틱 쓰레기가 햇빛을 가리니까 바닷속 생물이 살기 힘들 것 같아요. - 플라스틱 끈에 걸려서 생물들이 다치거나 죽어요. - 플라스틱을 먹고 생물들이 죽어요.	- 어부들이 잡는 물고기 양이 줄어들어요. - 플라스틱이 먹이 사슬을 타고 올라와서 우리도 플라스틱을 먹게 돼요. - 플라스틱이 몸에 쌓이면 우리 건강에 해로워요. 우리도 병에 걸려요.

활동 2 플라스틱 없이 사는 삶 상상하기

❖ 플라스틱으로 인한 환경 오염의 심각성을 느끼고, 플라스틱 없이 살 수 있는지 실험해 본 가족이 있어요. 다음 이야기를 읽어 봅시다.

'플라스틱 없는 집' 프로젝트

　오스트리아의 작은 마을에서 평범하게 살던 산드라는 2009년에 영화 『플라스틱 행성 Plastic Planet』(베르너 부테 감독, 오스트리아·독일, 2009)을 보고 우리가 매일 쓰는 플라스틱이 환경을 오염시키고, 바다 생물들의 생명을 위협한다는 사실을 알고 큰 충격을 받는다. 그래서 남편, 세 아이와 함께 한 달 동안 플라스틱이 없이 살 수 있는지 실험했다.

　규칙은 간단했다. 플라스틱이 들어 있지 않은 물건들만 사기로 했고, 이미 집에 있던 플라스틱 물건들은 창고에 쌓아 두었다. 플라스틱 물건 대신 금속, 나무, 유리, 종이로 된 물건들로 바꿔 나가기로 했다.

　가족은 첫 장보기에 나섰다. 목록은 다음과 같았다.
• 비닐 포장이 되어 있지 않은 화장실용 휴지와 휴대용 휴지
• 목재 혹은 천연 고무 소재의 막대에 천연 솔이 달린 칫솔
• 설거지용 세제(채움 가능한 것)
• 유리병이나 금속 튜브에 든 샴푸
• 금속제 도시락 세 개
• 법랑이나 금속으로 된 주전자(뚜껑에 플라스틱이 없는 것)

가족은 친환경 제품 전문 판매점과 시내 상점을 돌아다니며 물건을 사려고 애썼지만 하나도 살 수 없었다.

모든 휴지는 비닐 포장이 되어 있었고, 플라스틱이 아닌 칫솔은 없었다. 세제는 큰 통에 든 것을 덜어서 팔고는 있었으나 용기를 가져가지 않아 살 수 없었다. 도시락과 주전자는 금속으로 된 것이 있었으나 패킹이나 뚜껑이 플라스틱이었다. 첫 번째 장보기는 실패했지만 우리가 정말 많은 플라스틱에 둘러싸여 살아가고 있다는 사실을 분명하게 알 수 있었다.

- 출처: 『우리는 플라스틱 없이 살기로 했다』(산드라 크라우트바슐, 양철북, 2016)

❖ 산드라네 가족의 실험은 어떻게 되었을까요? (※산드라네 가족의 뒷이야기는 5차시에 생각 열기 이야기로 들려줍니다.)
- 실패했을 것 같아요. 플라스틱 물건이 많아서 안 쓰고 살기 힘들어요.
- 힘들어도 플라스틱을 대신할 수 있는 물건을 찾았을 것 같아요.
- 나무, 종이 등으로 필요한 물건을 직접 만들어 썼을 것 같아요.

❖ 우리는 얼마나 많은 플라스틱을 쓰고 살고 있을까요? 모둠별로 장소를 정하고, 플라스틱이 조금이라도 들어간 물건은 모두 찾아 도화지에 쓴 뒤, 칠판에 붙이고 발표해 봅시다.

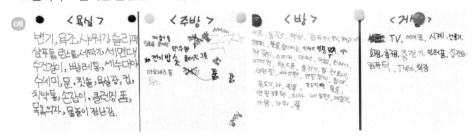

❖ 플라스틱으로 된 물건을 찾아보니 어떤 생각이 드나요?
- 플라스틱으로 된 물건이 엄청나게 많아요.
- 물건마다 플라스틱이 조금씩이라도 들어 있어요.
- 플라스틱이 가볍고 단단해서 많이 쓰이고 있는 것 같아요.

❖ 플라스틱 없이 살 수 있을까요? 붙임 쪽지에 내 생각과 까닭을 쓰고 수직선에 붙여 봅시다.

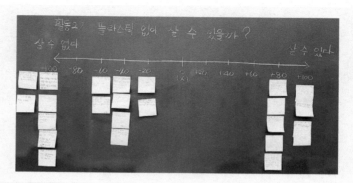

살 수 없어요.	살 수 있어요.
- TV, 휴대 전화, 옷, 가방, 칫솔 등 우리가 쓰는 플라스틱 물건이 너무 많아서 플라스틱 없이는 살기 힘들어요. - 유리나 금속에 비해 플라스틱이 훨씬 가볍고 안전해서 안 쓰면 불편해요. - 플라스틱 아닌 재료로 만든 물건을 사려면 찾는 시간도 많이 들고 가격도 비싸요.	- 플라스틱 대신 나무, 유리, 금속, 종이로 된 물건으로 바꾸면 돼요. - 플라스틱을 대신할 물건을 만들면 돼요. - 냉장고, 휴대 전화, TV같이 꼭 필요한 것만 있으면 나머지는 없어도 살 수 있을 것 같아요.

❖ 의견이 나뉘네요. 플라스틱은 장점이 많아 다양하게 쓰이고 있어요. 그러나 전 세계에서 쏟아 내는 플라스틱 쓰레기로 환경 오염이 심각한 것도 사실이에요. 그래서 세계 곳곳에서 플라스틱 제품의 사용 금지 법안이 만들어지고 있어요.

❖ 우리도 다음과 같은 논제로 토론하면서 플라스틱을 덜 쓰는 것이 필요한지, 없이 사는 것이 가능한지 함께 이야기 나눠 봅시다.

플라스틱을 쓰지 말아야 한다.

 마무리하기 ···

❖ 오늘은 플라스틱 쓰레기로 인한 환경 오염의 심각성을 알고, 플라스틱 없이 살 수 있을지 상상해 봤어요.

❖ 다음 시간에는 '플라스틱을 쓰지 말아야 한다.'라는 논제에 대해 자세히 이야기 나눠 보겠습니다.

2차시

논제 분석하기
• 플라스틱에 대해 궁금한 점 조사하기
• 발표하기

 생각 열기 ....

❖ 플라스틱에 대해 얼마나 알고 있는지 ○× 퀴즈를 풀어 봅시다.

1. 플라스틱은 모양과 성질을 바꿀 수 있다. (○)
2. 스티로폼은 플라스틱이 아니다. (×)
   → 스티로폼은 '발포 스타이렌 수지'를 말하는데, 이때의 '수지'가 바로 합성수지 즉 플라스틱이다.
3. 양말에도 플라스틱이 들어 있다. (○)
   → 양말에 들어 있는 폴리에스터, 폴리우레탄은 합성 섬유로 플라스틱이다.
4. 자연에서 완전히 썩는 플라스틱은 없다. (×)
   → 미생물에 의해 완전히 썩는 플라스틱을 '생분해성 플라스틱'이라고 한다.
5. 치약이나 화장품에 들어 있는 작은 플라스틱을 '미세 플라스틱'이라고 한다. (○)
   → 미세 플라스틱은 하수 시설로 걸러지지 않아 그대로 바다로 흘러들어 가고 있어 큰 문제이다.

 생각 펼치기 ....

활동1 **플라스틱에 대해 궁금한 점 조사하기**

❖ 우리가 토론할 논제는 '플라스틱을 쓰지 말아야 한다.'입니다. 여기에서 '플라스틱'의 뜻이 무엇일까요?
 - 다양한 모양을 만들 수 있는 재료요.
 - 가볍고 딱딱한 신소재요.

❖ '쓰지 말아야 한다'는 정확히 무슨 뜻이죠?
 - 플라스틱을 안 쓰는 거요.
 - 플라스틱으로 된 물건을 사지 않는 거요.

❖ 플라스틱에 대해 더 알고 싶은 점을 붙임 쪽지에 두 가지씩 쓰고, 칠판에 붙여 봅시다.

- 플라스틱은 어떻게 만드나요?
- 플라스틱은 언제부터 사용했나요?
- 플라스틱의 장점은?
- 플라스틱의 단점은?
- 우리가 버리는 플라스틱은 어디로 가나요?
- 플라스틱은 썩는 데 몇 년이 걸리나요?
- 빨리 분해되는 플라스틱도 있나요?

❖ 모둠별로 조사해서 발표 자료를 만들어 봅시다.

<table>
<tr><td>조사 방법</td></tr>
</table>

1) 조사하고 싶은 질문 앞에 서도록 하고, 2~3명이 한 모둠이 됩니다.
2) 가급적 두 명은 인터넷, 한 명은 책을 참고하여 조사합니다.
3) 원하는 자료를 찾기 어려우면 선생님께 도움을 청합니다.

> - 책: 『어쩌지? 플라스틱은 돌고 돌아서 돌아온대!』 (이진규, 생각하는 아이지, 2016)
> 　　『플라스틱 행성』(게르하르트 프레팅, 베르너 부테 지음, 안성철 옮김, 거인, 2014)
> - 인터넷 누리집: YTN 사이언스, 어린이 동아, 소년 조선일보 등

4) 조사한 내용을 4절지에 정리해서 씁니다.
  - 조사한 내용을 그대로 쓰지 말고 친구들이 이해하기 쉬운 말로 풀어서 씁니다.
  - 그림으로 그려도 좋고, 사진이나 표를 인쇄해야 하면 선생님께 이야기합니다.

플라스틱의 뜻과 유래

　플라스틱은 '열이나 누르는 힘에 의해 모양이 변하고, 그 힘이 사라지고 나서도 변한 모양 그대로인 재료', 또는 '이것을 사용해서 만든 제품'을 말한다.

　예전에는 식물이나 동물에서 나오는 끈적거리는 액체에 열이나 압력을 가해 원하는 모양의 물건을 만들 수 있었는데 이를 '천연수지'라고 했다. 고무나무에서 채취하는 천연 고무가 대표적인데 이는 채취하는 데 시간도 많이 걸리고 비쌌다. 그래서 사람들이 여러 물질을 혼합해서 천연수지와 같은 성질을 가진 '합성수지'를 발명했다. 이 합성수지가 바로 '플라스틱'이다.

　플라스틱을 처음 만들게 된 계기는 당구공을 만들기 위해서였다. 19세기의 당구공은 코끼리 상아로 만들었는데, 상아는 머리빗, 보석함, 단추 등 사치품을 만드는 데 쓰였다. 워낙 많은 사람들이 상아를 찾다 보니 아프리카 코끼리가 줄어들어 당구공값이 엄청 올랐다. 그래서 당구공 회사는 상아를 대신할 다른 재료를 찾기 위해 상금을 걸었고, 미국의 하이엇이라는 사람이 면화와 녹나무에서 추출한 물질로 '셀룰로이드'를 만들었다. 이것이 최초의 플라스틱이다.

활동 2 **발표하기**

❖ 모둠별로 발표해 봅시다. 발표를 듣는 친구들은 이해가 안 되거나 궁금
한 점이 있으면 질문합니다.

> 공책에 간단하게 정리하며 듣
> 도록 합니다. 입안문을 쓸 때
> 참고하도록 발표 자료를 교실
> 뒤 게시판에 붙여 두거나, 한
> 글 파일로 정리해서 인쇄해 둬
> 도 좋습니다.

 마무리하기 ···

❖ 이번 시간에는 플라스틱에 대해 궁금한 점을 조사하고 발표하며 자세히 이해하는 시간을 가
졌어요. 새롭게 알게 된 점을 공책에 정리해 봅시다.

❖ 다음 시간에는 '플라스틱을 쓰지 말아야 한다.'를 논제로 토론을 해 볼 거예요.

❖ 토론 전에 겪어 보는 숙제가 있어요. 바로 일주일 동안 '플라스틱 안 쓰고 살기'예요. 아래 내
용을 참고하여 두 가지 이상을 실천해 보고, 다음 시간에 그 경험을 얘기해 볼게요. 가족과 함
께하면 더욱 좋아요.

플라스틱 안 쓰고 살기 실천 아이디어 (나만의 방법을 생각해서 실천하면 더 좋아요.)
1) 장 볼 때 비닐봉지 대신 장바구니 쓰기
2) 플라스틱 그릇이나 비닐봉지 대신 유리 그릇에 음식 보관하기
3) 음료수 사 먹을 때 용기 가져가서 먹기
4) 페트병 물 대신 물통 가지고 다니며 물 마시기
5) 플라스틱에 담긴 음식 사 먹지 않기
6) 플라스틱으로 만든 장난감 가지고 놀지 않기
7) 빨대 안 쓰고 음료수 마시기
8) TV, 휴대 전화 안 쓰기

3~4 차시

토론하기
• 입안문 쓰기
• 회전목마 토론하기

생각 열기

❖ 지난 시간에 숙제로 내 준 '플라스틱 안 쓰고 살기'를 실천해 보았나요? 실천한 경험을 붙임 쪽지에 쓰고 짝과 이야기 나눈 후 그 내용을 발표해 봅시다.

❖ 플라스틱을 아예 안 쓰는 삶이 가능할까요? 실천해 보니 어땠나요?
- TV, 휴대 전화, 세탁기, 자동차 등과 같이 생활에서 꼭 필요한 물건들에 플라스틱이 들어 있어서 플라스틱을 아예 안 쓰고 살기는 너무 힘들어요.
- 맞아요. 이미 있는 물건을 안 쓰거나 없애는 것도 낭비예요.

❖ 그러면 꼭 필요한 가전제품은 쓰는 것으로 예외를 두고 토론하겠습니다.

생각 펼치기

활동1 **입안문 쓰기**

❖ 지난 시간에 친구들이 발표한 자료와 '플라스틱 안 쓰고 살기'의 실천 경험을 바탕으로 찬성과 반대 입안문을 쓰겠습니다.

> **찬성 입안문**
>
> 저는 '플라스틱을 쓰지 말아야 한다.' 논제에 찬성합니다.
> 왜냐하면 첫째, 플라스틱 쓰레기로 인한 바다 오염과 바다 생물의 피해가 심각합니다. 북태평양에 플라스틱 쓰레기로 섬이 만들어졌는데, 무려 우리나라 면적의 14배 크기라고 합니다. 바다 생물들은 잘게 부서진 플라스틱을 먹이로 착각해서 먹고 이로 인해 염증이 생기거나 소화를 못 시켜 죽는 일이 많습니다. 2015년에 코스타리카 해안을 탐방하던 해양 생물학자 연구 팀이 콧구멍에 이물질이 끼여 숨을 못 쉬고 힘들어하는 바다 거북이를 도와줬습니다. 이물질은 다름 아닌 10cm 정도의 플라스틱 빨대였습니다. 코피를 흘리며 괴로워하던 바다 거북이의 모습이 너무 안쓰러웠습니다.
> 둘째, 플라스틱 쓰레기들은 먹이 사슬을 통해 우리의 건강을 위협합니다. 플랑크톤이 아주 작은 플라스틱 조각을 먹이로 생각해 먹고, 플랑크톤을 물고기들이 먹고, 결국 큰 물고기들은 우리가 먹습니다. 플라스틱에 들어 있는 비스페놀A, P-노닐페론 등의 화학 물질은 우리 몸의 호르몬 작용을 방해하고, 성조숙증을 일으키기도 하며 뇌 발달 등에 악영향을 미칩니다.
> 따라서 저는 플라스틱 쓰레기들이 바다를 오염시키고, 바다 생물과 우리 건강까지 위협하기 때문에 '플라스틱을 쓰지 말아야 한다.' 논제에 찬성합니다.

저는 '플라스틱을 쓰지 말아야 한다.' 논제에 반대합니다.

왜냐하면 첫째 플라스틱은 장점이 매우 많습니다. 유리나 금속에 비해 가볍고 단단하고 안전합니다. 체험 학습 갈 때 금속 도시락과 유리병을 들고 간다면 어떨까요? 무거워서 활동하기 힘들고, 유리병이 깨지면 크게 다칠 수 있습니다. 또한 플라스틱 포장 용기가 널리 쓰이면서 족발, 보쌈 등 다양한 배달 음식을 집에서 즐길 수 있게 되었습니다.

둘째, 플라스틱은 너무나 다양하게 쓰이고 있습니다. 저는 아침에 플라스틱 통에 담긴 반찬과 밥을 먹습니다. 플라스틱 칫솔로 양치를 하고, 플라스틱 성분이 들어간 옷을 입고 학교에 옵니다. 책상과 의자에도 플라스틱이 들어가 있습니다. 우리가 좋아하는 과자, 사탕, 아이스크림도 플라스틱으로 포장되어 있는데, 플라스틱을 쓰지 않는다면 이런 음식도 사 먹지 못하는 겁니다.

플라스틱은 장점이 매우 많고, 너무나 다양하게 쓰이고 있어서 플라스틱 없이 살기는 불가능합니다. 따라서 저는 '플라스틱을 쓰지 말아야 한다.' 논제에 반대합니다.

활동 2 회전목마 토론하기

❖ '플라스틱을 쓰지 말아야 한다.'를 논제로 회전목마 토론을 하겠습니다.

찬성 측 2명, 반대 측 2명씩 경험하도록 총 네 짝지 토론을 진행합니다.

예

• 찬성 측 주장하기 - 1분

교사: 지금부터 '플라스틱을 쓰지 말아야 한다.'라는 논제로 토론을 시작할게요. 서로 인사해 주세요. 먼저 찬성 측 '주장하기'부터 시작해요.

찬성: 저는 '플라스틱을 쓰지 말아야 한다.'에 찬성합니다. 첫째, 플라스틱 쓰레기로 인한 바다 오염과 바다 생물의 피해가 심각합니다. …… 둘째, 버려진 플라스틱 쓰레기들은 먹이 사슬을 통해 우리 건강을 위협합니다. …… 그래서 저는 '플라스틱을 쓰지 말아야 한다.'에 찬성합니다. (앞 입안문 참고)

• 반대 측 질문하기 - 2분

교사: 찬성 측 주장하기가 끝났어요. 지금부터 반대 측 '질문하기'를 해요. 시작하세요.

▶반대: 대부분의 물건이 비닐, 플라스틱 용기에 포장되어 있어서 플라스틱을 쓰지 않는 것이 어렵습니다. 이런 경우엔 어떻게 합니까?

▷찬성: 채소나 과일은 장바구니를 가져가서 포장되어 있지 않은 물건을 사면 됩니다. 고기는 통을 가져가서 담아 달라고 하면 됩니다. 과대 포장 물건을 사지 않으려고 노력하고, 기업에 포장을 줄이도록 제안한다면 기업들도 더 책임감을 가지고 물건을 생산할 것입니다.

▶반대: 음식을 배달시키면 플라스틱 용기에 담아 갖다 줍니다. 그릇에 갖다 주면 배달하는 사람도 무거워서 힘들고, 다시 찾으러 와야 하니 번거롭지 않을까요?

▷찬성: 네, 그래서 저는 앞으로 배달 음식을 먹기보다 직접 가서 먹으려고 합니다. 오가는 동안 운동도 되고 플라스틱 쓰레기도 안 나오고, 오토바이에서 나오는 매연도 줄일 수 있겠지요. 우리는 자연과 더불어 살아가는 존재이니, 그 정도의 불편함은 참아야 한다고 생각합니다.

▶반대: 플라스틱을 대신해서 쓸 수 있는 건 유리나 금속일 텐데, 플라스틱이 분해되는 데 수백 년이라면 유리는 100만 년 이상이 걸린다고 합니다. 유리가 환경을 더 오염시키는 거 아닌가요?

▷찬성: 유리가 분해되는 데 더 오래 걸리긴 합니다. 하지만 플라스틱은 색이 변하고 낡아서 오래 쓰지 못하지만, 유리는 훨씬 오래 쓸 수 있습니다. 환경에도 좋고, 경제적으로도 이익입니다.

(중략)

• 반대 측 주장하기 - 1분

교사: 이제 반대 측 '주장하기' 시작해요.

반대: 저는 '플라스틱을 쓰지 말아야 한다.'에 반대합니다. 첫째, 플라스틱은 장점이 매우 많습니다. … 둘째, 플라스틱은 너무나 다양하게 쓰이고 있습니다. …… 그래서 저는 '플라스틱을 쓰지 말아야 한다.'에 반대합니다. (앞 입안문 참고)

• 찬성 측 질문하기 - 2분

교사: 반대 측 주장하기가 끝났어요. 지금부터 찬성 측 '질문하기'를 해요. 시작하세요.

▷찬성: 플라스틱이 유리나 금속에 비해 가볍고 단단하고 안전하다고 말씀하셨는데, 대신 유리나 금속은 훨씬 오래 쓸 수 있지 않나요?

▶반대: 유리는 깨질 수 있고 무겁습니다. 금속은 녹슬기도 합니다. 특히 플라스틱은 포장재로 많이 쓰이는데, 마트에서 식품들을 팔 때 비닐 대신 유리나 금속 그릇에 담아 팔기는 어렵습니다.

▷찬성: 플라스틱으로 인한 바다 생태계 오염이 심각합니다. 세계 바다의 4분의 1이 플라스틱 쓰레기로 덮여 있습니다. 그런데도 계속 플라스틱을 쓰는 게 옳다고 생각하십니까?

▶반대: 플라스틱을 쓰면서 쓰레기를 줄일 수 있는 방법을 찾는 게 현명하다고 생각합니다. 빨대나 플라스틱 컵 같은 일회용 플라스틱은 덜 쓰고, 기업은 생분해성 플라스틱을 이용한 제품을 많이 만들면 되겠지요.

▷찬성: 플라스틱 없이 살기는 불가능하다고 하셨는데, 인류가 플라스틱을 쓴 것은 70년이 채 되지 않았습니다. 힘들더라도 작은 노력부터 해 나가야 하지 않을까요?

▶반대: 우리가 노력하는 것에는 한계가 있습니다. 이미 우리가 일상적으로 사용하고 있는 물건들이 거의 다 플라스틱으로 만들어져 있고 플라스틱으로 물건들을 포장해서 파니까요. 플라스틱 쓰레기 문제를 해결하려면 정부와 기업이 적극적으로 방법을 찾아야 한다고 생각합니다.

(중략)

• 토론 마무리

교사: 열심히 토론을 해 준 상대측 토론자들에게 박수 부탁해요. 토론을 마치고 상대방이 잘한 점을 서로 칭찬해 주도록 합니다.

이렇게 할 수 있어요

토론 기록지를 나눠 주거나, 공책에 낱말이나 짧은 문장으로 상대측 말을 쓰면서 듣도록 합니다. 기록하며 들으면 아이들이 훨씬 귀 기울여 듣습니다. 또한 질문할 때, 마지막 생각을 정리할 때에도 도움이 됩니다.

		주장 듣고 기록하기	질문 쓰기
토론자 ( )	주장	(찬성, 반대)	
	근거 1		
	설명 자료		
	근거 2		
	설명 자료		

마무리하기

❖ 그럼 마지막 생각을 확인해 보겠습니다. 붙임 쪽지에 주장과 근거를 쓰고 수직선에 붙여 주세요. 앞에 나와서 함께 읽어 볼게요.

찬성 +80: 저는 플라스틱을 쓰지 말아야 한다고 생각합니다. 플라스틱 쓰레기들은 바다를 오염시키고 바다 생물을 고통스럽게 하고 있습니다. 결국 우리 건강도 망가질 것입니다. 나, 우리, 지구를 위해 플라스틱 쓰지 않기를 실천해야 한다고 생각합니다.

반대 -40: 저는 플라스틱을 써도 괜찮다고 생각합니다. 가전제품, 의료 용품, 각종 부품, 포장재 등 플라스틱이 쓰이지 않는 물건을 찾기 어려울 정도로 다양한 곳에 쓰이는 중요한 재료이기 때문입니다. 단, 일회용 플라스틱 사용을 줄이고, 가급적 플라스틱 물건을 오래 쓰려는 노력은 하려고 합니다.

❖ 처음과 입장이 바뀐 친구가 있나요? 어떤 입장에서 어떤 입장으로 바뀌었고, 왜 바뀌었는지 발표해 봅시다.

찬성 → 반대	반대 → 찬성
저는 찬성에서 반대로 바뀌었습니다. 왜냐하면 ○○(이)가 우리가 플라스틱을 쓰지 않는다고 해결될 문제가 아니라고 했는데 그 말에 공감이 되었기 때문입니다. 기업들이 계속 플라스틱 물건을 만들고, 플라스틱 비닐과 용기에 담아서 판매를 한다면 우리의 노력은 효과가 없을 것입니다. 편리한 플라스틱을 계속 쓰면서도 분해와 재활용이 잘 되는 방법을 함께 찾아보면 좋겠습니다.	저는 반대에서 찬성으로 바뀌었습니다. 토론을 하면서 그동안 우리가 플라스틱을 생각 없이 너무 많이 써 왔다는 생각이 들었습니다. 플라스틱 대신 조금씩 유리나 금속으로 바꾸고, 일회용 플라스틱을 쓰지 않으려고 노력하는 건 충분히 가능할 것 같습니다. 조금 불편하더라도 바다를 지키고, 바다 생물을 구하는 길이라면 노력할 가치가 있다고 생각합니다.

❖ 여러분의 마지막 의견을 읽어 보니 플라스틱 안 쓰고 살기에 반대하는 친구들도 바다 생태계와 우리 건강을 위해 플라스틱 쓰레기를 줄이려는 노력이 필요하다는 점에는 공감하게 되었네요. 그래서 다음 시간에는 플라스틱 쓰레기 문제 해결을 위해 우리, 기업과 소상공인, 정부가 할 수 있는 일이 무엇인지 토의해 보도록 하겠습니다.

5차시

해결 방법 찾고 실천하기
- 플라스틱 쓰레기를 줄이기 위한 방법 토의하기
- 손 팻말 만들기

 생각 열기 ···

❖ 산드라네 가족은 어떻게 되었을까요? '플라스틱 없는 집' 프로젝트 뒷이야기를 함께 읽어 봅시다.

'플라스틱 없는 집' 프로젝트 뒷이야기

산드라네 가족은 어렵지만 플라스틱 없이 살기를 하나씩 실천해 나갔다. 시작 선포를 겸해 '플라스틱 없는 생일 파티'를 열었다. 초대장에 실험 이야기를 쓰고, 나무 의자, 금속 비누 곽, 유리 용기 등 받고 싶은 선물을 알렸다. 친구들은 집에 있는 물건을 가져다주거나, 전지에 아이디어를 적어 주었다.

이후 점차 집에 있는 플라스틱 물건을 유리, 금속, 나무 물건으로 바꾸어 나갔다. 우유는 근처 농장에 가서 직접 사 먹었고 포장 안 된 곡물이나 채소, 고기를 살 수 있는 가게를 찾아냈다. 처음에는 이상한 눈으로 보거나 위생 때문에 안 된다고 했던 점원들과 이웃들도 점차 산드라네 가족을 응원했다. 또 물건을 살 때는 더 많은 것을 따지게 되면서 돈을 아끼게 되기도 했다.

산드라네 가족은 처음부터 블로그에 실험을 기록했다. 더 많은 사람들과 경험을 나누고, 연대하기 위해서였다. 그들의 의미 있는 실험은 신문에 실리고, 텔레비전에도 소개되었다. 뜻을 같이하는 사람들은 블로그를 통해 어떻게 하면 플라스틱 없이 잘 살 수 있는지, 어디서 친환경 물건들을 살 수 있는지 활발하게 의견을 주고받게 되었다.

산드라는 일 년 반 실험 후 이렇게 소감을 말했다.

"실험을 시작한 이후 우리 삶은 훨씬 안락해졌어요. 손쉽게 사 쓸 수 있는 수많은 물건들을 보다 신중하게 선택하는 것, 그 과정에서 늘 창의성을 발휘할 수 있어서 무척 행복했습니다."

실험은 지금도 계속되고 있다. 하지만 더 이상 실험이라고 부르지 않는다. 왜냐면 이제 '일상의 한 부분'이 되었기 때문이다.

- 출처: 『우리는 플라스틱 없이 살기로 했다』(산드라 크라우트바슐, 양철북, 2016)

생각 펼치기 ···

활동 1 **플라스틱 쓰레기를 줄이기 위한 방법 토의하기**

❖ 월드 카페로 플라스틱 쓰레기를 줄이기 위해 우리, 기업과 소상공인, 정부가 할 수 있는 일을 토의해 봅시다.

1) 학급 인원을 세 모둠으로 나누고 모둠별로 이끔이를 정합니다.
2) 첫 번째 모둠은 전지 가운데에 '정부', 두 번째 모둠은 '기업과 소상공인', 세 번째 모둠은 '우리'라고 쓰고 각 주체가 할 수 있는 일을 토의합니다.
3) 모둠원들은 문장, 낱말, 그림 등으로 자유롭게 생각을 전지에 쓰고, 돌아가며 발표합니다.
4) 1차 시간이 끝나면 이끔이는 그대로 있고, 모둠원들은 다른 주제로 옮겨 갑니다. 앞선 친구들의 생각을 이끔이를 통해 듣고 또 토의를 합니다.
5) 3차 시간까지 모든 주제에 대해 이야기를 나눴으면 처음 토의했던 모둠으로 돌아가 내용을 정리해서 발표합니다.
6) 생각을 나눈 종이는 교실이나 복도에 붙여서 함께 봅니다.

 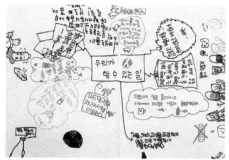

❖ 토의 결과를 발표해 봅시다.

주체	할 수 있는 일
우리	- 플라스틱 물건들을 바꿔야 할 때는 유리나 금속, 나무로 된 것으로 바꾼다. - 플라스틱을 깨끗하게 씻고, 붙어 있는 비닐은 떼어서 분리배출한다. - 곡물, 채소, 과일을 포장하지 않고 파는 가게를 찾아 이용한다. - 마트보다 재래시장을 이용하고, 비닐봉지 대신 천 가방을 가져가 장을 본다. - 평소에 컵을 들고 다니고, 음료는 빨대를 쓰지 않고 마신다. - 물건을 샀을 때 비닐에 담아 줄 경우 가능하면 돌려주고 손에 들고 온다. - 가루 치약, 천연 수세미 등 친환경 제품을 사서 쓴다.
기업, 소상공인	- 포장을 줄인다. - 플라스틱을 대체할 수 있는 종이, 나무, 유리 등을 재료로 물건을 만든다. - 비싸더라도 생분해성 플라스틱 또는 재활용해서 오래 쓸 수 있는 재료로 물건을 만든다. - 배달 음식을 시키면 그릇에 담아 배달해 주고 나중에 그릇을 가져간다. 그릇을 직접 가져다주는 사람들에겐 할인을 해 주거나, 쿠폰을 준다. - 컵이나 그릇을 가져오면 물건을 더 주거나, 값을 깎아 준다. - 과일, 야채 코너에서 비닐봉지를 없앤다.

정부	- 플라스틱 사용을 줄이는 것의 중요성을 국민들에게 알린다. - 일회용 플라스틱(빨대, 컵, 포크 등) 사용을 금지하는 법을 만든다. - 화장품, 치약 등에 사용하는 미세 플라스틱 사용을 금지시킨다. - 플라스틱 쓰레기 처리를 확실히 해서 바다에 흘러들어 가지 않도록 한다. - 생분해성 플라스틱을 개발하는 개인, 연구소, 기업에 연구비를 지원해 준다. - 플라스틱 재활용률을 높이도록 음료수 병을 투명하게, 비닐이 잘 떼어지게 제작하는 등 물건 생산 기준을 만든다. - 세계적으로 정부들이 힘을 모아 바다에 떠다니는 쓰레기를 수거한다.

활동 2 손 팻말 만들기

❖ 우리가 나눈 이야기가 씨앗이 되어 널리 퍼지도록 '플라스틱 쓰레기 줄이기 손 팻말'을 만들어 봅시다.

1) '플라스틱 쓰레기 줄이기'를 주제로 문장을 만듭니다.
2) 16절 도화지 1장에 색연필, 사인펜 등을 이용해서 자유롭게 표현합니다.
3) 교실 게시판이나 복도에 붙이고 함께 봅니다.

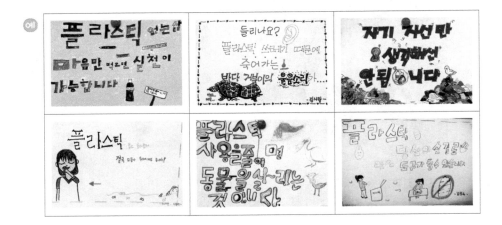

 마무리하기 ....

❖ 토론을 삶으로! 플라스틱 줄이기를 실천해 봅시다.

1) 월드 카페로 토의한 내용 중 나와 우리 가족이 할 수 있는 일 세 가지를 골라 공책에 씁니다.
2) 2주 동안 꾸준히 실천합니다.
3) 실천 내용과 소감을 공책에 써 옵니다. 인증 사진을 학급 홈페이지에 올리면 더욱 좋습니다.

예

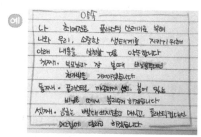 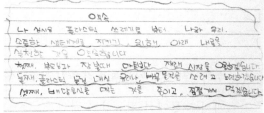

 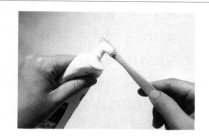

| 천 가방으로 장을 봤어요. | 생분해되는 대나무 칫솔을 샀어요. |

| 스테인리스 빨대로 음료수를 마시고, 유리컵과 접시를 썼어요. | 샤프 대신 연필을 썼어요. |

❖ 지난 시간에는 '플라스틱을 쓰지 말아야 한다.'라는 논제의 토론을 통해 플라스틱은 장점이 많아 다양하게 쓰이고 있지만, 버려지는 양도 많아 지구를 병들게 하고 우리 건강에도 영향을 미친다는 걸 알았어요.

❖ 그래서 이번 시간에는 문제 해결을 위해 우리, 기업과 소상공인, 정부가 할 수 있는 일을 토의해 봤어요.

❖ 우리의 생각은 행동을 바꾸게 되고, 결국 미래를 바꾸는 힘이 될 수 있어요. 조금 힘들더라도 가치 있는 일이니 나부터, 우리 가족부터 함께 노력했으면 좋겠습니다.

Q 수직선의 어느 위치에 붙임 쪽지를 붙일지에 대한 구체적인 기준이 있나요?

A 과학 토론에서 활용한 수직선은 '가치 수직선'입니다. 어떤 주제에 대해 자기가 생각하는 판단을 수직선에 숫자로 나타내는 방법입니다. 논제 '플라스틱을 쓰지 말아야 한다.'에 대해 +100에 가까우면 생태계 보전, 건강을 중요한 가치로 여기는 것이고, -100에 가까우면 편리함, 효율성을 중요하게 생각하는 것이지요. 어느 위치에 붙임 쪽지를 붙일지 구체적인 기준은 없습니다. 자신이 생각하는 정도에 따라 숫자 아래에 종이를 붙이면 됩니다. 여기에서는 숫자를 -100에서 +100까지로 했는데, 보통 매우 찬성(+5), 찬성(+3), 보통(0), 반대(-3), 매우 반대(-5)로 나누거나 +5에서 -5로 나누는 11단계를 이용합니다. 0은 판단을 미루는 것이기 때문에 조금이라도 마음이 기우는 쪽으로 찬성인지 반대인지 의견을 정하도록 하는 것이 좋습니다. 가치 수직선만으로 토론 수업을 진행하기도 하고, 토론 전과 후에 바뀐 생각들을 확인하는 마무리 활동으로 가치 수직선을 활용하기도 합니다.

Q 월드 카페 방식의 좋은 점은 무엇인가요?

A 월드 카페는 '지식과 지혜는 딱딱한 회의실에서 만들어지는 것이 아니라, 열린 공간에서 사람들 간의 토론을 통해 생성된다.'라는 생각에 바탕을 두고 있습니다. 플라스틱 쓰레기 줄이기를 위해 우리 각자가 할 수 있는 일을 떠올리기는 쉽지만, 정부나 소상공인이 할 수 있는 일은 떠올리기 어렵습니다. 그래서 자유롭고 편안하게 생각을 나눌 수 있게 카페에서 이야기하듯이 이끔이를 중심으로 둘러앉습니다. 생각을 종이에 낱말, 문장, 그림 등으로 자유롭게 표현하고 발표하면 다양한 생각들이 모입니다. 자리를 옮겨 새로운 주제에 참여하면 이끔이가 앞선 친구들의 생각을 요약, 정리하고 활동을 시작하기 때문에 의견이 겹치지 않고 더 발전된 의견을 낼 수 있어 창의적인 생각들이 많이 나옵니다. 또한 활동이 끝나면 모든 아이들이 모둠별 주제에 대해 한 번씩은 생각하는 시간을 가져서 좋습니다. 발표 후에는 생각을 나눈 종이를 교실이나 복도에 붙여서 볼 수 있어 수업 내용을 오래 기억하는 데에도 도움이 됩니다.

첨단 생명 과학의 이용 사례 알기

☑ 성취 기준

[6과04-03] 우리 생활에 첨단 생명 과학이 이용된 사례를 조사하여 발표할 수 있다.

☑ 수업의 흐름

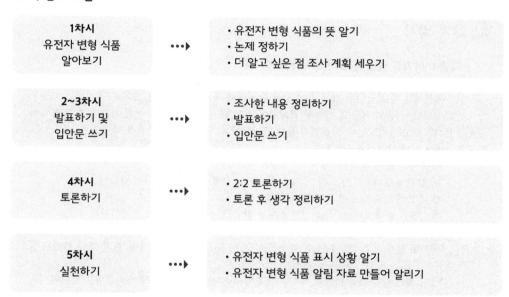

1차시
유전자 변형 식품
알아보기

····▶

• 유전자 변형 식품의 뜻 알기
• 논제 정하기
• 더 알고 싶은 점 조사 계획 세우기

2~3차시
발표하기 및
입안문 쓰기

····▶

• 조사한 내용 정리하기
• 발표하기
• 입안문 쓰기

4차시
토론하기

····▶

• 2:2 토론하기
• 토론 후 생각 정리하기

5차시
실천하기

····▶

• 유전자 변형 식품 표시 상황 알기
• 유전자 변형 식품 알림 자료 만들어 알리기

☑ 수업의 주안점

이 수업에서는 최신 생명 과학의 한 분야로, 다양한 먹거리의 재료인 유전자 변형 식품에 대해 알아보려고 한다. 우리나라에서도 식용 유전자 변형 식품을 많이 수입하고 있다. 1996년 처음 수입한 이래 수입량이 계속 늘면서 유전자 변형 식품이 정말 안전한지, 어떤 식품에 얼마만큼 들어 있는지 정확히 알 수 없어 불안해하는 소비자들이 늘고 있고, 사회적으로도 논란이 되고 있다.

따라서 미래를 살아갈 우리 아이들과 함께 유전자 변형 식품이 무엇인지, 건강과 환경, 농업 및 산업에 어떤 영향을 미치는지, 정말 굶주리는 사람들에게 도움을 주는 식량 문제의 대안이 될 수 있는지 자세히 살펴보려 한다. 이를 위해 유전자 변형 식품을 먹을 것인지 말 것인지에 대한 토론을 해 보며 유전자 변형 식품의 좋은 점과 안 좋은 점을 따져 보고, 판단 기회를 갖도록 한다. 한 걸음 더 나아가 우리 아이들이 자신의 건강과 가치관에 어울리는 먹거리를 현명하게 선택하는 자세를 갖도록 하는 데 주안점을 둔다.

생각 열기 ···

❖ 다음 이야기를 읽고 함께 이야기 나눠 봅시다.

　　예민해는 학교 끝나고 집에 가는 길에 안심해와 세계 과자점에 들렀어요. 거기에는 모양도 다양하고, 색깔도 예쁘고, 달콤한 과자들이 가득 있거든요. '오늘은 어떤 새로운 과자를 먹어 볼까?' 하고 둘러보는데, 크래커가 눈에 들어왔어요. 뒷면 식품 성분표를 봤어요.
　　옆에 있던 안심해가 물었어요.
　　"식품 성분표는 왜 봐?"
　　"나 달걀에 알레르기가 있거든. 먹으면 토하고 몸에 두드러기가 나서 힘들어."
　　"달걀 들어간 과자나 빵 되게 많은데 힘들겠다."
　　"번거롭긴 한데, 그래도 식품 성분표 보면 알 수 있어서 좋아. 내가 조심해야지."
　　다행히 크래커에는 달걀이 안 들어 있었어요. 근데 처음 보는 내용이 적혀 있었어요.
　　"어? '유전자 변형 옥수수 포함 가능성 있음.'이 무슨 말이지? 안심해, 이거 무슨 말인지 알아?"
　　"그거 최신 생명 과학 기술로 옥수수 씨앗에 다른 생물 유전자를 넣어 키웠다는 말이야."
　　"왜 다른 생물 유전자를 옥수수에 넣어?"
　　"많이 수확하려고. 예를 들어 미생물에서 제초제를 분해하는 기능을 가진 유전자를 잘라서 옥수수에 넣어. 그럼 제초제를 뿌려도 잡초만 죽고 옥수수는 죽지 않아서 많이 수확할 수 있지.
　　"옥수수에 미생물 유전자가 들어 있는 거네. 왠지 건강에 좋지 않을 것 같아. 난 음식에 예민한데 다른 걸로 살까?"
　　"안심해. 이건 외국산이라 표시가 자세히 되어 있는 거고, 우리나라 과자, 빵, 음료수에 이미 유전자 변형 옥수수가 많이 들어 있어. 이제까지 먹었어도 괜찮았잖아."
　　"진짜? 건강에 해롭지는 않을까? 고민되네. 일단 먹고 싶으니 사야겠다."
　　예민해는 크래커를 샀어요. 먹고 싶어서 사긴 했는데 걱정이 돼요.
　　'정말 괜찮은 걸까?'

❖ '예민해'는 왜 식품 성분표를 봤나요?

　　달걀에 알레르기가 있어서요.

❖ 달걀 성분은 없었지만 무엇 때문에 고민했나요?

'유전자 변형 옥수수 포함 가능성 있음.'이라는 글을 보고 고민했어요.

❖ '안심해'는 유전자 변형 옥수수를 뭐라고 설명했나요?
   옥수수 씨앗에 다른 생물 유전자를 넣어 키운 거라고 했어요.

❖ 유전자 변형 식품에 대해 들어 본 적 있나요? 아는 것을 번개 기법으로 돌아가며 말해 봅
   시다.
   - 처음 들었어요.
   - 뉴스에서 봤는데 우리나라도 유전자 변형 식품을 엄청 많이 수입한대요.
   - 우리 엄마는 음식을 꼼꼼하게 고르는데 두부는 국내산 콩으로 만든 두부만 사요.
     수입산 콩은 유전자 변형 콩이 많대요.

 생각 펼치기

활동 1 **유전자 변형 식품이 뭐지?**
❖ 유전자 변형 식품이 무엇인지 자세히 알아봅시다.

❖ 여러분은 부모님과 닮은 부분이 있나요?
   - 엄마 눈이랑 코를 닮았어요.
   - 아빠가 키가 크셔서 저도 키가 큰 편이에요.

❖ 이렇게 부모님한테 어떤 특징을 물려받는 것은 무엇 때문일까요?
   유전자 때문이에요.

❖ '변형'은 무슨 뜻일까요?
   모양이나 성질을 변화시키는 거요.

❖ 모든 생물에는 유전자가 있어요. 유전자를 변화시킨 농산
   물로 만든 식품을 '유전자 변형 식품(GMO: Genetically
   Modified Organism)'이라고 해요. 한 생물에 다른 생물
   의 유전자를 잘라 넣어 만들지요. 예를 들어 추위에 강한
   생선 유전자를 넣은 딸기, 병충해에 강한 미생물 유전자
   를 넣은 콩, 제초제를 분해하는 미생물 유전자를 넣은 옥
   수수 등이 있어요.

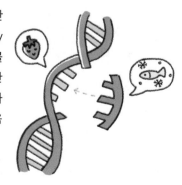

❖ 우리나라는 유전자 변형 식품을 수입하고 있어요. 식품용으로 승인된 유전자 변형 식품으로는 콩, 옥수수, 목화, 카놀라, 알팔파, 사탕무가 있어요. 다음 표를 보고 알 수 있는 점이나 느낀 점을 모둠별로 이야기해 봅시다.

(2014년 기준)

구분 종류	양	수입 비율	전체 수입 대비 GMO 비율	수입 국가	주요 제품	기타 제품
콩	102만 1천 톤	64.1%	80%	브라질, 미국, 기타	콩기름	두유, 이유식, 햄, 맛살, 소시지, 두부, 장류
옥수수	126만 2천 톤	95.8%	61%	미국, 남아프리카 공화국, 기타	빵, 과자, 음료, 아이스크림, 소스, 유제품 등	옥수수차, 팝콘, 뻥튀기, 시리얼 등

- 출처: 『GMO 유전자 조작 식품은 안전할까?』(김훈기, 풀빛, 2017)

– 우리나라가 콩과 옥수수를 많이 수입해요. 특히 옥수수는 대부분을 수입해요.
– 수입산 콩 중 80%, 수입산 옥수수 중 61%가 유전자 변형 식품이에요.
– 콩이나 옥수수로 만든 가공식품이 정말 많아요.
– 우리가 이미 유전자 변형 식품을 많이 먹고 있다는 걸 알고 놀랐어요.

활동 2 논제 정하기

❖ 유전자 변형 식품 먹어도 괜찮을까요? 어떻게 생각하나요?

먹어도 괜찮아요.	먹으면 안 돼요.
- 지금까지 먹어도 건강에 이상이 없었어요. - 정부가 충분히 안전성을 검사했을 거예요. - 방울토마토나 씨 없는 수박처럼 품종 개량된 식품은 이미 많아요.	- 지금까지는 괜찮았지만 이 성분들이 쌓여서 우리 몸에 이상이 나타날 것 같아요. - 다른 생물의 유전자를 인공적으로 넣은 것이라 몸에 해로울 것 같아요 - 어떤 생물의 유전자를 잘라서 붙였는지 알 수 없으니 불안해요.

❖ 의견이 나뉘네요. 새로운 과학 기술은 우리에게 이로울 수도 있지만 부작용도 있어요. 특히 유전자 변형 식품은 우리 건강과 직접 관련된 먹거리 문제이기 때문에 더 신중하게 생각해 봐야 해요. 유전자 변형 식품을 먹어도 될지, 안 먹는 게 좋을지 다음과 같은 논제로 토론해 봅시다.

유전자 변형 식품을 먹어도 된다.

더 알고 싶은 점 조사 계획 세우기

❖ '유전자 변형 식품'에 대해 더 알고 싶은 점을 붙임 쪽지에 쓰고, 칠판에 붙여 봅시다.

1) 유전자 변형 식품은 누가 처음 만들었나?
2) 방울토마토도 유전자 변형 식품인가?
3) 유전자 변형 식품의 좋은 점은 무엇일까?(왜 만들었을까?)
4) 유전자 변형 식품의 안 좋은 점은 무엇일까?
5) 우리나라가 유전자 변형 식품 수입 1위라고 하던데 사실인가?
6) 우리나라도 유전자 변형 농산물을 재배하고 있나?
7) 유전자 변형 식품은 어떻게 우리에게 오나?

❖ 위 질문 중에 조사하고 싶은 것 앞에 서 봅시다. 같이 모인 친구들끼리 모둠이 되어 자료를 조사해 오도록 하겠습니다.

❖ 모둠별로 조사 계획을 세워 봅시다.(자료 찾을 곳과 검색어는 교사가 안내해 줍니다.)

이렇게 할 수 있어요 ▶ **토론을 위한 자료 조사 계획서 예시**

• 모둠 이름: 먹을거리 지킴이
• 주제: 유전자 변형 식품의 좋은 점
• 자료 찾을 곳:
  민지 – 책 『GMO 유전자 조작 식품은 안전할까』(김훈기, 풀빛, 2017)
  은규 – 책 『어린이 토론 학교 〈생명 윤리〉』(소이언, 주정현, 우리학교, 2016)
  문희 – 언론사(어린이 동아, 아하 한겨레, YTN 사이언스)
  현우 – 관련 기관(한국 바이오 안전성 정보 센터, 농업 생명 공학 정보 한국 센터)
• 계획
  1) 각자 찾은 내용 공책에 써 오기
  2) 인쇄할 내용 모둠 이끔이나 선생님에게 이메일로 보내기
  3) 발표 전날 점심시간에 모여 조사한 자료 함께 읽고, 중요한 것 골라 놓기

 마무리하기 ┈┈

❖ 오늘은 유전자 변형 식품에 대해 알아보고, '유전자 변형 식품을 먹어도 된다.'를 논제로 정했어요. 다음 시간에는 유전자 변형 식품에 대해 조사해 온 내용을 정리해서 발표하고, 그것을 바탕으로 입안문을 쓸게요.

2~3 차시

발표하기 및 입안문 쓰기

• 조사한 내용 정리하기
• 발표하기
• 입안문 쓰기

 생각 열기 ·····

❖ 지난 시간에 유전자 변형 식품에 대해 알아보았어요. 새롭게 알게 된 내용에는 무엇이 있었나요?

- 한 생물에 다른 생물의 유전자를 넣어 만든 식품을 '유전자 변형 식품'이라고 해요.
- 더 많이 수확하려고 제초제와 살충제, 병충해, 추위 등에 강한 유전자를 잘라 넣어요.
- 우리나라는 콩, 옥수수, 카놀라, 목화 등 유전자 변형 식품을 많이 수입하고 있어요.
- 가공식품 중에 유전자 변형 식품이 많아요.

❖ 유전자 변형 식품에 대해 궁금한 내용을 조사해 왔나요? 오늘은 모둠별로 모여서 15분은 조사해 온 내용을 정리하고, 15분은 발표를 하겠습니다. 발표한 내용을 바탕으로 입안문도 쓸게요.

 생각 펼치기 ·····

활동 1 **조사한 내용 정리하기**

❖ 모둠별로 유전자 변형 식품에 대해 조사해 온 내용을 4절지에 정리해서 씁니다. 이해를 돕기 위한 사진을 붙이거나, 그림을 그려도 좋습니다.

예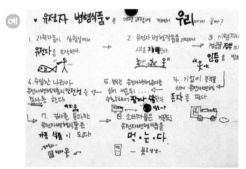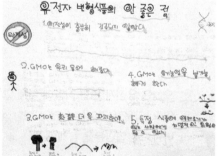

활동 2 발표하기

❖ 발표를 하겠습니다. 들으면서 궁금한 점은 기록했다가 질문해 주세요.

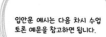
아이들이 잘 모르거나 대답하기 어려워하는 내용은 선생님이 설명해 줍니다.

활동 3 입안문 쓰기

❖ 입안문을 쓰기 전에 찬성 근거와 반대 근거를 함께 정리해 봅시다.

유전자 변형 식품을 먹어도 된다.

찬성 측 근거	반대 측 근거
1) 유전자 변형 식품은 안전합니다. 2) 유전자 변형 식품은 수확량이 많아 식량 문제 해결에 도움이 됩니다. 3) 유전자 변형 식품은 농부들이 농사짓기 편하고 환경에도 좋습니다. 4) 유전자 변형 기술을 활용하면 더 좋은 품종을 만들수 있습니다.	1) 유전자 변형 식품은 안전하지 않습니다. 2) 유전자 변형 식품은 생태계를 오염시킵니다. 3) 농약에 내성이 있는 슈퍼 잡초와 슈퍼 벌레가 생깁니다. 4) 조상 대대로 내려온 다양한 씨앗들이 점점 사라지게 됩니다.

❖ 토론 공책(또는 입안문 양식)에 입안문을 쓸게요. 친구들이 발표한 자료를 참고로 하되, 내가 이해한 내용을 쉬운 말로 풀어서 씁시다. 더 필요한 자료가 있으면 도서관을 이용하거나, 휴대 전화나 컴퓨터로 검색해 봐도 좋습니다.

입안문 예시는 다음 차시 수업 토론 예문을 참고하면 됩니다.

 마무리하기 ···

❖ 오늘은 유전자 변형 식품에 대해 조사한 내용을 정리하고 발표하며, 더 자세히 이해하는 시간을 가졌어요. 친구들이 조사한 자료를 바탕으로 내 생각을 담은 입안문도 써 봤구요.

❖ 다음 시간에는 2:2 토론을 하도록 하겠습니다.

이렇게 할 수 있어요 ▶ **2:2 토론 짝과 함께 입안문 쓰기**

1) 둘씩 짝을 정합니다.(토론에 자신 있는 친구와 토론을 배우면서 하고 싶은 친구 이렇게 둘이 짝짓도록 하면 좋습니다.)
2) 찬성 입안문을 함께 쓰도록 합니다. 4개의 근거 중 2개씩 골라 근거가 겹치지 않게 합니다.(예를 들어 한 사람은 찬성 측 근거 1, 2로, 다른 사람은 찬성 측 근거 3, 4로 각각 입안문을 쓰게 합니다.)
3) 반대 입안문도 같은 방법으로 함께 쓰도록 합니다.
4) 다 쓰면 하나로 합치고, 전체 흐름이 자연스러운지 읽으면서 다듬게 합니다.

4차시

토론하기
• 2:2 토론하기
• 토론 후 생각 정리하기

 생각 열기 ···

❖ 오늘은 '유전자 변형 식품을 먹어도 된다.'를 논제로 2:2 토론을 해 봅시다.

❖ 신호등 카드로 토론 전 생각을 확인해 보겠습니다. '유전자 변형 식품을 먹어도 된다.'라는 논제에 찬성하는 친구는 초록색 카드를, 반대하는 친구는 빨간색 카드를 들어 주세요. 총 28명 중 찬성이 16명, 반대가 12명이군요.(찬성, 반대 수를 칠판에 적어 두었다가 마지막 생각 확인 때 비교해 봅니다.)

 생각 펼치기 ···

활동 1 **2:2 토론하기**

● 1차 토론

❖ 2:2 토론을 시작하겠습니다. 가위바위보로 찬성 측과 반대 측을 정할게요. 서로 인사해 주세요. 준비됐으면 시작할게요.

유전자 변형 식품을 먹어도 된다.

찬성 측		반대 측	
1번 토론자	2번 토론자	1번 토론자	2번 토론자
주장(입안) - 1분			
		질문(전원 교차 조사) - 2분	
		주장(입안) - 1분	
질문(전원 교차 조사) - 2분			
	주장(입안) - 1분		
			질문(전원 교차 조사) - 2분
			주장(입안) - 1분
	질문(전원 교차 조사) - 2분		

> 반대 측 질문(전원 교차 조사) 시간에는 반대 측 토론자 둘 다 질문할 수 있고, 찬성 측 토론자 둘 다 답할 수 있습니다. 이는 찬성 측 질문(전원 교차 조사) 시간에도 마찬가지입니다.

● **2차 토론**

❖ 이번에는 찬성과 반대 입장을 바꿔 토론하겠습니다. 토론 방법은 같아요. 준비됐으면 시작할게요.

찬성 측 주장	반대 측 질문과 찬성 측 대답
저는 '유전자 변형 식품을 먹어도 된다.' 논제에 찬성합니다. 　왜냐하면 **첫째, 유전자 변형 식품은 안전합니다.** 미국 국립 과학 아카데미(NAS)는 2016년에 유전자 변형 식품 개발 이후 20년간 그 농산물을 섭취한 사람과 동물을 대상으로 병이 생겼는지 조사했습니다. 그 결과 유전자 변형 식품이 병을 유발했다는 뚜렷한 증거를 발견하지 못했다고 밝혔습니다. 또 유전자 변형 식품은 생산한 나라와 우리나라 식품 의약품 안전처의 까다로운 안전성 검사를 통과했기 때문에 안심하고 먹어도 됩니다.	▶질문: 제가 조사한 바로는 프랑스 세라리니 교수 팀이 쥐에게 2년간 유전자 변형 옥수수를 먹인 실험을 했습니다. 그 결과 쥐의 온몸에 종양이 생겼고, 간과 신장에 독성 물질이 쌓여 병이 들었습니다. 이는 우리 건강에도 해로울 수 있다는 증거 아닙니까? ▷대답: 과학 실험은 실험 환경, 조건, 해석에 따라 결과가 다를 수 있습니다. 유럽 식품 안전청은 세라리니 교수 팀의 연구 과정에 문제가 있어 신뢰할 수 없다고 밝혔습니다. (중략)
둘째, 유전자 변형 식품은 수확량이 많아 영양실조에 걸린 사람들에게 도움을 줄 수 있습니다. 세계적으로 인구는 늘고 있는데 지구 온난화와 이상 기후로 식량 생산은 위기입니다. 유엔 세계 식량 농업 기구에 따르면 2017년에 식량 부족에 처한 전 세계 인구는 1억 2천 400만 명이었습니다. 특히 많은 어린이가 영양실조로 죽고 있습니다. 유전자 변형 식품은 자라는 속도가 빠르고 해충이나 가뭄에도 잘 자라기 때문에 기아 문제 해결에 도움이 됩니다.	▶질문: 인류가 먹을 식량은 지금도 충분히 생산되고 있고, 그중 많은 양이 동물 사료로 쓰입니다. 기아 문제는 나라끼리 또는 나라 안에서 부자와 가난한 사람 사이에 식량이 공평하게 나눠지지 못하고 있기 때문이라고 생각하는데, 어떻게 생각하십니까? ▷대답: 물론 경제적으로 불평등한 것도 원인입니다. 하지만 그걸 해결하려면 시간이 오래 걸립니다. 유전자 변형 식품은 수확량이 많기 때문에 더 빠르게 기아 문제를 해결할 수 있습니다. (중략)

셋째, 유전자 변형 식품은 농부들이 농사짓기 편하고 환경에도 좋습니다. 저희 할아버지께서는 콩과 고추 농사를 지으십니다. 제일 힘든 게 뭔지 여쭤 봤더니 며칠만 돌보지 않으면 잡초가 엄청 자라 뽑아 줘야 하고, 고추는 벌레가 잘 생겨서 농약을 뿌려 줘야 한다고 하셨습니다. 제초제에 잘 견디는 유전자 변형 식품을 심으면, 적은 양의 제초제로도 잡초를 없앨 수 있으니 농부들이 편하고 환경 오염도 덜 되어서 좋습니다.

넷째, 유전자 변형 기술로 좋은 품종을 만들 수 있습니다. 황금쌀이 대표적입니다. 황금쌀에 들어 있는 베타카로틴은 우리 몸에서 비타민 A로 바뀝니다. 비타민 A는 우리 몸에 꼭 필요한 영양소로 부족하면 야맹증이나 각막 건조증이 생기고, 심해지면 시력을 잃을 수 있습니다. 황금쌀은 비타민 A 부족으로 병을 앓고 있는 아프리카와 동남아시아 어린이들에게 도움을 줄 수 있습니다.

유전자 변형 식품은 충분히 안전합니다. 수확량이 많아 기아 문제 해결에 도움이 되며, 농촌 일손과 환경에 도움이 됩니다. 또 사람들에게 꼭 필요한 영양소를 넣을 수 있는 인류의 미래 식품입니다. 따라서 저는 '유전자 변형 식품을 먹어도 된다.' 논제에 찬성합니다.

▶질문: 유전자 변형 식품 재배가 슈퍼 잡초와 슈퍼 벌레를 만든다는 사실을 아십니까? 이것들을 없애려면 더 독한 제초제와 살충제를 써야 해서 더 많은 돈이 들고, 더 심한 오염이 생깁니다.
▷대답: 그건 일부분일 뿐입니다. 유전자 변형 식품은 기존 작물 살충제 사용량의 30%만을 사용해도 해충을 막을 수 있어서 환경 친화적임이 이미 입증되었습니다.

(중략)

▶질문: 비타민 A는 과일과 채소에 많이 들어 있습니다. 굳이 쌀에 인위적으로 그런 성분을 넣는 것보다 채소를 더 많이 재배해서 먹는 게 더 좋은 방법 아닐까요?
▷대답: 그 방법도 있겠지만 황금쌀은 밥도 먹으면서 부족한 비타민 A도 채울 수 있어서 훨씬 간편합니다.

(중략)

반대 측 주장	찬성 측 질문과 반대 측 대답

저는 '유전자 변형 식품을 먹어도 된다.' 논제에 반대합니다.

왜냐하면 첫째, 유전자 변형 식품은 안전하지 않습니다. 2017년 8월 21일자 ○○○ 뉴스 기사에 프랑스 세라리니 교수 팀의 유전자 변형 식품 연구 결과가 자세히 실렸습니다. 세라리니 팀은 2년 동안 실험실 쥐에게 몬산토 사가 개발한 라운드업 레디 옥수수를 먹였습니다. 그 결과 일반 사료를 먹인 쥐에 비해 종양이 더 많이 생겼고, 간과 신장, 뇌하수체 등에 심각한 문제도 생겼습니다. 유전자 변형 식품이 개발된 건 이제 겨우 20년입니다. 긴 시간 먹으면 우리 몸에 어떤 영향을 미칠지 알 수 없습니다.

▷질문: 세라리니 팀의 연구 결과는 라운드업 레디 옥수수를 먹인 경우입니다. 라운드업 레디 옥수수 실험 하나로, 유전자 변형 식품 전체가 안전하지 않다고 하는 건 확대 해석 아닙니까?
▶대답: 라운드업 레디 옥수수와 콩은 우리나라가 가장 많이 수입하고 있는 식품입니다. 또 라운드업 레디 농산물은 라운드업 제초제를 써서 키워야 하는데, 라운드업 제초제 성분인 글리포세이트는 2015년 세계 보건 기구가 2급 발암 물질이라고 발표했습니다.

(중략)

둘째, 유전자 변형 식품은 생태계를 오염시킵니다. 기업들이 야외에서 시험 재배를 할 때 씨앗이나 꽃가루가 곤충이나 바람에 의해 다른 논밭으로 옮겨질 수 있습니다. 실제로 2013년 미국 오리건주 한 농부의 밭에서 12년 전에 시험 재배 후 폐기했던 밀 씨앗이 자라나 발견된 일이 있었습니다. 허가받지 않은 씨앗이 사람들 모르게 자라난다면? 이것을 우리가 먹게 된다면? 생태계와 우리 건강에 어떤 영향이 미칠지 심각하게 걱정되는 상황입니다.

▷질문: 비닐하우스나 다른 논, 밭과 멀리 떨어진 곳에서 더 철저하게 관리해서 키우면 되지 않습니까?
▶대답: 자연을 통제하는 것은 매우 어렵습니다. 2017년 농림 축산 식품부는 우리나라 전국 총 56개 지역에서 유전자 변형 생물이 자라고 있는 것이 발견됐다고 발표했습니다. 우리나라는 유전자 변형 식품을 수입만 하는데도 운반하는 과정에서 씨앗이나 농산물이 논밭에 떨어져 번식하게 된 것입니다.

(중략)

셋째, 농약에 내성이 있는 슈퍼 잡초와 슈퍼 벌레가 생깁니다. △△△ 일보 기사에 따르면 1990년대 이후 미국에서 제초제에 완벽하게 적응한 '슈퍼 잡초'가 10종 넘게 발견되고 있다고 합니다. 쥐꼬리망초, 새포아풀 등은 제초제를 뿌려도 하루에 최대 7cm 자라나 농장을 황폐하게 만들고 있습니다. 농약을 아무리 쳐도 끄떡없는 '슈퍼 벌레'도 생겼습니다. 이를 해결하기 위해 더 강한 제초제와 농약을 뿌려야 할 텐데, 그럼 흙과 물의 오염이 심각해질 것입니다.

▷질문: 슈퍼 잡초와 슈퍼 벌레가 생긴다고 하셨는데, 생명 공학 기업들은 이미 이를 예측해서 2세대 유전자 변형 작물과 살포제를 개발해서 판매하고 있다는 사실을 아십니까?
▶대답: 그건 한계가 있다고 생각합니다. 인간의 연구 속도는 조 단위가 넘는 식물과 곤충의 진화 속도를 따라갈 수 없습니다.

(중략)

넷째, 조상 대대로 내려온 다양한 씨앗들이 점점 사라지게 됩니다. 농부들은 오랜 세월 동안 재배 가능한 씨앗들을 찾고, 같은 종끼리 교배해서 품질을 높이고 수확량도 늘려 왔습니다. 종자를 보존하고 교환하며 인류 공동의 유산으로 지켜 왔는데, 다국적 기업들이 종자 회사들을 인수하거나 합병해서 씨앗을 장악하고 있습니다. 농부들이 씨앗을 사려고 해도 기업들은 유전자 변형 씨앗을 더 홍보하고 우선적으로 판매하고 있어 사기가 어렵습니다. 결과적으로 토종 씨앗들이 점점 사라지게 될 것입니다.

▷질문: 유전자 변형 씨앗들이 토종 씨앗에 비해 더 우수하다면 토종 씨앗이 줄어도 괜찮지 않나요?
▶대답: 하나의 작물에 다양한 씨앗이 있는 게 좋습니다. 한 작물에 한 씨앗만 있으면 작물이 전염병에 걸렸을 때 멸종될 수 있기 때문입니다. 우리가 즐겨 먹는 바나나의 경우에도 대부분이 캐번디시 품종인데, 한 나무가 병균의 공격을 받으면 모든 바나나가 피해를 보기 쉽습니다.

(중략)

유전자 변형 식품은 안전하다고 확신할 수 없습니다. 또한 생태계를 오염시키고, 슈퍼 잡초와 슈퍼 벌레가 생겨 문제가 됩니다. 마지막으로 식물의 다양성에 위협이 됩니다. 그러므로 저는 '유전자 변형 식품을 먹어도 된다.' 논제에 반대합니다.

활동 2 토론 후 생각 정리하기

❖ 토론 소감문을 써 봅시다.

□ **토론 전 내 입장은?** (찬성 / 반대)　　　　□ **토론 후 내 입장은?** (찬성 / 반대)

□ **토론 전과 후의 생각이 달라졌나요?** (예 / 아니요) **그 이유는 무엇인지 써 봅시다.**
　유전자 변형 식품이 생태계를 오염시키고, 슈퍼 잡초와 슈퍼 벌레를 만들어 내며, 토종 씨앗을 사라지게 만든다는 반대 측 근거를 듣고, 단순히 유전자 변형 식품이 우리 몸에 안전한지 아닌지만을 중요하게 생각할 것이 아니라 지구 환경 전체에 미치는 영향을 생각해야 한다는 것을 깨달았다.

□ **'유전자 변형 식품을 먹어도 된다.'에 대한 생각을 정리해서 써 봅시다. (찬성? 반대? 그 이유는?)**
　'유전자 변형 식품을 먹어도 된다.'에 반대한다. 유전자 변형 식품이 정말 안전한지는 아직 명확히 알 수 없고, 그것이 지구 환경에 일으키는 부작용이 많기 때문이다.

❖ 신호등 카드로 토론 후의 생각을 확인해 보겠습니다. '유전자 변형 식품을 먹어도 된다.'라는 논제에 찬성하는 친구는 초록색 카드를, 반대하는 친구는 빨간색 카드를 들어 주세요. 찬성이 10명, 반대가 18명으로 처음보다 반대가 6명 더 늘었네요.

❖ 토론 후 생각이 바뀐 친구는 어떤 입장에서 어떤 입장으로 바뀌었고, 왜 바뀌었는지 이야기를 들어 보겠습니다.

찬성 → 반대	반대 → 찬성
저는 찬성에서 반대로 바꿨습니다. 세라리니 교수 팀의 쥐 실험 결과를 보니 유전자 변형 식품이 긴 시간 우리 몸에 쌓이게 되면 우리 건강에 해로울 수 있겠다는 생각이 들었습니다. 생태계에 미치는 영향도 심각해 보입니다. 과학자들이 유전자 변형 식품이 생태계와 건강에 미치는 영향을 더 오랜 시간 동안 연구해서 정확하게 알려 주면 좋겠습니다.	저는 반대에서 찬성으로 바꿨습니다. 왜냐하면 유전자 변형 기술을 계속 발전시키면 기아 문제 해결, 더 우수한 품종 생산 등 인류에게 큰 도움이 될 것 같습니다. 때로 과학 기술은 부작용이 생기기도 했지만 인류는 늘 지혜를 모아 문제를 해결해 왔습니다. 더 나은 미래를 위해 발전하는 과정이라고 생각합니다.

마무리하기 ....

❖ 오늘은 토론을 통해 유전자 변형 식품이 건강, 환경, 농업 및 산업에 미치는 영향을 자세히 생각해 봤어요. 그리고 유전자 변형 식품을 먹을 것인지 말 것인지 자신의 생각을 정리했습니다.

❖ 유전자 변형 식품인지 아닌지는 무엇을 보고 알 수 있을까요?
식품 성분표요.

❖ 네, 맞아요. 그래서 식품 성분표를 보고 유전자 변형 식품 표시가 된 식품을 한 가지씩 찾아오기가 숙제입니다. 참고로 세 가지 종류의 표시가 있어요. '유전자 재조합 식품', '유전자 재조합 ○○ 포함 식품', '유전자 재조합 ○○ 포함 가능성 있음.'이에요. 찾기 어려우면 포함 가능성이 있다고 생각되는 식품을 가져와도 좋아요.

❖ 다음 시간에는 유전자 변형 식품 표시제에 대해 이야기 나누고, 유전자 변형 식품을 잘 모르는 친구들을 위해 알림 자료를 만들어 볼게요.

5차시

실천하기
• 유전자 변형 식품 표시 상황 알기
• 유전자 변형 식품 알림 자료 만들어 알리기

생각 열기

❖ 유전자 변형 식품 찾기 숙제 어땠나요? 찾기 쉬웠나요, 어려웠나요? 여러분의 경험을 들려주세요.

> 유전자 변형 식품 표시가 된 제품과 표시는 없지만 가능성이 있는 제품을 두 책상에 따로 모은 뒤, 그 양을 서로 비교해 봅니다.

찾기 어려웠어요.	찾기 쉬웠어요.
▶주말에 마트에 가서 열심히 찾았는데, 못 찾았어요. 수입산 콩이나 옥수수로 만들어진 두부, 기름, 된장 성분을 봤는데, '수입산'이라는 말은 있지만 '유전자 변형 식품'이라는 말은 없었어요.	▷친구랑 세계 과자점에 가 봤는데, 많이 찾았어요. 예를 들어 미국산 쌀 과자에는 '유전자 변형 대두 포함 가능성 있음.'이라고 써 있었고, 베트남산 크래커에도 '유전자 변형 옥수수 포함 가능성 있음.'이라고 써 있었어요.
▶저도 못 찾았어요. 수입산 옥수수로 만든 과자는 많은데, 유전자 변형 식품이라는 표시는 없었어요. 가공식품에 유전자 변형 식품이 많이 들어간다고 알고 있는데, 실제로는 아닌 건지 혼란스러웠어요.	▷전 평소에 즐겨 먹는 초콜릿 뒷면에 '유전자 변형 옥수수 포함'이 적혀 있어서 놀랐어요. 평소에 자주 먹는데 몰랐거든요. 요즘은 성분표를 보고 과자를 사는 습관이 생겼어요.

❖ 유전자 변형 식품을 찾기 어려웠다는 친구들이 많네요. 분명 우리나라가 식용 유전자 변형 식품 수입을 많이 하고 있다고 했는데 이상하네요. 유전자 변형 식품 표시를 어떻게 하고 있는지 알아보고, 유전자 변형 식품을 잘 모르는 친구들을 위해 알림 자료를 만들어 봅시다.

생각 펼치기 ┈┈┈┈┈┈┈┈┈┈┈┈┈┈┈┈┈┈┈┈┈┈┈┈┈┈┈┈┈┈┈┈┈┈┈┈┈

활동 1 **유전자 변형 식품 표시 상황 알기**

❖ 우리나라는 2001년 처음으로 '유전자 변형 식품 의무 표시제'를 도입했어요. 아래 자료를 읽어 봅시다.

	우리나라	EU(유럽 연합)
식품	식용유, 간장, 당류 등 제외	모두 표시
가공식품	모두 표시	모두 표시
외식 산업	표시 대상 아님.	메뉴 등에 표시
사료	표시 대상 아님.	표시 대상
비의도적 혼입률	3%	0.9%

– 출처: 「EBS 하나뿐인 지구 – 종자의 반란 GMO」(2016년 5월 13일)

　우리나라는 2001년 처음으로 '유전자 변형 식품 의무 표시제'를 도입했다. 하지만 유전자 변형 식품 표시를 하지 않아도 되는 경우가 두 가지 있다. 첫째는 식품을 만드는 과정에서 유전자나 단백질이 파괴되어 거의 남아 있지 않은 제품은 표시를 하지 않아도 된다. 식용유·간장·당류 등이 여기에 해당한다. 둘째는 가공식품의 전체 재료에서 유전자 변형 식품 재료가 들어간 양이 다섯 번째보다 적으면 표시를 하지 않아도 된다. 현재 우리나라는 두 번째 조항은 없앴다. 즉 유전자 변형 식품 재료가 들어갔으면 모두 표시를 해야 하는 것이다. 하지만 2017년 경제정의실천시민연합(경실련) 등 시민 단체가 식용유 등 가공식품 438개를 조사한 결과, 유전자 변형 식품 표시가 돼 있는 것은 수입산 제품 시리얼과 미소 된장 단 2개였다. 두 번째 조항을 없앴지만 실제적인 효과가 없는 것이다.
　반면 유럽 연합, 브라질, 중국의 경우는 아무리 적은 양의 재료로 유전자 변형 식품이 사용되었어도, 만드는 과정에서 유전자 변형 식품이 사라져 남아 있지 않아도 유전자 변형 식품으로부터 생산된 제품이라면 모두 표시해야 한다.

❖ 우리나라는 몇 년도부터 '유전자 변형 식품 의무 표시제'를 하고 있나요?

　2001년도요.

❖ 유전자 변형 식품을 찾기 어려웠던 이유가 뭘까요?

– 식용유, 간장, 당류는 표시하지 않아도 돼서요.

– 기업들이 표시를 정확하게 하고 있지 않아서요.

❖ 유럽 연합, 브라질, 중국의 표시제는 우리나라와 어떤 차이가 있나요?

　아무리 적은 양의 재료로 유전자 변형 식품이 사용되었어도 모두 표시해야 해요.

❖ 유전자 변형 식품을 사용한 모든 식품에 유전자 변형 식품 표시를 하도록 법 개정을 요구하는 목소리가 있어요. 여러분은 '유전자 변형 식품 완전 표시제'에 대해 어떻게 생각하나요?

예	표시 찬성이에요.	표시 반대예요.
	- 내가 먹는 식품이 어떤 재료로 만들어졌는지 알고 선택하고 싶어요.	- 만드는 과정에서 없어지는 유전자 변형 식품까지 굳이 표시할 필요는 없다고 생각해요.

활동 2 '유전자 변형 식품 알고 먹어요!' 자료 만들어 알리기

❖ 유전자 변형 식품에 대해 알림 자료를 만들어 봅시다. 내일 아침 등교 시간에 유전자 변형 식품에 대해 잘 모르는 친구들을 위해 알리는 시간을 갖겠습니다.

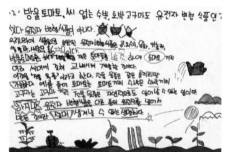

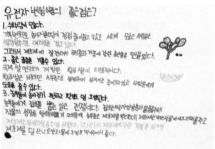

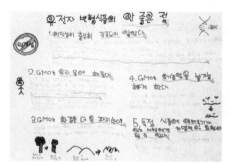

알림 자료는 2차시에 만든 조사 내용 자료를 활용하고, 더 필요한 내용만 의논해서 만듭니다.

❖ 총 5차시에 걸친 유전자 변형 식품 수업을 통해 생각이나 생활이 바뀐 친구가 있나요?

- 가족들에게 유전자 변형 식품에 대해 자세히 설명해 줬어요.

- 유전자 변형 식품에 대해 막연한 불안감이 있었는데 안심하고 먹게 되었어요.

- 유전자 변형 식품 표시가 있는지 식품 성분표를 자세히 살펴보고 사는 습관이 생겼어요.

- 건강하고 안전한 먹거리에 관심이 생겼어요. 그래서 옥상에 콩, 상추, 방울토마토를 키워서 먹기로 했어요.

❖ 유전자 변형 식품은 우리 식생활 속에 깊숙이 들어와 있어요. 또한 세계적으로 재배하는 양도 해마다 늘어나고 있어요. 무엇을 먹을지 선택하는 것은 우리 건강뿐만 아니라 환경, 생태계, 농업 및 산업, 문화에도 영향을 미치기 때문에 매우 중요해요.

❖ 이번 수업을 통해 유전자 변형 식품의 좋은 점과 안 좋은 점을 자세히 살펴봤으니, 앞으로 여러분의 건강과 가치관에 어울리는 먹거리를 현명하게 선택하길 바랍니다.

Q 교사의 예상과 전혀 다른 방향으로 토론이 진행되어도 학생들에게 맡겨야 할까요?

A 교사가 도움말을 주는 것이 좋습니다. 그 까닭은 과목별 토론에서는 토론 자체에 대한 공부나 승패보다 토론을 통해 교과 지식을 배우고, 다양한 생각을 만나 자신의 가치관을 만들어 가는 데 목적이 있기 때문입니다. 교사의 예상에서 벗어난 토론이 진행되지 않도록 토론 전 '논제 분석'을 꼼꼼하게 하는 것이 중요합니다. 함께 용어를 정의하고, 찬반 근거를 생각하고, 쟁점을 미리 확인해서 울타리를 만들면 논제 안에서 밀도 있고 치열한 토론을 할 수 있습니다. 그래도 논제에서 벗어난 질문과 대답이 계속 오가거나 말꼬리를 잡고 질문이 이어질 수 있습니다. 그럴 때에는 논제로 돌아오도록 교사가 이끌어 주는 것이 좋고, 한 가지 쟁점에만 논의가 머문다면 다른 쟁점도 짚어 주는 것이 좋습니다. 전체 토론은 시간이 길고 발언자가 많기 때문에 칠판에 내용을 간단하게 적으며 진행하는 것도 좋습니다.

Q 토론 중 상대편 질문에 대답을 하지 못하는 경우 어떻게 지도해야 할까요?

A 질문과 대답이 탁구공처럼 통통 튀며 오갈 때 아이들은 토론의 재미에 푹 빠집니다. 하지만 토론자가 상대측 질문에 자신 있게 대답하는 것은 쉽지 않습니다. 알고 있지만 순간 당황해서 말문이 막히기도 하고, 준비가 덜 돼서 대답을 못하기도 합니다. 토론 전, 중, 후로 나눠 지도 방법을 생각해 보면 토론 전에는 같은 편과 예상 질문을 생각해 보는 시간을 갖도록 하거나, 입안문을 쓸 때 예상 질문과 대답을 세 가지 정도 준비하게 하면 도움이 됩니다. 토론 중에는 1:1 토론을 제외하고 2:2 이상 토론인 경우 작전 시간에 같은 편끼리 의논하여 대답하도록 하고, 전체 토론에서는 필요하다면 교사가 적절한 도움말을 줍니다. 또 토론 후에는 아이들에게 대답하기 어려웠던 질문이 있었는지 묻고, 함께 이야기 나눠 보며 마무리를 하는 것도 좋습니다. 가장 좋은 방법은 자주 토론을 경험하게 하는 것입니다.

Q '유전자 변형 식품' 외에 첨단 생명 과학과 관련하여 초등학생들이 토론할 수 있는 논제거리에는 또 어떤 것이 있을까요?

A '맞춤 아기를 낳아도 된다.', '인간 복제를 해도 된다.', '인간과 똑같은 로봇을 개발해도 된다.', '인공 지능 로봇과 친구가 될 수 있다.' 등을 추천합니다.

미술 작품의 감상 관점과 방법 알기

☑ 성취 기준

[6미03-03] 미술 작품의 내용(소재, 주제 등)과 형식(재료와 용구, 표현 방법, 조형 요소와 원리 등)을
미술 용어를 활용하여 설명할 수 있다.

[6미03-04] 다양한 감상 방법(비교 또는 단독 감상, 내용 또는 형식 감상 등)을 알고 활용할 수 있다.

☑ 수업의 흐름

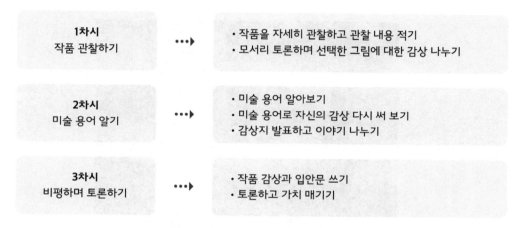

☑ 수업의 주안점

초등학교의 미술은 주로 표현 활동을 위주로 한다. 그 표현 활동 수업 전에 반드시 아이들이 표현
활동을 하는 데에 참고할 수 있는 표현 기법과 관련 있는 작품을 짧게라도 관찰해서 감상을 나눠 보
게 하는 것이 중요하다. 나아가 더 중요한 점은 작품 관찰과 감상 나누기를 꾸준히 해야 한다는 것
이다. 미술 비평은 어떤 미술 작품을 보고 떠올린 생각과 느낌을 다른 사람에게 설명하는 과정이다.
미술 비평 수업은 학생들이 자신의 생각과 느낌을 좀 더 정확하고 분명하게 표현할 수 있도록 도와
주는 수업이 되어야 한다. 만일 어떤 그림이나 조각을 보고 '이상하다'라는 생각을 했다면, 그게 왜
이상하게 느껴지는지 무엇 때문에 그렇게 보이는지 설명할 수 있게 해야 한다. 즉 작품에 대해 학생
각자가 가치 평가(판단)를 내리되, 자기 나름의 근거를 들어 진술하도록 해야 한다. 이때 근거는 자
기가 분석하고 해석한 자료와 감성적으로 파악한 내용이고, 그 근거가 상대방에게 잘 이해되게 객
관적으로 표현하기 위해서는 미술 용어를 사용하는 것이 효과적이다.

이 주제에서는 토론의 형식을 활용하여 근거를 바탕으로 타인을 설득하는 미적, 비평적 경험을
하도록 한다. 이로써 학생들이 미술 작품을 진지하게 대하고 작품에 대한 자신의 감상과 가치 판단
을 진술하게 얘기해 서로를 설득하고 동의를 얻는 즐거움을 겪을 수 있도록 하는 데 주안점을 둔다.

1차시

작품 관찰하기
• 작품을 자세히 관찰하고 관찰 내용 적기
• 모서리 토론하며 선택한 그림에 대한 감상 나누기

 생각 열기 ....

❖ 다음 미술 작품을 함께 봅시다. 그림 속에 있는, 보이는 모든 것들을 말해 봅시다.

- 「별이 빛나는 밤에」(고흐)

❖ 그림 속에 무엇이 있나요? 그것이 어떻게 보이나요?
- 구름 같은 게 있어요. 아닌가? 바람인가? 움직이는 것처럼 보여요.
- 왼쪽에 있는 건 나무인 것 같아요.

❖ 왜 그렇게 보이지요?
- 그림 한가운데에 소용돌이처럼 말리는 부분이 있잖아요.
- 하늘에 떠 있어요. 직선이 아니고 곡선이에요.

❖ 이 작품에서 느껴지는 느낌과 분위기는 어떤가요? 왜 그렇게 느껴지나요?
- 차가운 느낌이요. 노란색, 주황색도 있지만, 파란색과 남색을 많이 써서요.
- 고요한 분위기예요. 어두운 밤하늘에 별들만 총총 빛나고 있어서요.

❖ 우리는 '그림을 본다. 작품을 본다.'라고 말해요. 그런데 글을 읽는 것처럼, 그림과 미술품도 읽는 힘이 필요해요. 작품을 자세히 보고 그림에 대해 더 알게 되면, 그 그림이 전과는 다르게 보일 겁니다. 바로 그림을 읽는 것이죠. 이번 시간에는 작품을 자세히 살펴보고 자신이 관찰한 내용과 느낌을 나눠 봅시다.

 ## 생각 펼치기 ··

활동 1 작품들을 관찰한 내용과 느낌 붙임 쪽지에 쓰기

❖ 선생님이 교실의 네 면에 다음의 작품들을 전시해 놓을 거예요. 여러분들은 이제부터 미술관에 와 있다고 생각합니다. 먼저 미술관에서 지켜야 할 점들을 말해 볼까요?

- 공공장소니까 시끄럽게 하면 안 돼요.
- 속으로 조용히 감상해요.
- 작품을 대충 보지 말고 잘 살펴봐요.

❖ 맞아요. 이런 점들을 지키면서 미술관에 온 것처럼 다음 그림들을 감상해 봅시다.

그림1 _ 「흰 소」(이중섭)

그림2 _ 「황소」(피카소)

그림3 _ 「붉은 식탁」(마티스)

그림4 _ 「그랑자트 섬의 일요일 오후」(쇠라)

> **❝**
> 제재 작품들은 아이들의 수준을 고려하여 선별합니다. 작품 수가 많게 느껴진다면 두 작품씩 나눠서 해도 좋습니다. 점, 선, 면, 형, 색 등 조형 요소와 조형 원리를 알아낼 수 있는 작품들로 선정하되, 관찰과 감상을 더 쉽게 할 수 있도록 같거나 비슷한 주제의 그림들로 비교 감상할 수 있게 합니다.
> **❞**

❖ 자신이 그림을 보고 받은 느낌과 생각을 되도록 구체적으로 종이에 써야 해요. 아까, 선생님과 고흐의 「별이 빛나는 밤에」를 관찰하며 나눈 이야기 생각나요? ○○(이)가 그림1을 보자마자, "멋지다!"라고 했어요. 잘 말해 주었는데, 그림을 관찰하면서는 붙임 쪽지에 '멋지다'보다는 왜 멋져 보이는지를 써야 합니다. 즉 자신의 느낌과 생각을 솔직하고 자세하게 쓰고 그 이유를 꼭 써야 합니다.

❖ 모두 네 작품이니, 작품 하나에 붙임 쪽지 하나씩은 꼭 씁니다. 쪽지를 네 장씩 받았으면 시작하세요. 다 쓴 사람은 칠판에 그림 번호에 맞게 쪽지를 붙여요.

이렇게 할 수 있어요

아이들의 다양한 반응과 답변을 되도록 많이 들어 보도록 합니다. 아이들은 주로 그림을 보고 선생님의 질문과는 상관없이 자신의 '느낌'과 '감정'을 말하려 합니다. 직관적으로 느껴지는 것을 말하는 것입니다. 그러면 선생님은 '왜 그렇게 보이는지', '왜 그렇게 생각하는지'를 물어봐야 합니다. '따뜻해 보인다', '따뜻한 것 같다'에 대해서 '왜 따뜻하게 보이느냐', '무엇이 따뜻하게 보이도록 만들었을까'와 같이 물어볼 수 있습니다.

학생들은 이중섭의 「흰 소」와 피카소의 「황소」 그림을 보고 꽤 많이 '소가 화났다'거나 '소가 무서워 보인다'라는 관찰을 많이 씁니다. 앞서 했던 선생님과의 관찰 방식이 어렵고 익숙하지 않은 것입니다. 이런 관찰 내용은 뒤의 3차시에서 나올 가치 판단 과정과 토론 과정에서 꼭 나오게 되는 내용들입니다. 교사는 학생들의 작품에 대한 첫 인상을 수용해 주고, 거기서 더 나아가 '왜 그렇게 보이는지'를 학생들이 파악할 수 있도록 도와줘야 합니다. 학생들이 자신의 감정과 느낌을 말할 때, 그림 속에 있는 사람이나 물체 등을 주어로 하고 그것이 어떻다는 것을 서술어로 해서 말하게 하면 좋습니다. 이는 토론에서 주장 다음에 이유와 근거를 말할 때와 비슷합니다. '무서워 보인다'는 이유이고, '왜 그러게 보이는지'는 근거입니다. 주어와 서술어 형식에 맞게 문장 만들기를 하되, 내가 관찰한 내용으로 해야 하며 그림을 '읽는' 진술 내용을 쓰도록 합니다.

예

그림1 _ 「흰 소」(이중섭)	그림2 _ 「황소」(피카소)
- 소가 화난 것 같다. 앞다리를 들고 덤벼들려고 한다. - 소의 뼈를 흰색으로 칠해서 강해 보인다. - 소 그림이 특이하다. 뼈만 그렸기 때문이다. - 작품의 느낌이 거칠거칠할 것 같다.	- 소가 각이 져 보인다. 주로 직선으로 그려져서 그런 것 같다. - 조각으로 만든 소이다. 소 몸에 선들이 그어져 있다. - 소가 멋져 보인다. 온몸에 철갑을 쓴 거 같다.
그림3 _ 「후식이 있는 붉은 식탁」(마티스)	그림4 _ 「그랑자트 섬의 일요일 오후」(쇠라)
- 화가가 빨간색을 좋아하는 것 같다. - 여자가 뭔가를 먹으려고 하고 있다. - 사람이 술에 취해서 쓰러져 있는 것 같다. 식탁에 음식들이 널려 있고 술병도 있기 때문이다.	- 평화로운 공원이다. 사람들이 가만히 있어서 그렇게 보인다. - 사람들이 쉬고 있다. 누워 있고, 앉아 있다. - 사람들이 공원에 와 있는 것이 보기 좋다.

활동 2 모서리 토론하며 선택한 그림에 대한 감상 나누기

❖ 지금부터 모서리 토론을 해 봅시다. 여러분이 관찰한 그림 4장이 교실의 모서리 네 곳에 붙어 있어요. 지금부터는 내가 가장 마음에 드는 그림이 있는 모서리로 갑니다. 같은 모서리에 모인 사람들과 그 그림에 대한 설명과 그에 대한 감상을 함께 글로 씁니다. 글이 정리되면, 다른 모서리의 모둠원들과 그림에 대해 토론해 봅니다.

모서리 토론

자신이 원하거나 좋아하는 모서리(선택지)를 선택하여 그 모서리에 같이 모인 학생들과 자신들의 선택에 대해 이야기를 나눈 뒤, 다른 모서리를 선택한 사람들과 서로 토론하는 참여형 의사소통 방법이다.

> 모서리 토론에 대한 설명은 책 233~237쪽에 자세하게 나와 있습니다.

그림1 _「흰 소」(이중섭)	그림2 _「황소」(피카소)
황소 뼈가 흰색으로 칠해져 있습니다. 흰색 선 때문에 마른 것 같지만, 몸집이 있어 보입니다. 코에 콧김인지 수염인지 잘 모르겠지만 숨을 거칠게 쉬고 있는 느낌을 줍니다. 그리고 앞발을 들고 있어서 금방 달려들 것처럼 보입니다. 그래서 화가 난 것처럼 보이기도 합니다. 이렇듯 이 그림은 힘찬 황소의 모습을 표현했습니다. 작가가 황소처럼 자신도 힘이 세지고 싶어 했거나, 황소의 기운을 느끼고 싶었던 거 같습니다.	소가 가만히 서 있는데, 철갑을 쓴 것처럼 보입니다. 왜냐하면 색은 없고 연필로만 그렸기 때문입니다. 그래서 힘도 세 보이고, 뿔도 날카롭게 보입니다. 선으로만 표현해서 그런지 가만히 서 있는데도 좀 무섭게 느껴지는 그림입니다. 건드리면 화를 낼 것 같습니다. 한편, 다양한 색깔이 없어서 좀 아쉽지만, 멋지고 늠름하게 소를 표현한 것 같습니다.
그림3 _「붉은 식탁」(마티스)	그림4 _「그랑자트 섬의 일요일 오후」(쇠라)
식탁에서 음식을 먹고 있는지 준비하고 있는지 잘 모르겠지만, 잔치가 있을 것으로 예상됩니다. 식탁 위에 과일과 그릇들이 있기 때문입니다. 그리고 방 안은 온통 붉은색인데, 집 밖은 차가운 색이라서 분위기가 신비합니다. 잔치의 분위기를 내려고 일부러 특이하게 그린 것 같습니다.	공원에 있는 사람들의 모습이 평화로워 보입니다. 연하고 밝은 색을 사용했기 때문에 따뜻한 느낌이 많이 듭니다. 햇빛이 비추고 있구요. 아이들이 노는 모습이 보이고, 몇몇 동물들도 놀고 있습니다. 강 위에 배도 떠 있고 그 배를 차분히 구경하는 사람들의 모습이 보입니다. 우리도 저 공원에 놀러 가서 같이 놀거나 쉬고 싶다는 생각이 들었습니다.

❖ 각 그림의 감상 글을 서로 읽어 보고 다른 모서리의 모둠원들과 그림에 대해 토론하며 더 깊은 이야기를 나눠 봤어요. 다른 모둠의 감상 글을 들으면서 마음에 드는 그림이 바뀐 사람들이 있나요? 그 사람들은 그 그림이 있는 모서리로 자리를 옮겨 봅시다.

❖ 마음에 드는 그림이 바뀐 이유는 무엇인가요?
- 「흰 소」모서리 친구들의 설명을 들어 보니까 소가 더 멋있어 보였어요.
- 「붉은 식탁」은 이상하게만 보였는데 잔치가 있을 것으로 생각하고 보니 재미있었어요.
- 친구들의 그림 감상을 듣고나니, 제가 생각한 그림 해석과는 달랐지만 그림이 더 잘 이해됐어요.

 마무리하기 ···

❖ 그림을 자세히 관찰하고 그 관찰 내용을 붙임 쪽지에 써 봤어요. 그리고 친구들과 그것을 나눠 봤는데요. 어땠나요?
- 친구들이 그림을 설명해 줄 때, 마치 미술관에서 설명을 듣는 기분이었어요.
- 그림을 자세히 관찰하는 게 어떤 것인지 알 수 있었어요.

❖ 다음 시간에는 그림을 관찰하고 그 감상을 표현하는 데 도움을 줄 수 있는 말들을 배워 봅시다.

2차시

미술 용어 알기
- 미술 용어 알아보기
- 미술 용어로 자신의 감상 다시 써 보기
- 감상지 발표하고 이야기 나누기

 생각 열기 ···

❖ 지난 시간에 네 개의 작품을 자세히 관찰하고 친구들과 이야기 나눴었지요. 오늘은 그림을 감상하는 데에 도움이 되는 말들에 대해 배워 봅시다.

❖ 선생님이 보여 주는 다음 글자들을 조합하여 미술 시간에 들어 본 적 있는 단어들을 만들어 봅시다.

				채		체	양	원	
동									
	감	일			례	도			
			점			운		비	색
		근		질				세	
칭			대		명		입		통

– 채도요.

– 대칭이요.

– 입체요.

❖ 네, 잘 만들어 주었습니다. 오늘은 작품 감상에 필요한 용어들에는 어떤 것들이 있는지 살펴보고, 그 용어들을 이용해서 작품에 대한 감상을 표현해 보는 활동을 해 보겠습니다.

 생각 펼치기 ···

활동 1 **미술 용어 알아보기**

❖ (지난 시간 칠판에 붙였던 붙임 쪽지들을 비슷한 내용의 조형 요소(원리)로 교사가 분류한 뒤 실물 화상기로 보여 주며) 여러분이 쓴 관찰 내용은 모두가 이해할 수 있도록 다른 말로 바꿀 수 있어요. 그 다른 말은 바로 미술 용어들이죠. 어떤 말들이 있는지 칠판에 붙여 볼게요.

❖ 미술 용어는 왜 사용해야 할까요?

사람마다 그림에 대한 감상과 생각이 다른데, 미술 용어를 사용하면 더 쉽게 그 생각을 설명하고 이해할 수 있어요.

❖ 그럼, 여러분이 적었던 붙임 쪽지의 내용을 다시 한번 살펴볼까요?

작품의 느낌이 거칠거칠할 것 같다.   화가가 빨간색을 좋아하는 것 같다.

❖ '작품 느낌이 거칠거칠할 것 같다'. 무엇의 느낌이 거칠다고 생각됐을까요?

붓으로 칠한 물감이요.

❖ 붓질이 거칠고 그림 표면이 거칠다는 거군요. 표면이 거칠다고 할 때, 그 느낌을 표현하는 말로 뭐가 있을까요? 위의 미술 용어들에서 찾아봅시다.

질감이요.

❖ 그러면 이렇게 고쳐 써 봅시다.

'작품 느낌이 거칠거칠할 것 같다. → 붓질이 거칠다. → 그림 표면이 거칠다. → 질감이 거칠다.'

❖ 질감의 더 구체적인 뜻을 알아봅시다.

질감(質感, texture): 모든 물체는 제각기 다른 재질을 가지고 있다. 따라서 그 물체의 표면이 주는 느낌도 각각 다른데, 질감은 물체의 표면에서 느껴지는 딱딱하다, 부드럽다, 까칠까칠하다, 매끄럽다 등의 시각적·촉각적 느낌을 말하며, 그 물체를 구성하는 물질의 특성을 반영하기도 한다. 회화에서의 질감 표현은 터치의 강약과 색의 농담 등으로 가능하다.

❖ 왜 화가가 빨간색을 좋아할 거라고 생각했나요?

　빨간색을 많이 써서요.

❖ 그러면 이 말을 선생님이 '붉은색이 많다'라고 고쳐도 될까요? 또 많다는 말을 진하다고 표현해도 될까요?

　그래도 돼요. 정말 진하니까요.

❖ 색의 진하기를 가리키는 말이 무엇일까요? '채도'예요. '채도 대비'라는 말을 미술책에서 봤었죠?

> 채도: 채도(彩度)는 색상, 명도와 함께 색의 주요한 세 가지 속성 중의 하나이다. 색이 선명할수록 채도가 높다고 말하며 회색이나 흰색 또는 검정과 같은 무채색에 가까울수록 채도가 낮다고 말한다.

❖ 그럼 다음과 같이 바꿀 수 있겠네요.

> '빨간색을 좋아하는 것 같다. → 붉은색이 많다. → 붉은색이 매우 짙다. → 붉은색 채도가 높다.'

이렇게 할 수 있어요

　학생들 중에 단어의 뜻을 알고 있는 학생이 있을 수도 있으니, 서로 묻고 답하거나 또는 사전을 찾아 가며 학습지에 기록하면서 미술 용어의 뜻을 함께 알아 가게 하는 것도 좋습니다. 교사가 각 낱말의 뜻을 찾아 놓았다가 제시해 주는 것도 가능합니다. 교사의 뜻 제시가 더 유용할지 학생들이 직관적으로 알고 있는 뜻을 발표하는 것이 더 좋은지는 교사가 교실 상황에 맞게 판단할 수 있습니다.

활동 2 미술 용어로 자신의 감상 다시 써 보기

❖ 이제부터는 선생님이 나눠 주는 학습지를 작성해 볼게요. 1번 질문에 대한 답을 쓸 때는 저번 시간 붙임 쪽지에 썼던 내용을 떠올리면서 써 보도록 해요. 2번은 스스로 써 보아도 좋고, 친구와 상의해서 써도 좋아요. 미술 용어의 뜻을 잘 모르겠으면 선생님께 질문을 해도 좋습니다. 4번 질문에 대한 답을 쓸 때에는 이 작품을 좋아하는지 아니면 싫어하는지 아니면 그냥 그런지에 대해 쓰되, 1과 2에서 쓴 내용을 근거로 들어서 씁니다.

> " 학생들 개개인이 각자가 쓴 붙임 쪽지의 내용을 미술 용어로 바꾸어 쓸 수 있다면 좋겠지만, 학생들이 스스로 할 수 없는 수준이라면 교사가 실물 화상기 등으로 분류된 붙임 쪽지의 내용을 보여 주며 미술 용어로 바꾸는 작업을 다 같이 할 수도 있습니다. "

 미술 감상 학습지

○학년 ○반 ○번 이름: ○○○

미술 작품 감상 내용	이중섭의 「흰 소」	피카소의 「황소」	마티스의 「붉은 식탁」	쇠라의 「그랑자트 섬의 일요일 오후」
1. 우리가 관찰한 것은?(작품을 있는 그대로 본 것)	뼈가 보인다. 소가 화났다. 달려들 것 같다. 거칠거칠할 것 같다.	소의 뿔이 날카로워 보인다. 소가 각져 보인다.	사람이 쓰러져 있는 것 같다. 책상 위에 의자가 놓여 있는 거 같다.	사람들 얼굴에 표정이 없는 것 같다. 공원의 모습이 평화로워 보인다.
2. 1번을 미술 용어를 사용해 구체적으로 다시 써 보면?	붓질이 거칠어서 질감이 거칠다. 명암으로 소의 움직임을 표현했다.	황소의 형태를 선과 면으로 표현했다. 황소의 색을 명암으로 표현했다.	식탁보와 벽의 색이 똑같이 붉다. 그래서 평면으로 보인다.	점으로 표현했다. 색의 채도, 명도가 편안한 느낌을 준다. 멀리 있는 사람들과 가까이 있는 사람들을 원근감 있게 표현했다.

3. 그림이 어떻게 보이나요?	소가 생생하다. 명암을 잘 표현하고 붓질을 거칠게 했기 때문이다.	소가 멋있어 보인다. 선과 면으로 표현했는데, 덩치가 크고 힘이 있어 보인다.	과일이 배경과 대비되어 두드러져서 맛있어 보인다.	분위기가 평화롭고 맑아 보인다.
4. 작품에 대한 내 생각은?	화가가 붓질을 정말 신중하게 한 것 같다.	화가가 면과 선을 잘 표현했다.	원래는 입체적이지만 그렇게 그리지 않아서 신기하다.	점으로 표현하느라 화가가 힘들었을 것 같다.

활동 3 감상지 발표하고 이야기 나누기

❖ 여러분들이 쓴 관찰과 느낌들을 미적 요소 즉, 미술 용어를 사용해서 다시 써 봤어요. 감상 학습지에 쓴 내용을 발표해 봅시다.

- 공원에 멀리 있는 사람은 작게, 가까이 있는 사람은 크게 그려서 원근감을 표현했어요.

- 황소의 몸을 선과 면으로 표현해서 딱딱한 느낌이 들어요.

- 집 안의 벽지 색깔과 식탁보 색이 똑같아서 그림에 공간감이 없고 평면으로 보여요.

❖ 다른 친구의 감상을 듣고 어떤 생각이 들었는지 이야기해 봅시다.

- 저랑 비슷하게 감상한 걸 듣고 신기했어요.

- 제가 본 것과 다른 감상을 듣고, 같은 그림을 다양하게 볼 수도 있겠다는 생각이 들어요.

- 저도 느낀 것을 친구가 다른 말로 설명하니까 재밌어요.

 마무리하기 ···

❖ 지금까지 여러 미술 용어들을 알아보고, 그 용어들을 사용해서 자신만의 감상을 글로 써 봤어요. 오늘 수업을 하고 난 소감을 짧게 이야기해 봅시다.

- 미술 시간에는 주로 만들기나 그리기를 하는데 오늘은 달라서 흥미로웠어요.

- 똑같은 그림이 시나 이야기처럼 다르게도 읽힌다는 걸 알게 됐어요.

- 작품으로 감상한 그림들을 나도 한번 그려 보고 싶다는 생각이 들었어요.

❖ 오늘은 미술 용어를 활용해서 미술 작품의 내용과 형식을 설명해 보고 다른 이와 감상을 공유하는 경험을 했어요. 미술 작품에 대한 자신의 감상을 보다 잘 설명할 수 있게 되고 다른 이의 감상을 더 깊이 있게 이해할 수 있게 되었길 바랍니다. 다음 시간에는 미술 작품을 감상하고 그 작품의 가치에 대해 토론을 하면서 보다 적극적으로 의견을 나누는 시간을 갖겠습니다.

3차시 비평하며 토론하기
· 작품 감상과 입안문 쓰기
· 토론하고 가치 매기기

 생각 열기 ···

❖ 다음 그림을 본 적이 있나요? 그림 속에 있는 것을 말해도 좋고 그림을 보고 든 느낌과 생각
을 말해도 좋아요. 지난 시간에 작품을 감상할 때 했던 것처럼 자유롭게 말해 봅시다.

피카소(Pablo Picasso, 1881~1973)는 입체주의를 창안한 예술가입니다. 그는 입체적으로 여러 방향에서 본 모습을 평면으로 한 화면에 구성해 표현습니다. 이 작품은 자신의 딸을 그린 것으로 얼굴의 앞모습과 옆모습이 한눈에 보이도록 그린 것이 특징입니다.

– 「인형을 든 마야」(피카소)

- 그림에 여러 가지 색을 써서 화려한 느낌이 들어요.
- 여자 어린이가 인형을 들고 앉아 있어요.
- 얼굴의 모습이 좀 이상해 보여요. 왜 그렇게 그렸는지 작가에게 물어보고 싶어요.

 생각 펼치기 ···

활동1 **작품 감상과 입안문 쓰기**
❖ 작품을 보고 관찰한 것, 내 생각과 느낌을 미술 용어를 사용해서 발표해 봅시다.
- 잘 못 그린 그림 같아요. 눈의 위치가 대칭이 아니에요.
- 화가의 딸은 아팠던 것 같아요. 피부색이 파란색이라 차가운 느낌이 들어요. 창백
한 느낌이에요.
- '마야는 그림이 마음에 들었을까?', '잘 그린다는 것이 뭘까?'라는 생각이 들었
어요.

– '보이는 대로 그려야 잘 그린 그림일까?', '화가가 유명하니까 다 좋은 그림인가?'
라는 생각도 들어요.

❖ 감상은 평가이기도 해요. 작품이 어떻게 보이나요? 「인형을 든 마야」 그림을 한 문장으로 평
가한다면 뭐라고 할 수 있을까요? 작품에 대한 자신의 생각을 말해 봅시다.

– 「인형을 든 마야」는 잘 못 그린 그림이에요.

– 피카소는 다른 사람들이 못 보는 걸 그리려고 한 것 같아요.

– 「인형을 든 마야」는 훌륭한 작품입니다.

❖ 「인형을 든 마야」에 대한 평가가 긍정적인 것과 부정적인 것으로 엇갈리네요. 그럼 아래와 같
은 논제로 토론을 진행하면서 작품에 대해 더 깊이 비평해 볼까요?

> **「인형을 든 마야」는 훌륭한 작품이다.**

❖ 위 논제에 대한 찬성과 반대의 근거를 함께 생각해 볼까요?

찬성 근거	반대 근거
– 훌륭한 화가의 작품이다. – 입체주의를 잘 나타낸다.	– 형태가 왜곡됐다. – 색감이 조화롭지 않다.

❖ 비평가가 되어, 한 가지 입장에서 자신의 입안문을 써 봅시다.

찬성	반대
저는 「인형을 든 마야」는 훌륭한 작품이라고 생각합니다. 왜냐하면 첫째, 피카소의 그림이기 때문입니다. 피카소는 주로 프랑스에서 활동한 예술가로 20세기를 대표하는 서양화가입니다. 그는 입체주의라는 미술의 새로운 흐름을 개척했고 평화 운동 등 사회적 활동에도 많이 참여한 예술가이기에 그가 그린 그림은 인류가 감상할 만한 가치가 있는 훌륭한 그림입니다. 둘째, 이 작품은 미술사의 중요한 한 흐름인 입체주의를 잘 보여 줍니다. 입체주의는 여러 방향에서 본 사물의 모습을 평면으로 한 화면에 구성한 것입니다. 팔과 다리, 눈과 코 등의 위치가 대칭적이지 않은 이유가 바로 그것입니다. 마야의 모습을 빠짐없이 모두 그림에 담고 싶었던 화가가 딸을 얼마나 사랑했는지를 보여 주는 훌륭한 그림입니다. 그래서 저는 「인형을 든 마야」는 훌륭한 작품이라고 생각합니다.	저는 피카소의 그림 「인형을 든 마야」는 훌륭한 작품이 아니라고 생각합니다. 왜냐하면 첫째, 마야의 실제 모습과 달리 형태를 다르게 그렸기 때문입니다. 마야의 눈은 비대칭이며 코와 입술의 위치 또한 눈의 위치와 조화롭지 못합니다. 다리의 위치나 모양도 이상합니다. 오히려 마야가 안고 있는 인형의 모습이 우리가 아는 사람의 모습과 비슷합니다. 이 그림은 마야의 모습을 자연스럽지 않게, 실제와 다르게 왜곡시켜서 표현했기에 이상한 그림입니다. 둘째, 색감이 조화롭지 못하기 때문입니다. 마야의 피부색은 파란색, 남색 계열이라 차가운 느낌이 듭니다. 머리칼은 연두색이고, 마야의 옷 색깔은 보랏빛을 띕니다. 짙은 보라색과 마야의 남색 피부색은 차갑고 어두운 느낌을 줍니다. 인형을 들고 있는 아이의 이미지와 맞지 않는 색깔들입니다. 그래서 저는 「인형을 든 마야」는 훌륭한 작품이 아니라고 생각합니다.

활동 2 **토론하고 가치 매기기**

❖ 교실 바닥 가운데에 양편을 나누는 긴 선이 있습니다. 이 선의 왼쪽은 훌륭하다는 편(찬성)이
고 오른쪽은 훌륭하지 않다는 편(반대)입니다. 각자 자신의 입장에 따라 자리해 봅시다.

❖ 그럼 이제 전체 토론을 해 봅시다. 지금부터 각 편에서는 토의를 해서 입안문을 정리하고 발
표자를 정합니다.

	찬성	반대
1	주장 펼치기 - 1분	
2		반대가 질문하고 찬성이 답하기 - 2분
3		주장 펼치기 - 1분
4	찬성이 질문하고 반대가 답하기 - 1분	
5	서로 질문하고 답하기 - 4분	

❖ 피카소의 작품 「인형을 든 마야」에 대해 비평하며 토론해 보았습니다. 만일 여러분이 이 작품
의 가치를 정한다면 그 가치는 어느 정도 일까요? 100점이 만점이라면 몇 점을 줄 것인지와
그 이유를 발표해 봅시다.

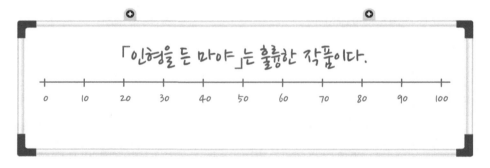

- 저는 90점을 줄 것입니다. 피카소는 위대한 화가이고 「인형을
든 마야」를 포함해서 그의 그림들은 생각해 볼 만한 가치가 있기
때문입니다.
- 저는 45점이에요. 아무리 유명한 화가라지만 작품은 그 작품 자
체로 평가받아야 할 것 같아요.
- 저는 70점이요. 피카소의 입체주의가 무엇인지 알게 됐는데, 이
그림도 그걸 보여 주기 때문이에요.

붙임 쪽지에 자신이 주는 점
수와 그 점수를 준 이유를
쓰고, 칠판의 가치 수직선
점수에 맞게 붙임 쪽지를 붙
이게 합니다. 가치 수직선을
점수로 생각해도 되고, 자신
이 이 그림을 구입한다고 가
정할 때 그 가격으로 제시하
여 흥미를 유발할 수도 있습
니다.

❖ 이번 시간에는 「인형을 든 마야」에 대해 비평하며 토론하고, 그 가치도 각자 매겨 보았습니다. 오늘 느꼈던 점을 자유롭게 발표해 봅시다.

- 토론을 하면서 상대편을 설득하기 위해 더 구체적인 근거를 찾게 되고, 그러다 보니 그냥 저만의 감상을 이야기할 때보다 작품을 더 자세히 관찰하고 감상할 수 있었던 것 같아요.

- 내가 관찰한 것이나 감상한 내용을 말할 때 이왕이면 미술 용어를 사용해서 말하는 것이 상대방과 의사소통하기 더 편하다는 걸 느꼈어요.

- 단순히 뭔가 이상하다라고만 생각했는데 같은 편인 친구들과 근거를 찾기 위해 의견을 나누다 보니 내가 이상하다고 느꼈던 이유가 무엇인지, 그리고 그 이상한 느낌을 더 정확하게 뭐라고 표현할 수 있는지 알게 돼서 재밌고 신기했어요.

❖ 네, 선생님도 여러분이 적극적으로 자신의 감상을 이야기하고 또 서로 이야기하면서 몰랐던 점도 알아 가는 과정을 지켜보며 흐뭇했습니다.

❖ 요즘은 꼭 미술관에 가지 않아도 쉽게 미술 작품들을 접할 기회가 많습니다. 또한 꼭 명작이 아니더라도 친구들이 미술 시간에 만든 작품들에 대해서도 감상을 이야기할 수 있습니다.

❖ 여러분이 앞으로도 미술 작품을 다양하게 접하고 감상을 정리하는 습관을 생활화하면 좋겠습니다. 또한 자신의 감상을 이야기할 때 근거를 들어 자신 있게 이야기하는 태도와 다른 이의 감상을 들을 때 다양성을 존중하는 태도를 잊지 않기를 바랍니다.

이럴 땐 이렇게

Q **수업 전 미술 작품에 대해 교사가 어느 정도로 공부해야 할까요?**

A 교사는 자신이 하고자 하는 미술 수업을 위해 작품을 선택합니다. 도서관이나 서점에 가서 도록들이나 예술가들에 관한 책을 찾아보는 것이 가장 도움이 됩니다. 그런 다음 자신이 알고 있는 예술가와 그 작품들에 관해 인터넷으로 검색합니다. 교사가 하고자 하는 수업만큼만 작품에 대해 공부하면 됩니다. 교사도 아이들과 함께 배웁니다. 아이들을 이끌어 갈 방향을 구상하다 보면, 자연스레 미술 작품과 작가 등에 대해 공부하게 됩니다.

Q **미술 작품 감상 수업을 위해 그림 제재를 출력할 때 활용할 수 있는 웹사이트 등이 있나요? 그림을 수업에 활용할 때 저작권과 관련해서 유의할 점도 알려 주세요.**

A 미술 작품과 관련하여 개인 블로그나 여러 학술 단체(그 예술가가 속한 나라의 미술관이나 박물관 등)의 누리집에 아주 다양한 작품 사진들이 실려 있습니다. 수업에 필요한 작품(회화, 조각, 건축물 등)이 정해졌다면, 인터넷으로 이미지 검색을 해 보는 것도 좋습니다. 사진이나 그림을 내려받아 수업에 활용하실 때는 특별한 저작권 허가 절차가 필요하지 않습니다. 다만, 수업 시간에 '공교육'을 위해 사용해야 한다는 전제가 있습니다. 한편 작품을 출력할 때 유의할 점은 내려받은 파일은 전기 신호로 저장된 이미지 파일이기 때문에 출력한 그림이 최대한 실제 작품의 색과 비슷한지를 고려하시는 게 좋습니다. 보는 이에 따라 다르겠지만, 미술관에 가서 본 그림의 색은 푸른빛이었는데, 학교에서 출력한 인쇄물은 보랏빛으로 나올 수도 있기 때문입니다.

시각 문화와 이미지 활용하기

☑ 성취 기준

[4미01-03] 생활 속에서 다양하게 활용되고 있는 미술을 발견할 수 있다.

[6미01-03] 이미지가 나타내는 의미를 찾을 수 있다.

[6미01-04] 이미지를 활용하여 자신의 느낌과 생각을 전달할 수 있다.

☑ 수업의 흐름

1차시 시각 문화 알기	···▶	• 시각 문화의 개념 이해하기 • 시각 문화 자세히 알아보기
2차시 픽토그램 이해하고 찾기	···▶	• 픽토그램 이해하기 • 우리 학교에서 픽토그램 찾기
3차시 우리 학교 시각 문화에 대해 토론하기	···▶	• 논제 만들기와 논제 분석하기 • 토론하기

☑ 수업의 주안점

이 주제에서는 우리 주변에 있는 다양한 시각 문화의 소통 방식을 이해하고, 시각 이미지를 활용하여 자기 생각을 전달하는 능력을 기르는 데 주안점을 둔다. '시각 문화'란 회화, 조각, 공예, 디자인 등과 같은 순수 미술뿐만 아니라 사진, 영화, 광고, 건축 등 일상생활 속의 모든 시각적인 문화 현상을 포괄하여 지칭한다. 학생들이 시각 문화에 담긴 의미를 이해하고 비판적으로 사고하여 이미지 문해력을 키움과 동시에 다양한 시각 문화로 소통하는 능력을 기를 수 있도록 한다.

미술 교과서에서는 넓은 범주의 공공 미술로 포스터 디자인, 픽토그램, 이모티콘 등을 다루고 학교나 거리의 공간 만들기, 상징 마크 제작 등의 활동을 제시하고 있다. 여기에서는 픽토그램을 활용하여 시각 문화의 의미를 이해하고 비판적으로 사고하는 활동으로 내용을 구성하고 있으나, 각 학교 현장에 알맞은 다양한 변형과 응용이 필요할 것이다.

이 주제에서 제시되는 일련의 활동을 통해 학생들이 자신의 생활 속에서 미술을 발견하고 의미를 해석하며 비판해 보는 능력을 기르고, 미술을 이용하여 생활 주변 환경과 의식을 바꿀 수 있다는 것을 이해할 수 있도록 한다.

생각 열기 ··

❖ 다음을 보고 이모티콘이 있는 것과 없는 것에 어떤 차이가 있는지 말해 볼까요?

          안녕하세요.   안녕하세요.^-^

- 분위기가 전혀 달라져요.
- 이모티콘이 더 좋은 느낌을 주는 것 같아요.
- 왼쪽 것은 딱딱한 느낌인데, 오른쪽 것은 기분이 좋아요.

❖ 이렇게 어떤 의미나 의도를 갖고 있는 그림이나 여러 시각 이미지 등을 시각 문화라고 해요.
  광고 게시물이나 시설물 등도 시각 문화에 포함된다고 볼 수 있어요.

❖ 오늘은 시각 문화에 대해 알아보는 시간을 갖겠습니다.

 생각 펼치기 ··

활동1 **시각 문화의 개념 이해하기**

    ❖ 시각 문화에 대해 더 자세히 알아봅시다. 다음 사진들 속에는 어떤 시각 문화가 있나요?

- 가로수의 나무 모양이 사각형이에요.
- 정류장 도로 바닥에 '버스'라는 글자가 있어요.
- '어린이 보호 구역'이라는 안내 표지판이 있어요.
- 학교 가는 길의 바닥 색깔을 다르게 해 놨어요.

❖ 이 밖에도 우리 주변에는 여러 가지 시각 문화가 있어요. 어떤 것들이 있을까요?
- 길거리 벽에 그려진 아름다운 벽화요.
- 신호등이랑 도로 표지판도 시각 문화 같아요.
- 예쁘게 생긴 간판들도 시각 문화지요?
- 텔레비전에 나오는 광고도 시각 문화겠네요.

시각 문화

　　문화적 생각이나 가치를 가지고 만들어진 모든 시각적 인공물을 가리킨다. 회화, 공예, 조각, 디자인 등과 같은 기존의 전통적인 개념에서의 미술 문화뿐만 아니라 일상생활 속의 모든 시각적인 문화 현상들을 포괄하는 개념이다.

❖ 다음 사진들 속의 시각 문화를 자세히 살펴봅시다.

- 출처: 대구대학교 제공

❖ 사진 속의 시각 문화들을 보면 어떤 생각이 떠오르나요?
- ①: 이것은 뭘까? 왜 L자로 선을 그렸을까?
- ②: 횡단보도와 사람이 공중에 떠 있는 것 같다.
- ③: 이 길을 직접 걸으면 정조 대왕님이 생각날 것 같다.
- ④: 꽃이 심어진 쓰레기통이 신기하다.

❖ 각 시각 문화는 어떤 의미를 전달하고 있나요?
- ①: 사람들이 통행에 방해되지 않게 줄을 서게 하고 싶은 마음이요.
- ②: 횡단보도 그림을 좀 더 입체적으로 그려서 차들이 더 잘 멈추게 하려고 했어요.
- ③: 위대한 정조 대왕을 기억하라는 것 같아요.
- ④: 담배꽁초 같은 쓰레기를 화분 위에 버리지 않게 하려는 의도가 있는 것 같아요.

❖ 시각 문화가 바람직하게 만들어졌나요?
- ①: 네. 사람들이 줄을 설 때 길을 가로막지 않고 잘 설 것 같아요.
- ②: 네. 자동차가 빨리 가다가 횡단보도에 걸릴까 봐 천천히 가서 사고가 일어나지
  않을 거예요.
- ③: 네. 정조 대왕님을 잠시나마 생각할 수 있는 시간이 될 수 있어요.
- ④: 아니요. 쓰레기통 위에 있는 꽃이 불쌍해요. 쓰레기 냄새가 꽃을 죽일 수도 있어요.

< 사진 속의 시각 문화를 살펴보고 질문에 답해봅시다. > 모둠원 이름:

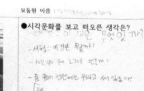

●시각문화를 보고 떠오른 생각은?
이 그림을 이 그린 목적은 무엇일까?
- 서현 : 이것은 뭘까?
- 서진 : 왜 큰게 느낌과 만든가?
- 흘 끝에 검은색으로 뭐라고 써 있을까?
- 규민

■바람직하게 만들어졌나요?
- 서준 : 네, 왜냐하면 물 먹으 가기편하니 써져 있어 때문입니다.
- 서현 : 그런데, 왜냐하면 사람들이 글씨를 잘 읽을 수 있기 때문입니다.
- 태건 : 네, 왜 나+중+무면 앞 안보기 쉽기때문 입니다.
- 규민 : 네 2개나하면 어느 방향을 단서 규민 길어가 편합니다. (이현)

◆어떤 의미를 전달하고 있나요?
- 버튼 사람들에게 더잘 어울은 마음
- 규민 편리하게 더잘어 어요런 모양
- 태건 : 횡단 갈 리지 않게 하고싶은 마음
- 서현 : 헷갈리지 않고 싶은마음

< 사진 속의 시각 문화를 살펴보고 질문에 답해봅시다. > 모둠원 이름: 이윤서, 차아현, 정지은

●시각문화를 보고 떠오른 생각은?
사람이 공중에 떠있는 것 같다
· 흰단편도가 입체적으로 되어있어서 건너가 박이 떨어 진것 같다. (아현)
· 횡단보도를 1초대 뻔한 공간도 건히 한 곳만 밝으게 칠해졌다.
횡단보도가 공중에 떠있는 건것 같다

■바람직하게 만들어졌나요?
아니요, 차가 지나가다가 횡단보도가 공중에
떠있는 걸보면 더 조심스럽게 가다가 뒤에
오는 차가 나올수도 있기때문입니다. · 네, 왜냐하면 사람과
운전하는 사람과 지나가는 사람, 보는사람들 한테 큰 흥미를 주는것
같기 때문이다. (아현)
네, 자동차가 빠르다가 횡단보도에 걸릴까봐 천천히갈
시가 일어나서 좋게 만들다.
네, 교통사고를 줄일수 있다.

◆어떤 의미를 전달하고 있나요?
공중에 뜰수있다는것을 전달했다.
· 횡단보도가 입체적이여서 떠보이는 것을 전달하고 있다. (아
· 횡단보도를 이렇게 바꿀수도 있다는 것을 전달하고
있다.
그림을 이렇게 그릴수있었다고 전달 한

< 사진 속의 시각 문화를 살펴보고 질문에 답해봅시다. > 모둠원 이름: 지호, 예형, 맹진

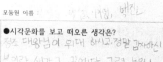

●시각문화를 보고 떠오른 생각은?
정조 대왕님이 위대 하시고 정말 감사한신
분이란 생각가 같이다 그러 보니
보기도 좋다는 생각이 들었다
여기를 가서 직접 걷어보고 싶다
여기를 가서 직접 걷는 면은 정조 대왕님이
생각이 날 것같다.

■바람직하게 만들어졌나요?
네 왜냐하면 정조 대왕님의 흔적이 온
붙어 있어서 한다.
네 왜냐하면 정조대왕님이 이곳에
그려져 있기 때문에, 정조대왕님을 잠시나마
생각할수 있는 시간이 될수 있을 것 같다

◆어떤 의미를 전달하고 있나요?
정조 대왕의 늙음 있는 그림을 보면
서 정범라 늙 의미를 글돌했 눈 건다
뒤따라 정조대왕님을 기다리라는 것 같
정조대왕님의 하신 일들을 생각해 보라는 의미인것
같다

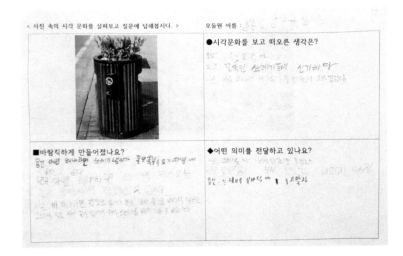

❖ 시각 문화의 공통된 특징은 무엇인가요?

- 문제가 있거나 불편했던 상황들을 해결해서 생활에 도움이 돼요.

- 좀 더 아름답고 보기 좋게 만들었어요.

- 좋은 시각 문화(디자인)는 생활에 긍정적인 영향을 끼쳐요.

> 아이들의 발표를 들으며 시각 문화가 가진 중요한 특징과 역할들을 판서합니다. 아이들의 발표에서 특징과 역할을 끌어낼 수 있도록 발문하는 것이 좋습니다.

이렇게 할 수 있어요

- 모둠 활동으로 위의 질문들에 대해 생각해 보고 답하게 하거나 서클 맵으로 진행해도 좋습니다.

- 각각의 질문에 모든 학생들이 자기 생각을 쓰게 하되, 모둠 내에서 소통이 잘 된다면 한 가지 생각으로 의논해서 쓰게 할 수도 있습니다.

 마무리하기 ··

❖ 오늘 배운 내용을 바탕으로 시각 문화가 무엇인지 공책에 자기 생각을 써 봅시다.

> 예 시각 문화는 우리 생활에 도움이 되도록 편리하고 아름답게 만들어진 시각적 표시들이나 물건들을 가리킨다.

❖ 다음 시간에는 직접 우리 학교와 주변에 있는 시각 문화들을 찾아볼 거예요. 그리고 새로이 만들거나 바꿀 수 있는 시각 문화가 있는지 살펴봅시다.

픽토그램 이해하고 찾기
• 픽토그램 이해하기
• 우리 학교에서 픽토그램 찾기

 생각 열기 ┄┄┄

❖ 다음 사진 속에서 보이는 것들을 전부 말해 볼까요?

– 엘리베이터요. 12층에 멈춰 있어요. 무슨 그림도 보여요.

❖ 사진 속의 그림은 바로 우리가 배웠던 시각 문화에 속해요. 어떤 의미를 전달하나요?
– 장애인 표시는 장애인도 이용할 수 있는 엘리베이터라는 뜻이에요.
– 왼쪽 위에 있는 빨간색 그림은 불과 소방관 모자 그림인데, 불이 나면 엘리베이터
　를 타라는 건가요?
– 불이 나면 엘리베이터에 갇히니까 타지 말라는 뜻 같아요.

❖ 이렇게 단순한 그림과 표시로 생각과 뜻을 전달하는 기호들이 있어요. 이 기호들을 '픽토그
　램'이라고 해요. 이어지는 활동을 하며 픽토그램에 대해 더 자세히 배워 봅시다.

생각 펼치기 ···

활동 1 여러 픽토그램 살펴보기

❖ 다음 픽토그램들을 살펴봅시다. 어떤 의미의 픽토그램들이 있나요?

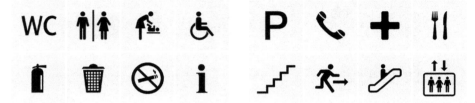

- 소화기, 쓰레기통을 나타내는 그림이 있어요.
- 학교에 있는 화장실 표시와 같은 게 있어요.
- 주차장이랑 비상구 표시도 있어요.

 픽토그램

　무언가 중요한 사항이나 장소를 알리기 위해, 어떤 사람이 보더라도 쉽게 알아볼 수 있고 같은 의미로 통할 수 있는 그림으로 된 언어 체계(그림 문자)를 뜻한다. '그림을 이용한'이라는 뜻의 '픽토리얼(pictorial)'의 '픽토(picto)'와 '전보'를 뜻하는 '텔레그램(telegram)'의 합성어이다.

❖ 픽토그램의 특징은 무엇인가요?
- 흑백으로 되어 있어요.
- 복잡하지 않고 단순하게 표현했어요.
- 사람들 누구나 쉽게 알아보게 만들었어요.

활동 2 우리 학교에서 픽토그램 찾기

❖ 모둠별로 우리 학교 또는 학교 근처에서 픽토그램을 찾아봅시다. 어디에서 찾을 수 있을까요?
- 주차장에서 봤어요.
- 학교 엘리베이터에도 어떤 표시가 있었어요.

❖ 모둠별로 찾은 픽토그램을 보며 자신이 한 생각을 친구들과 나눠 봅시다.

- 화장실 휠체어 그림이랑 주차 구역 휠체어 그림이 달라요.
- 주차 구역 휠체어 그림이 더 활동적으로 보여서 좋아요.
- 장애인 표시랑 주차 표시가 하나로 합쳐졌으면 좋겠어요.
- 어린이 보호 표지판에 있는 여자 그림은 오해가 생길 수 있어요. 여자만 어린이를 보호해야 한다고 생각할 수 있어요.

❖ 여러분이 찾은 픽토그램 중에 가장 바꾸고 싶은 픽토그램은 어느 것인가요?
- 장애인 전용 주차 구역 표시요.
- 어린이 보호 표지판이요.

❖ 어떻게 바꾸는 것이 좋을까요?
- 더 쉽고 빠르게 의미를 이해할 수 있도록 바꿔요.
- 차별한다는 느낌이 들지 않게 공평한 이미지가 되도록 만들어요.
- 색깔이나 모양도 더 좋게 바꿀 수 있어요. 더 보기 좋게요.

 마무리하기 ·····

❖ 시각 문화 중에서 '픽토그램'이란 무엇인지 자기 생각을 발표해 봅시다.
    단순한 그림으로 의미를 정확하게 전달하는 것이요.

❖ 이번 시간에는 픽토그램에 대해 알아보았습니다. 다음 시간에는 토론을 통해 우리 주변의 시각 문화에 대해 비판적으로 생각해 보고, 다양한 시각 문화로 소통하는 능력을 길러 보도록 하겠습니다.

3차시 우리 학교의 시각 문화에 대해 토론하기
- 논제 만들기와 논제 분석
- 토론하기

 생각 열기 ··

❖ 지난 시간에는 우리 학교와 주변에서 픽토그램을 찾아보고, 바뀌어야 할 부분에 대해서 알아 봤어요. 무엇이 바뀌어야 한다고 생각했나요?
    어린이 보호 표지판이요.

❖ 시각 문화를 활용할 때 어떤 점을 생각해 보아야 할까요?
 − 알아보기 쉽게 만들고 오해를 일으키지 말아야 해요.
 − 다른 사람들이 불편하게 느끼지는 않는지 생각해 봐야 해요.

 생각 펼치기 ··

활동1 **논제 만들기와 논제 분석하기**
❖ 모둠에서 '어린이 보호 표지판'을 넣어서 논제를 만들어 봅시다.
 − 어린이 보호 표지판은 필요 없다.
 − 어린이 보호 표지판은 바뀌어야 한다.
 − 어린이 보호 표지판에 남녀노소를 다 넣어야 한다.
 − 어린이 보호 표지판에 남자 어른의 그림도 있어야 한다.

❖ 이번 토론의 논제는 아래와 같이 정합시다.

> **어린이 보호 표지판은 바뀌어야 한다.**

❖ 토론을 할 때에 서로 오해가 생기지 않도록 논제에 대해 함께 생각해 봅시다.

❖ 논제에서 말하는 '어린이 보호 표지판'은 어떤 표지판인가요?
    우리 학교 도로 앞에 있는 표지판이요.

❖ '바뀌어야 한다'는 것은 정확히 무엇을 말하나요?

　다른 그림으로 그리는 거요.

❖ 찬성과 반대의 근거를 함께 생각해 봅시다.

	찬성 근거	반대 근거
	- 어린이를 보호해야 한다는 의미가 명확하게 드러나지 않는다. - 어린이 보호는 여자만의 일이라는 잘못된 인식을 가져올 수 있다.	- 지금 그대로도 사고는 예방될 수 있다. - 표지판을 바꾸려면 돈이 많이 든다.

활동 2 **토론하기**

❖ 각 입장별로 입안문을 작성해 봅시다.

예	찬성	반대
	저는 '어린이 보호 표지판은 바뀌어야 한다.'에 찬성합니다. 　왜냐하면 첫째, 어린이를 보호해야 한다는 의미를 명확하게 드러내고 있지 않기 때문입니다. 제시된 그림은 여자 어른으로 보이는 사람이 어린이의 손을 잡고 이끌고 있는 모습인데, 무언가 위험으로부터 어린이를 보호하는 것처럼 보이지가 않습니다. 오히려 어린이가 급하게 어른의 뒤를 쫓는 것과 같이 보입니다. 　둘째, 어린이 보호는 여자만의 일이라는 잘못된 인식을 가져올 수 있기 때문입니다. 치마를 입은 어른이 바지를 입은 어린이를 보호하는 모습은 어린이 보호의 책임이 여자에게만 있다는 인식을 심어줄 수 있습니다. 특히 표지판은 여기저기에 설치되어 있어 많은 사람들에게 큰 영향을 줄 수 있으므로 주의해야 합니다. 어린이 보호는 모두가 해야 할 일입니다. 이를 고려한 그림으로 바뀌어야 한다고 생각합니다. 　그래서 저는 이 논제에 찬성합니다.	저는 '어린이 보호 표지판은 바뀌어야 한다.'에 반대합니다. 　왜냐하면 첫째, 표지판을 바꾸지 않아도 큰 문제 없이 사고의 예방 효과가 있기 때문입니다. 표지판에는 분명히 큰 사람 그림과 작은 사람 그림이 있는데요, 작은 사람은 어린이를 나타냅니다. 운전자들은 이 표시를 보고 어린이들이 많이 다니는 길이라는 것을 알 수 있도록 이미 학습된 상태입니다. 그래서 속도를 줄이고 안전 운전을 하려고 할 것입니다. 　둘째, 표지판을 바꾸려면 예산이 필요합니다. 이 표지판은 우리 학교뿐 아니라, 어디에나 있는 도로 교통 표지판입니다. 이 표지판을 바꾸려면 돈이 필요합니다. 그리고 그 돈은 아마 큰 액수일 것입니다. 첫 번째 이유에서 밝힌 것처럼 예방 효과가 있는 표지판을 굳이 큰돈을 들여 바꿀 필요는 없다고 생각합니다. 　그래서 저는 이 논제에 반대합니다.

❖ 작성한 입안문을 바탕으로 짝 토론을 해 봅시다.

	찬성	반대
1	주장하기 - 1분	
2		질문하기 - 1분
3		주장하기 - 1분
4	질문하기 - 1분	
5	서로 묻고 답하기 - 3분	

> 짝 토론에 이어서 피엠아이(PMI) 토론(대상의 Plus, Minus, Interesting 즉 장점, 단점, 흥미로운점(새로운 점, 기발한 점)을 생각해 보는 토론)을 활용해 보다 나은 어린이 보호 표지판으로 만드는 표현 활동을 해도 좋습니다.

 ## 마무리하기

❖ 이번 시간에는 어린이 보호 표지판 픽토그램에 대한 논제로 토론을 해 봤습니다. 토론 후 느낀 점을 발표해 봅시다.

- 단순한 그림으로 의미를 정확하게 전달하는 게 힘들다는 생각을 했어요.
- 사람들의 생각이 정말 다른 것 같고, 차별이 아닌 차이를 존중해야 할 거 같아요.
- 저는 처음엔 반대였는데, 찬성으로 마음이 바뀌었어요.

❖ 우리 주변에는 다양한 시각 문화가 있습니다. 여러 가지 시각 문화가 어떤 의미를 지니고 어떤 역할을 하는지 파악하는 것도 중요하지만, 그것들이 본래의 목적에서 벗어나는 부작용을 지니지는 않는지 비판적으로 살피는 태도도 중요하다는 것을 잊지 않기를 바랍니다.

❖ 나아가 우리가 표현하고자 하는 것들을 이미지를 이용해 적절히 표현하여 소통하는 능력을 지닐 수 있도록 꾸준히 노력합시다.

음악이 심신 건강에 미치는 영향 알기

☑ 성취 기준

[6음03-02] 음악이 심신 건강에 미치는 영향에 대해 발표한다.

☑ 수업의 흐름

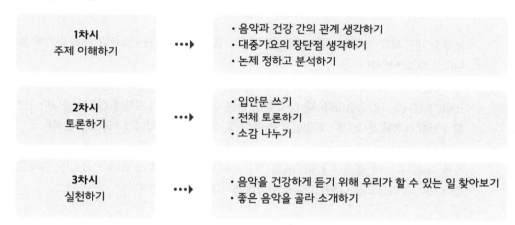

1차시 주제 이해하기	···▶	• 음악과 건강 간의 관계 생각하기 • 대중가요의 장단점 생각하기 • 논제 정하고 분석하기
2차시 토론하기	···▶	• 입안문 쓰기 • 전체 토론하기 • 소감 나누기
3차시 실천하기	···▶	• 음악을 건강하게 듣기 위해 우리가 할 수 있는 일 찾아보기 • 좋은 음악을 골라 소개하기

☑ 수업의 주안점

　요즘 초등학생들이 생활하며 주로 듣는 음악은 대중가요이다. 좋아하는 대중가요를 들으면 스트레스가 풀려 건강에 좋은 영향을 미치기도 한다. 하지만 대중가요의 폭력성이나 선정성이 학생들에게 나쁜 영향을 미치는 것은 아닌지 우려하는 목소리도 크다.

　이 주제에서는 음악이 몸과 마음의 건강에 미치는 영향을 살펴본 뒤 학생들이 좋아하는 대중가요와 관련하여 토론하며 대중가요의 긍정적인 면과 부정적인 면을 생각해 보도록 한다. 학생들이 음악과 건강과의 관련성을 바로 떠올리기는 쉽지 않으므로, 교사가 관련 자료를 제시하여 참고할 수 있도록 하되 자료에 제시된 내용을 넘어선 사고가 이루어질 수 있도록 이끄는 것이 좋다. 대중가요의 긍정적인 면과 부정적인 면을 떠올릴 때에는 학생들의 일상생활과 밀착된 부분이므로 보다 적극적으로 참여하고 구체적인 사례들을 제시하도록 유도한다.

　나아가 토론을 마치고 대중가요의 긍정적인 면을 키우고 부정적인 면을 줄일 수 있는 방법에 대해 이야기함으로써 학생들이 음악을 접할 때 객관적인 시선으로 건강하게 음악을 즐길 수 있도록 하는 데 초점을 맞춘다.

1차시

주제 이해하기
• 음악과 건강 간의 관계 생각하기
• 대중가요의 장단점 생각하기
• 논제 정하고 분석하기

 생각 열기 ....

❖ 눈을 감아 주세요. 자신의 호흡에 집중해 봅니다. 흠~ 들이쉬고 흠~ 내쉬고. 계속 반복해 봅니다. (30초간 반복)

❖ 눈을 떠 봅니다. 네, 좋습니다. 자, 다시 눈을 감아 주세요. 자신의 호흡에 집중해 봅니다. (잔잔한 명상 음악을 튼다.) 흠~ 들이쉬고 흠~ 내쉬고. 계속 반복해 봅니다. (30초간 반복)

❖ 눈을 떠 봅니다. 네, 좋습니다. 마지막입니다. 자신의 호흡에 집중해 봅니다. (신나는 음악을 튼다.) 흠~ 들이쉬고 흠~ 내쉬고. 계속 반복해 봅니다. (30초간 반복)

❖ 호흡을 여러 상황에서 해 봤는데 어땠나요?
 - 신나는 음악을 들으면서 하니까 자꾸 숨을 빨리 쉬고 싶어져요.
 - 잔잔한 음악을 들을 때는 몸이 차분히 가라앉는 느낌이 들었어요.

❖ 이번 시간에는 음악이 심신 건강에 미치는 영향에 대해 알아봅시다.

 생각 펼치기 ....

활동 1 **음악과 건강 간의 관계 생각하기**
 ❖ 음악을 들어서 좋았던 경험이 있나요? 모둠에서 돌아가며 이야기해 보도록 합시다.

 ❖ 모둠에서 나온 이야기들을 정리해서 발표해 봅시다.
 - 마음이 울적할 때 신나는 음악을 듣고 기분이 조금 나아졌다.
 - 마음이 울적할 때 매우 슬픈 음악을 들었는데 위로받는 느낌이었다.
 - 내 마음을 닮은 가사가 담긴 노래를 듣고 위로받았다.
 - 스트레스 받을 때 좋아하는 음악을 듣자 스트레스가 풀렸다.
 - 노래를 따라 부르며 춤을 추는 것이 취미이다.

- 노래방에 가서 즐겁게 놀며 친구와 추억도 만들고 더 친해졌다.
- 우리 엄마는 헬스장에서 달리기할 때 신나는 음악을 들으며 했더니 덜 힘들었다고 하셨다.
- 명상을 할 때 음악을 들으며 하니 마음이 안정되고 스트레스가 풀렸다.

❖ 음악이 여러 효과가 있군요. 특히 마음을 위로하고 힘을 주는 역할을 많이 해 주었네요. 그렇다면 음악이 신체 건강에도 영향을 미칠까요?
- 그럴 것 같아요.
- 치매 예방에도 좋다고 해요.
- 몸이 젊어진다고 들었어요.
- 운동할 때 덜 피곤하대요.

[참고 자료]

현대인은 건강을 유지하기 위해 많은 시간을 운동에 할애한다. 새벽부터 근처 낮은 산에는 운동에 나선 사람들로 북적이고 헬스클럽 러닝머신도 빠르게 걷거나 뛰는 사람들로 가득하다. 구령에 맞춰 에어로빅 동작을 따라 하는 여성들의 모습은 경이롭기까지 하다. 신나는 음악이 울려 퍼지지 않는 에어로빅 강습은 어딘지 모르게 어색하다.

한 시간 정도 음악 없이 러닝머신을 달려본 사람들은 두 배는 힘들게 만드는 지루함을 기억한다. 박수연 경희대 스포츠의학센터 교수와 연구진에 따르면 음악을 들으면서 운동을 하면 쉽게 지치지 않고 운동 후의 만족감도 크다. 심박 수와 혈압 증가 폭이 낮아지고 피로를 느끼게 하는 각종 호르몬도 덜 늘어난다. 일반인이 운동할 때는 맥박 수와 비슷한 분당 120~140비트의 댄스 음악이 도움을 준다고 한다.

한자 '약(藥)'은 음악의 '악(樂)'에 '풀(草)'이 더해진 글자이다. 동서고금을 막론하고 음악은 인간 육체와 정신을 치유해 왔다. 전장에서 울리는 북소리는 아군의 사기를 돋우고 적군에게는 간담이 서늘해지는 공포를 전하기도 했다.

우리 고유 5음계는 '궁상각치우'다. 이 중 '궁'은 온화하고 부드러운 기운을 지녀 비위를 튼튼하게 한다. '상'은 금관 악기의 맑고 선명한 소리로 폐와 대장에 이롭다. '각'은 목관 악기의 소리로 간을 건강하게 한다. '치'는 기쁨을 담은 음조로 심장을, '우'는 물의 특성을 지녀 신장을 튼튼하게 한다고 한다. 조선을 대표하는 학자 퇴계 이황은 70세까지 살며 당시로서는 장수했다. 그가 저술한 건강 수련법 '활인심방'은 특정한 소리를 노래처럼 큰 소리로 일정하게 내뱉는 일만으로도 건강을 유지할 수 있다고 전한다. 취, 휘, 휴, 하, 스 같은 단어를 노래하듯 소리 내는 게 이황식 건강법이다. 여름에는 '하-'라는 소리를 내는 것만으로도 심신이 안정된다고 한다. 노래를 부르면 인체 면역 체계가 강화된다는 하버드대 연구 팀 분석 결과와 일맥상통한다.

음악을 듣는 것 외에도 직접 악기를 연주하면 신경 전달 물질이 모든 뇌 영역에서 활발하게 활동해 전신 운동과 같은 효과를 가져온다는 연구 결과도 있다. 미국 하버드대 의대 연구팀 발표에 따르면 3년 이상 악기를 배운 어린이는 악기를 전혀 배우지 않은 어린이에 비해 어휘력에서는 15%, 추리력에서는 11% 높게 나타났다.

악기를 배우면 노인 건강에도 크게 도움이 된다. 60~83세 연령대 건강한 노인들을 상대로 악기 연주와 노인 건강이 갖는 상관관계를 연구한 브렌다 한나 플래디 미국 캔자스대 교수에 따르면 아무리 늙었어도 오랜 시간에 걸쳐 악기를 배우면 노화로 인한 뇌 인지 기능이 퇴화하지 않게 상쇄하는 재생 효과가 있다고 한다. 나이와 관계없이 악기를 배우고 연주하면 정신적, 신체적 기민함과 젊음을 유지하는 데 도움이 된다는 연구 결과이다.

캐나다 맥길대는 2011년 음악과 정신 건강에 관한 연구에서 '음악 감상은 정신 건강에 도움이 되며 뇌 속 도파민 생산을 늘려 우울증을 치료하고 수술 환자의 통증 완화와 불안 해소에도 도움이 된다.'라고 발표했다. 인도 심장학회지에서 발표한 한 연구에 따르면 지속적으로 자신이 좋아하는 음악을 듣는다면 혈관을 유연하게 만들어 주며, 고혈압 환자는 수축기 혈압과 심박수가 줄어든다.

음악 감상은 인지, 행동, 정신에 긍정적인 영향을 미쳐 치매 환자가 보다 향상된 삶의 질과 육체 기능을 누리는 데 도움이 된다는 발표도 있다.

삶의 한 장면과 함께 떠오르는 음악이 없는 사람은 거의 없다. 오스카 와일드는 '음악의 아름다움은 우리의 가장 가까운 눈물이자 기억'이라고 말했다. 삶의 순간순간을 음악과 함께하는 사람은 정신과 육체 건강을 모두 유지할 수 있다. 무덥고 지리한 여름, 모차르트의 피아노 협주곡 21번 C장조 K467 2악장을 들으며 아드레날린 과다 분비로 수축된 혈관을 확장시키고 혈소판 상태를 개선하는 건 어떨까. 이를 통해 심근경색을 막고 과식도 예방해 보는 것은 어떨까.

– 출처: 「매일경제 [Human in Biz] – 음악은 건강을 부르는 藥」(이두헌, 2018년 7월 20일)

활동 2 대중가요의 장단점 생각하기

❖ 그럼 요즘 우리 반 친구들이 듣는 음악에 대해 이야기 나누어 볼까요? 주로 어떤 음악을 듣나요? 요즘 잘 듣는 음악에 자석(또는 스티커)을 붙여 주세요.

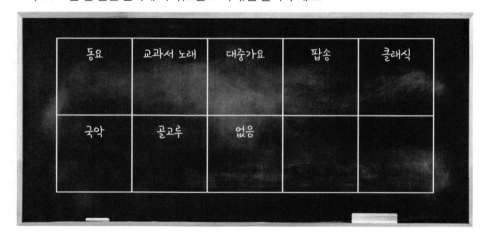

동요	교과서 노래	대중가요	팝송	클래식
국악	골고루	없음		

❖ 대중가요를 많이 듣는군요. 대중가요도 앞에서 이야기한 음악의 좋은 점을 많이 가지고 있을 거예요. 좋은 점을 이야기해 볼까요?

– 대중가요를 들으면 흥이 나요.

– 스트레스가 확 풀려요.

- 공감이 가는 가사가 많아서 좋아요.
- 차 타고 갈 때 들으면 멀미가 안 나요.

❖ 하지만 아쉬운 점도 있을 거예요. 무엇이 있을까요?
- 가사에 우리말 대신 외국어, 외래어를 많이 써요.
- 가사에 욕설이 들어가는 경우가 있어요.
- 가사가 폭력적이거나 선정적인 경우가 있어요.

❖ 그러면 이런 문제점들을 어떻게 고칠 수 있을까요?
- 외국어나 욕설, 선정적인 표현을 못 쓰게 해요.
- 그런데 그러면 표현의 자유를 해친다고 반대하는 사람들도 있을 거예요.
- 어린이들이 접하지 못하게 해요.
- 연령 제한을 두면 좋겠어요.

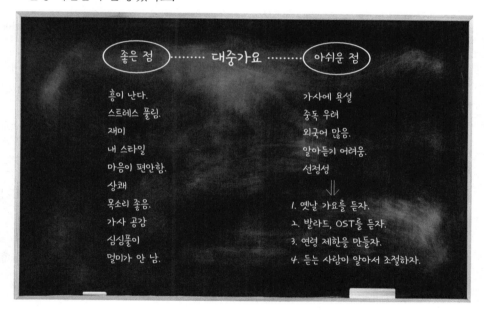

활동 3 **논제 정하고 분석하기**

❖ 대중가요의 문제점을 해결하기 위한 방안 가운데 연령 제한을 두자는 의견이 있었는데 이것에 대해 어떻게 생각하나요?
- 영화도 12세 관람가가 있으니 좋다고 생각합니다.
- 듣는 사람이 알아서 골라 들으면 되니 연령 제한은 필요없다고 생각합니다.

❖ 생각이 다르니 아래와 같은 논제로 토론을 해 봅시다.

> **대중가요 청취에 초등학생 연령 제한이 있어야 한다.**

❖ 논제를 분석해 봅시다.

토론을 해야 하는 까닭	• 이 토론을 해야 하는 까닭은 무엇인가요? - 초등학생이 듣기에 선정적이거나 폭력적인 가사를 담은 대중가요가 많다. - 영화에도 연령 제한이 있으므로 고려할 필요가 있다.
낱말의 뜻 알아보기	• 대중가요는 무엇을 의미하나요? - K-POP 또는 다른 나라 POP. 음원 애플리케이션 인기 순위에 있는 노래들 • '초등학생 연령 제한이 있어야 한다.'라는 말은 무엇을 의미하나요? - 현재 19세 미만 청취 불가곡이 있는데 14세 미만 청취 불가를 추가해야 한다는 것을 의미한다.
근거 찾기	• 연령 제한을 해야 한다고 생각하는 이유는 무엇인가요? - 초등학생 이하의 어린이들이 선정적이거나 폭력적인 가사를 접하면 정서에 좋지 않다. - 초등학생 연령 제한이 생기면 초등학생들도 들을 수 있게 가수와 작사가들이 스스로 가사를 가려서 쓸 것이다. • 연령을 제한하면 안 된다고 생각하는 이유는 무엇인가요? - 초등학생들도 생각할 수 있으므로 스스로 노래를 가려서 들으면 된다. - 좋아하는 가수의 노래를 들을 수 없게 되면 초등학생들이 슬플 것이다. - 나이가 어리다는 이유로 차별하는 것이다.

 마무리하기 ⋯⋯⋯⋯⋯⋯⋯⋯⋯⋯⋯⋯⋯⋯⋯⋯⋯⋯⋯⋯⋯⋯⋯⋯⋯⋯⋯⋯

❖ 오늘은 음악이 몸과 마음의 건강에 미치는 영향을 이야기했어요. 그리고 여러분이 자주 듣는 대중음악의 장단점에 대해서도 이야기했어요.

❖ 다음 시간에는 '대중가요 청취에 초등학생 연령 제한이 있어야 한다.'를 논제로 토론을 할 거예요. 인터뷰나 설문 조사 등 자료 조사를 해 와도 좋습니다.

토론하기
- 입안문 쓰기
- 전체 토론하기
- 소감 나누기

 생각 열기 ····································

❖ 지난 시간에 했던 활동 가운데 기억나는 것과 관련되는 낱말을 각자 말해 볼까요?
- 숨쉬기(호흡)
- 음악
- 건강
- 스트레스 해소
- 대중가요
- 연령 제한

❖ 지난 시간에 무엇을 했는지 문장으로 정리해서 말해 줄 사람 있나요?
- 음악과 건강의 관계에 대해 알아보았습니다.
- 대중가요의 장단점에 대해 생각해 보았습니다.
- 대중가요 청취에 초등학생 연령 제한이 있어야 한다는 논제로 이야기를 나누어 보았습니다.

❖ 대중가요 청취에 초등학생 연령 제한을 만들어야 한다고 주장하는 사람들의 근거는 무엇이었나요?
- 초등학생 연령의 어린이들이 선정적이거나 폭력적인 가사를 접하게 되면 정서에 좋지 않다는 점이요.
- 초등학생 연령 제한이 생기면 초등학생들도 들을 수 있게 가수와 작사가들이 스스로 가사를 가려서 쓸 것이라고 했어요.

❖ 대중가요에 초등학생 연령 제한을 만드는 것에 반대하는 사람들의 근거는 무엇이었나요?
- 초등학생들도 생각할 수 있으므로 스스로 노래를 가려서 들으면 된다고 했어요.
- 좋아하는 가수의 노래를 들을 수 없게 되면 초등학생들이 슬플 것이라는 점도 있었어요.
- 나이가 어리다는 이유로 차별하는 것이라는 이야기도 나왔어요.

❖ 이번 시간에는 '대중가요 청취에 초등학생 연령 제한이 있어야 한다.'라는 논제로 전체 토론을 해 보겠습니다.

 ## 생각 펼치기 ···

활동 1 **입안문 쓰기**

❖ '대중가요 청취에 초등학생 연령 제한이 있어야 한다.'에 관해 찬성과 반대 입장의 입안문을 써 봅시다.

예	찬성	반대
	저는 '대중가요 청취에 초등학생 연령 제한이 있어야 한다.'에 찬성합니다. 왜냐하면 첫째, 초등학생들이 선정적이거나 폭력적인 가사를 접하면 정서에 좋지 않기 때문입니다. 무심코 인기 순위에 있는 노래를 듣다가 욕설이 나와 기분이 나빠지기도 하고, 욕설을 따라하는 친구들이 생겨나기도 합니다. 둘째, 초등학생 연령 제한이 생기면 초등학생들도 들을 수 있게 가수와 작사가들이 스스로 가사를 가려서 쓸 것이기 때문입니다. 요즈음 초등학생들이 가수의 인기에 영향을 많이 준다고 합니다. 따라서 대중가요 청취에 초등학생 연령 제한이 생기면 가수와 작사가들이 초등학생들의 수준과 취향을 고려하여 가사를 쓸 것이라 생각합니다. 그러므로 저는 대중가요 청취에 초등학생 연령 제한이 생겨야 한다고 생각합니다.	저는 '대중가요 청취에 초등학생 연령 제한이 있어야 한다.'에 반대합니다. 왜냐하면 첫째, 초등학생도 스스로 판단할 수 있기 때문입니다. 초등학생도 선정적이거나 폭력적인 노래라는 것을 판단할 수 있고 그렇다면 듣지 않을 것입니다. 실제로 저나 제 친구들이 좋아하는 노래에는 그런 가사가 없습니다. 둘째, 좋아하는 가수의 노래를 들을 수 없게 되면 초등학생들이 슬플 것입니다. 좋아하는 음악을 들으면 스트레스도 풀리고 공부도 더 잘할 수 있을 텐데 좋아하는 가수의 노래가 있는데 듣지 못한다면 더욱 스트레스가 쌓여 정서에 좋지 못할 것입니다. 따라서 저는 대중가요 청취에 초등학생 연령 제한을 만드는 것에 반대합니다.

활동 2 **토론 준비하기**

❖ 1, 2, 3 모둠이 찬성을 맡고, 4, 5, 6 모둠이 반대를 맡습니다.

❖ 모둠에서 입안문을 돌려 읽으세요. 가장 좋은 입안문을 하나 고르세요. 하나 둘 셋 하면 손가락으로 가리킵니다. 하나 둘 셋!

❖ 각 모둠에서 뽑힌 입안문의 주인은 일어나세요. 찬성편 세 사람, 반대편 세 사람입니다. 이 사람들이 입안을 맡습니다. 모둠 친구들의 입안문에서 좋은 부분이 있으면 가져와서 보태 쓰세요. 셋이 모여 상의해도 좋습니다.

❖ 나머지 사람들은 상대편에 할 질문을 붙임 쪽지에 한 개 이상 쓰세요.

❖ 준비한 것을 바탕으로 전체 토론을 해 봅시다. 입안은 맡은 사람이 하고 전체 교차 조사(묻고 답하기)는 모두 할 수 있습니다. 손을 들고 발언권을 얻어 발표해 주세요.

찬성	반대
입안1 - 1분	
전체 교차 조사 - 2분	
	입안1 - 1분
전체 교차 조사 - 2분	
입안2 - 1분	
전체 교차 조사 - 2분	
	입안2 - 1분
전체 교차 조사 - 2분	
입안3 - 1분	
전체 교차 조사 - 2분	
	입안3 - 1분
전체 교차 조사 - 2분	

활동 4 **토론한 소감 나누기**

❖ 토론을 하고 난 소감을 글쓰기 공책에 써 봅시다. 토론하면서 또는 토론을 마치고 나서 든 생각이나 느낌, 인상 깊었던 장면이나 말, 논제에 대한 생각 등 자유롭게 쓰고 싶은 것을 골라 쓰세요.

 마무리하기 ···

❖ 오늘은 '대중가요 청취에 초등학생 연령 제한이 있어야 한다.'라는 논제로 전체 토론을 해 보았습니다.

❖ 다음 시간에는 음악을 건강하게 듣는 것과 관련하여 우리가 할 수 있는 일을 찾아서 실천해 봅시다.

3차시

 생각 열기 ···

❖ 지난 시간에 토론을 하고 난 소감을 말해 봅시다.
- 저는 노래 가사에 별로 신경을 쓰지 않았는데 가사를 듣고 기분이 나빴던 경험을 한 사람이 많아서 놀랐습니다.
- 요즘 노래들은 가사를 알아듣기 어려워서 폭력적이거나 선정적인지 잘 모르겠습니다. 의미를 모르고 듣는 것도 건강에 영향을 미치는지 궁금했습니다.

❖ 오늘은 음악을 건강하게 듣기 위해 우리가 할 수 있는 일을 찾아 실천해 봅시다.

 생각 펼치기 ···

활동 1 음악을 건강하게 듣기 위해 우리가 할 수 있는 일 찾아보기
❖ 음악을 건강하게 듣기 위해 우리가 할 수 있는 일에는 무엇이 있을까요?
- 가사가 폭력적이거나 선정적인지 판단하며 음악을 가려 들어요.
- 좋은 노래를 찾아 서로 소개해 줘요.
- 평소 좋아하지 않는 음악이라도 마음을 열고 경험해 보아요.
- 대중가요 관련 협회에 초등학생 연령 제한을 만들어 달라는 내용의 설득하는 글을 써서 보내요.
- 선정적인 노래의 가사를 쓴 작사가나 그 노래를 부른 가수에게 편지를 써요.

활동 2 좋은 음악을 골라 소개하기
❖ 그러면 좋은 음악을 골라 서로 소개해 보는 활동을 해 보겠습니다.

❖ 고른 음악과 음악을 고른 까닭 등을 활동지에 써 주세요.

 음악 소개 활동지

제목	
가수 또는 작사가, 작곡가	
가사	
추천하는 까닭	
음악이 잘 어울리는 상황	

❖ 친구들이 소개한 음악을 감상하는 시간을 갖도록 하겠습니다. 선생님이 라디오 디제이가 되어 들려줄게요.

예 ###### 라디오 대본

　안녕하세요. 우리 반 라디오 디제이 오쌤입니다. 캐나다 맥길대는 2011년 음악과 정신 건강에 관한 연구에서 "음악 감상은 정신 건강에 도움이 되며 뇌 속 도파민 생산을 늘려 우울증을 치료하고 수술 환자의 통증 완화와 불안 해소에도 도움이 된다."라고 발표했다고 해요. 이렇게 건강에도 좋은 음악! 친구가 골라서 추천해 준다면 더욱 의미가 있겠죠?

　오늘 소개해 드릴 노래는 ○○○님이 신청하신 베토벤의 월광 소나타입니다. ○○○님은 차를 타고 멀리 갈 때마다 멀미를 자주 하는데요, 이 노래를 들으면 멀미가 뚝! 그친다고 해요. 음악이 정신과 육체 건강에 큰 도움을 준다는 걸 직접 경험한 사례네요. 자, 그럼 어떤 음악인지 함께 들어 볼까요? 모두 아름다운 피아노 선율에 귀를 기울여 보세요.

 마무리하기 ··

❖ 오늘은 음악을 건강하게 듣기 위해 우리가 할 수 있는 일을 찾아보고, 서로 좋은 음악을 소개하는 시간을 가져 보았습니다. 앞으로도 건강하게 음악을 즐기는 여러분이 되기를 바랍니다.

전체 토론을 하면 참여하지 않는 아이들이 있을 것 같아요.

전체 토론을 하면 발언하는 학생이 전체의 삼분의 일쯤 됩니다. 그렇다고 나머지 학생이 토론에 참여하지 않는다고 보기는 어렵습니다. 모든 학생이 입안문을 쓰고 대표 입안자를 뽑기 위해 다른 친구의 입안문을 읽습니다. 각각의 근거에 대한 대표 입안문이 결정되면 다른 학생의 입안문을 보태기도 하며 함께 다듬습니다. 입안문을 준비하는 학생들 이외의 학생들은 질문을 준비합니다. 답변을 준비할 사람을 따로 두어도 됩니다. 상대편에서 어떤 질문을 할지 예상하고 그에 따른 답변을 준비하는 것입니다. 발언은 다른 친구가 하더라도 입안문과 질문, 답변 준비는 함께합니다. 준비를 함께했기에 대부분의 학생들은 발언하는 사람의 말을 열심히 듣습니다. 질문과 답변을 준비한 학생들은 상대편의 말을 들으며 새로운 질문이나 질문에 대한 답을 쪽지에 적어 전달하기도 합니다. 따라서 발언을 하지 않는다고 참여하지 않는 게 아닙니다.

전체 교차 조사 과정에서 같은 편 구성원끼리 의견이 다른 경우(답변의 방향이 다른 경우)는 발생하지 않나요? 그럴 때 교사는 어떻게 진행을 도울 수 있나요?

네, 종종 발생합니다. 전체 토론의 진행을 처음에는 교사가 합니다. 따라서 교차 조사할 때 발언권을 한 사람씩 차례로 줍니다. 발언권을 얻어 발표하던 중 "어? 야! 그거 아니야!"하며 의견이 다름을 같은 편 사람들끼리 알게 되는 일이 있습니다. 질문하던 중이었다면 그 시간은 질문하는 편에게 주어지는 것이기에 그냥 두어도 괜찮습니다. 학생들끼리 상의하고 결정하면 질문을 계속할 것입니다. 상의하느라 시간을 다 쓰지 않도록 "다른 질문을 먼저 하는 것은 어떨까요?"하고 알려 주어도 됩니다. 만약 질문에 답할 때 의견이 다르다면 질문을 하고 있는 편에서 기다릴지 말지를 결정할 수 있습니다. 당장 의견 일치가 되지 않으면 논리의 허점으로 남게 되어 토론에서 불리할 수도 있습니다. 나중에라도 의견 일치가 되었다는 것을 알리면 교실 토론 상황에서라면 받아 주어도 된다고 생각합니다. 토론을 마치고 나서 의견 불일치가 잠깐의 실수였는지 의견의 다름이었는지 드러내어 다시 살펴보는 것도 도움이 될 것입니다. 그러나 토론에 시간 제한이 있기에 대체로 학생들끼리 빠른 시간 안에 조율을 하는 편입니다.

체력 운동을 선택하고 계획 세우기

☑ 성취 기준

[6체01-02] 건강을 유지하기 위한 체력 운동을 선택하고 자신의 수준에 맞게 운동 계획을 세워 실천한다.

[6체01-05] 운동 능력을 향상시키기 위한 체력 운동을 선택하고 자신의 수준에 맞는 운동 계획을 세워 실천한다.

[6체01-06] 건강 증진을 위해 계획에 따라 운동 및 여가 활동에 열정을 갖고 꾸준히 참여한다.

☑ 수업의 흐름

1차시 체력의 종류 이해하고 운동 탐색하기	• 간단 토론하기 • 체력의 종류 이해하기 • 운동이나 놀이가 필요로 하는 체력의 종류 파악하기
2차시 운동 계획하기	• 하고 싶은 운동이나 놀이를 선택하여 모둠 만들기 • 모둠별 홍보 포스터 만들기
3차시 운동 모둠 모집하기	• 모둠별 홍보하기(모서리 토론) • 모둠 최종 결정하기
4~5차시 운동 실천하고 평가하기	• 모둠별 운동 실천하고 기록하기 • '좋, 아, 바'로 동아리 활동 정리하기 • 동아리 활동 발표하기

☑ 수업의 주안점

이 수업은 학생들이 삶 속에서 건강을 위해 스스로 운동 계획을 세우고, 꾸준히 참여하게 하는 것에 주안점을 둔다. 체육 시간에 꼭 모두가 같은 활동을 해야 하는지에 관한 간단한 토론으로 문제의식을 일깨우며, 이러한 토론 논제에서 줄기를 뻗어 나가며 스스로 체력 운동을 계획하고 실천할 동기가 생길 수 있게 한다. 체력의 종류를 기준으로 운동이나 놀이를 분류해 보고, 하고 싶은 운동이나 놀이를 선택한 후 모둠을 꾸린다. 그리고 나서 해당 운동이나 놀이를 홍보하고 다른 학생들이 그것을 선택하도록 설득하는 토론 과정(모서리 토론)을 거친다. 건강 체력과 운동 체력을 모서리 토론의 근거로 다루면서 익숙한 운동이나 놀이를 통해 건강 체력과 운동 체력 요소를 기를 수 있음을 알게 하고, 그 과정을 통해 꾸준히 운동을 하는 동기가 부여될 수 있도록 한다.

1차시

체력의 종류 이해하고 운동 탐색하기

• 간단 토론하기
• 체력의 종류 이해하기
• 운동이나 놀이가 필요로 하는 체력의 종류 파악하기

 생각 열기 ···

❖ 우리가 체육 시간에 했던 활동을 떠올려 볼까요?
– 축구를 했어요. 피구를 했어요. 이어달리기를 했어요. 줄넘기를 했어요.

❖ 다양한 활동을 많이 했네요. 그런데 하기 싫었던 운동을 억지로 했던 적은 없었나요?
– 저는 피구를 하고 싶은데, 축구를 하고 싶어 하는 친구들이 많아서 축구를 한 적이 있어요.
– 저는 줄넘기를 하고 싶은데, 이어달리기를 해서 싫었어요.

❖ 네. 맞아요. 다 함께 같은 운동을 하면 좋은 점도 분명히 있지만, 그렇다고 체육 시간에 항상 모두가 같은 운동을 함께 해야 할까요?

❖ 이번 시간에는 '체육 시간에 모두가 같은 운동을 해야 한다.'를 논제로 간단한 토론을 하고, 우리가 하고 싶은 다양한 운동을 함께 찾아봅시다.

 생각 펼치기 ···

활동1 간단 토론하기

❖ 다음 논제에 대해 생각해 봅시다. 체육 시간에 모두가 같은 운동을 하는 것에는 어떤 장점과 단점이 있을까요?

체육 시간에 모두가 같은 운동을 해야 한다.

예	장점	단점
	– 친구들과 함께 운동을 배워서 다 같이 경기를 할 수 있어요. – 서로 도와 가며 배울 수 있어요. – 평소 내가 안 해 본 운동을 배울 수 있어요.	– 내가 하고 싶은 운동을 못 해요. – 잘하는 친구와 그렇지 못한 친구 간에 실력 차이가 나서 재미없을 때가 있어요. – 친구들과 같이 운동을 하다가 싸울 때가 있어요.

❖ 친구들이 장점, 단점으로 제시한 것들에 대해서 질문이나 반박할 친구들이 있나요?

장점	단점
- 친구들과 함께 운동을 배워서 다 같이 경기를 할 수 있어요. ⇨ 내가 하기 싫은 운동을 같이 해야 돼요. - 서로 도와 가며 배울 수 있어요. ⇨ 오히려 친구와 싸울 수 있어요. - 평소 내가 안 해 본 운동을 배울 수 있어요. ⇨ 평소 하지 않았던 운동을 굳이 하고 싶지는 않아요.	- 내가 하고 싶은 운동을 못해요. ⇨ 내가 해 보지 않은 운동을 해 보면서 새로운 재미를 찾을 수 있어요. - 잘하는 친구와 그렇지 못한 친구 간에 실력 차이가 나서 재미없을 때가 있어요. ⇨ 서로를 배려하고 협동하면 더 재미있어요. - 친구들과 같이 운동을 하다가 싸울 때가 있어요. ⇨ 규칙을 잘 지키고 배려하면 돼요.

❖ 여러분들이 말해 준 것처럼 체육 시간에 모두가 같은 운동을 할 때에는 각각의 장단점이 있어요. 지금까지 우리는 체육 시간에 대부분 한 가지 활동만 했어요. 이번에는 모둠별로 하고 싶은 운동이나 놀이를 선택해서 활동해 봅시다. 그러려면 먼저 어떤 운동과 놀이가 있고 또 각각 어떤 특성이 있는지 살펴봐야겠죠?

활동 2 체력의 종류 이해하기

❖ 여러분들이 하고 싶은 운동이나 놀이에는 무엇이 있나요?

❖ 여러분이 찾은 운동이나 놀이를 분류하는 기준이 되는 체력에는 무엇이 있는지 살펴볼게요.

체력의 종류

• 근력, 근지구력: 힘을 쓰는 능력
• 심폐 지구력: 오랫동안 달리거나 운동을 하는 능력
• 유연성: 몸을 구부리거나 펴는 능력
• 민첩성: 몸의 방향이나 위치를 빠르게 바꾸는 능력
• 교치성: 공을 정확하게 받거나 치는 능력

> ❝ 학생 수준에 맞게 개념 설명을 문장으로 재구성한 것입니다. 이 개념들을 외우게 하기보다는 〈활동 3〉에서 운동을 분류하며 자연스럽게 각 체력의 의미를 익히도록 합니다. ❞

❖ 우리가 자주 하는 운동이나 놀이에서 필요로 하는 체력이 무엇인지 대답해 볼까요?

– 드리블을 할 때는 심폐 지구력, 민첩성이 필요해요.

– 슛을 할 때는 교치성, 근력 – 근지구력이 필요해요.

– 요가를 할 때는 유연성이 중요해요.

 체력의 종류

건강 체력	
근력	근육이 수축할 때 낼 수 있는 힘의 크기이다.
근지구력	근육이 일정 시간 동안 어떠한 활동을 지속할 수 있는 능력이다.
심폐 지구력	오랜 시간 동안 운동에 견딜 수 있는 능력으로, 심장과 폐의 기능이 중요한 역할을 한다.
유연성	관절이 움직이는 범위와 근육이 늘어나는 정도를 말한다.

운동 체력	
순발력	근육이 순간적으로 힘을 발휘할 수 있는 능력이다.
민첩성	신체 움직임의 방향을 바꾸거나 위치를 빠르게 이동할 수 있는 능력이다.
평형성	동적 또는 정적 상태에서 신체의 균형을 유지할 수 있는 능력이다.
교치성	운동 신경계와 근육 등이 상호 원활하게 협력하여 반응하는 능력이다.

활동 3 **운동이나 놀이가 필요로 하는 체력의 종류 파악하기**

❖ 모둠별로 <활동 2>에서 찾은 운동이나 놀이 중 두세 가지를 고른 뒤, 그 운동이나 놀이를 하면 어떤 체력 요소가 좋아질지 찾아보세요. 모둠원 모두가 상의하여 각 운동이나 놀이에 어떤 체력 요소가 있는지를 도화지에 사인펜 등으로 정리해 봅시다.

 축구: 교치성, 근력 – 근지구력, 심폐 지구력, 민첩성
술래잡기: 심폐 지구력, 민첩성
줄넘기: 교치성, 심폐 지구력
배드민턴: 교치성, 민첩성, 심폐 지구력

> 모둠마다 비슷한 운동이나 놀이를 고를 수 있습니다. 가급적 각 모둠이 서로 다른 운동이나 놀이를 고르도록 새롭고 흥미를 끌 만한 운동이나 놀이를 여러 가지 제시해 줍니다.

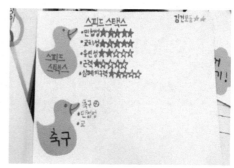
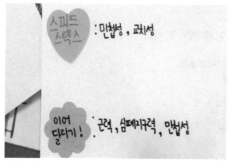

 마무리하기 ···

❖ 이번 시간에는 체육 시간에 모두가 꼭 같은 운동을 해야 하는지 간단 토론을 해 보았어요. 또 체력의 종류를 이해한 뒤 모둠별로 다양한 운동이나 놀이가 필요로 하는 체력이 무엇인지 파악해 보았어요.

❖ 내가 하고 싶은 운동이나 놀이를 한 가지 정하고 그 운동이나 놀이를 하고 싶은 근거를 '체력'과 관련지어 짝 말하기 활동을 해 봅시다.

나는 농구를 하고 싶어. 왜냐하면 근력 – 근지구력을 키워 좀 더 슛을 멀리 쏘고 싶기 때문이야.

❖ 다음 시간에는 자신이 선택한 운동이나 놀이를 바탕으로 모둠을 꾸리고 그 운동이나 놀이를 홍보하는 포스터를 만드는 활동을 하겠습니다.

2차시

운동 계획하기
• 하고 싶은 운동이나 놀이를 선택하여 모둠 만들기
• 모둠별 홍보 포스터 만들기

 생각 열기

❖ 체력의 종류에 대한 다음 설명의 빈칸을 함께 채워 봅시다.

체력의 종류

• 근력, 근지구력: (힘)을 쓰는 능력
• 심폐 지구력: (오랫동안) 달리거나 운동을 할 수 있는 능력
• 유연성: 몸을 (구부리거나 펴는) 능력
• 민첩성: 몸의 방향이나 위치를 빠르게 (바꾸는) 능력
• 교치성: 공을 (정확)하게 받거나 치는 능력

❖ 여러분이 점심시간이나 체육 시간에 즐겁게 한 운동이나 놀이는 무엇이었나요? 그 운동이나 놀이를 하면 어떤 체력이 길러지는지 한 가지씩 골라 짝 말하기를 해 주세요.
– '경찰과 도둑'은 심폐 지구력과 민첩성을 길러 줘.
– '공기놀이'는 민첩성과 교치성을 길러 줘.

❖ 이번 시간에는 체력을 기르는 운동과 놀이를 선택하여 모둠을 꾸려 봅시다.

 생각 펼치기

활동 1 **운동이나 놀이 모둠 꾸리기**

❖ 여러분들이 계획적으로 하고 싶은 운동이나 놀이를 정하고, 하고 싶은 운동이나 놀이가 같은 친구들끼리 모여 앉아요. 모둠을 정한 뒤 활동 계획을 정해 봅시다.

운동이나 놀이를 아직 정하지 못한 학생이 있을 시 "아직 하고 싶은 운동이나 놀이를 정하지 못한 친구들도 있지요? 먼저 운동이나 놀이를 정한 친구들을 관찰해 주세요. 그때 놀이를 구체적으로 어떻게 하는지, 궁금한 것은 없는지, 계획에서 이해가 안 가는 것은 없는지 살펴봅시다. 만약 있다면 선생님이 나눠 준 붙임 쪽지에 써서 그 친구들에게 전달해 주세요."라고 안내합니다.

- 준비물: 4절지, 붙임 쪽지, 사인펜
- 모둠 꾸리기 방법
  1) 이끎이 정하기
  2) 모둠 이름 정하기
  3) 운동이나 모둠 꾸리기 활동 계획에 대해 자유롭게 의견 나누기
  4) 운동이나 놀이를 하는 때, 곳, 방법, 놀이 일기 쓰는 방법 정하기
  5) 붙임 쪽지를 통해 받은 질문을 참고하며 운동이나 놀이 계획 세우기

활동 2 **운동이나 놀이 홍보 포스터 만들기**

❖ 모둠마다 정한 운동이나 놀이를 소개하는 홍보 포스터를 만들어 봅시다.

홍보 포스터 조건

- 운동이나 놀이를 하는 때, 곳, 방법을 자세히 밝혀 씁니다.
- 기를 수 있는 체력 내용이 담겨야 합니다.
- 꼭 한 가지 운동이나 놀이를 하지 않아도 좋습니다.
- 다른 모둠과 놀이가 겹치면 불필요한 경쟁이 될 수 있으니 겹치지 않도록 합니다.
- 무엇보다 재밌고 즐거워야 합니다.

> 운동이나 놀이를 정하지 못한 학생은 〈활동 1〉에서처럼 계속 돌아다니며 질문이나 조언이 담긴 붙임 쪽지를 모둠에게 주는 활동을 합니다.

(예)

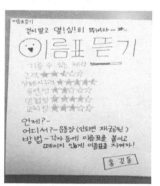

질문 내용
- 운동이나 놀이를 하는 과정에서 소외되는 친구가 있으면 어떻게 할 건가요? - 규칙을 지키지 않는 친구가 있으면 어떻게 할 건가요? - 실력 차이가 나는 친구는 어떻게 할 건가요? - 축구를 하는데 친구가 많이 모이지 못하면 어떻게 할 건가요?

 ## 마무리하기

❖ 이번 시간에는 체력을 기르는 운동과 놀이의 모둠을 꾸려 보았어요.

❖ 어떻게 하면 모둠마다 친구들을 많이 모을 수 있을까요?
- 재밌고 즐겁다는 것을 알려 주어야 해요.
- 다양한 체력을 기를 수 있다는 것을 알려 주어야 해요.

❖ 오늘 모둠을 정했더라도 다음 시간에 다른 모둠의 홍보를 듣고 옮길 수 있습니다.

> 66
> 모둠을 옮기더라도 비난하는 분위기가 되어서는 안 됨을 미리 안내합니다.
> 99

❖ 다음 시간에는 모서리 토론으로 모둠별 홍보 활동을 하고, 모둠을 최종 결정하겠습니다.

3차시

운동 모둠 모집하기
· 모둠별 홍보하기(모서리 토론)
· 모둠 최종 결정하기

생각 열기

❖ 지난 시간에 정한 체력을 기르는 운동과 놀이의 모둠에는 어떤 것들이 있었나요?
– 경찰과 도둑 놀이 모둠이요.
– 스피드 스택스 모둠이요.

❖ 각 모둠에서 하려는 운동 또는 놀이는 어떤 체력을 기를 수 있나요?
– 경찰과 도둑 놀이를 하면 심폐 지구력과 민첩성을 기를 수 있어요.
– 스피드 스택스 운동을 하면 민첩성이나 교치성 등이 발달해요.

❖ 이번 시간에는 모서리 토론을 통해 운동 모둠을 최종 결정하고, 실천 계획을 정해 봅시다.

생각 펼치기

활동 1 모서리 토론하기

❖ 모서리 토론으로 모둠별 홍보를 하고, 최종 모둠 결정을 하겠습니다.

❖ 모서리 토론은 찬반 토론과는 달라요. 찬반 토론은 한 가지 주제가 옳은지 그른지 또는 특정 활동을 할지 하지 않을지 의견을 주고 받지요. 그런데 우리는 모둠이 여러 가지이므로 찬반 토론이 아닌 모서리 토론을 해 볼게요. 모서리 토론에서는 찬반 토론과 다르게 주장이 여러 가지가 있어요. 모둠마다 각각 자신들이 선택한 운동이나 놀이가 왜 좋은지 주장하면, 다른 사람들은 그 근거를 잘 살펴서 최종적으로 자신이 하고 싶은 운동이나 놀이가 무엇인지 결정하도록 합니다.

❖ 각 운동과 놀이 모둠은 정해진 장소로 이동해 주세요.

모서리 토론의 방법 및 순서		
1	교실 안 정해진 위치로 모둠별 이동하기	※ 모둠을 정하지 못한 학생은 교실 중앙으로 모이기
2	모서리마다 홍보 준비하기	※ 발표자 선정 및 근거 다지기
3	모서리별 홍보하기	※ 돌아가며 홍보 발표하기
4	묻고 답하기	※ 각 주장(홍보)에 질문하고 답하기
5	최종 선택하기	

모서리 토론

• 특징
생각이 비슷한 사람을 같은 모서리에 모이게 하는 토론 방식이다. 보통 토론은 한 가지 생각이나 의견을 두고 찬반을 가를 때 쓰이나, 모서리 토론은 찬반 토론과 다르게 여러 주제를 두고 생각을 나눌 때 쓰이게 된다. 같은 생각을 가진 참가자들의 소속감 및 공동체 의식을 높일 뿐만 아니라, 서로의 입장을 정리하고 차이를 비교하면서 이해도를 높이는 효과를 낳는다. 나아가 중요한 문제가 생겼을 때 여러 의견을 모아 합리적 의사 결정을 할 수 있도록 하는 토론 방법이다.

• 방법
- 모서리 꼭지(생각) 소개하기: 문제 상황과 여러 가지 갈래(생각)를 알림.
- 모서리 선택하기: 갈래 중 하나를 선택하여 약속된 장소로 이동함.
- 모서리별 근거 다지기: 갈래에 모인 친구들은 자신이 정한 생각의 까닭을 나눔. 이때 생각을 소개할 친구를 대표로 정하고, 주장(입안) 입말을 다듬음.
- 각 모서리 대표 발표 후 모서리끼리 묻고 답하기: 각 모서리 대표가 돌아가며 주장을 말하며, 주장을 다 듣고 서로 묻고 답함.
- 모서리 최종 선택하기: 주장과 묻고 답한 것을 바탕으로 각자 최종 선택을 함.

• 유의점
처음 모인 모서리 모둠원끼리 토론을 준비하면서 소속감과 연대가 생기게 되는데, 이 소속감과 연대는 전체 토론하기 전 근거를 다지는 데 도움이 된다. 그러나 모서리를 최종 선택할 때에는 소속감과 연대가 개인의 생각을 바꾸는 데 걸림돌이 될 수 있다. 이때 교사는 소속감과 연대도 중요하지만 개인의 선택도 소중하기에, 비난을 자제하도록 미리 안내하도록 한다.

❖ 최종 선택을 할 때, 지난 시간에 함께 준비한 친구가 다른 모둠으로 옮길 수 있습니다. 친구가 모둠을 옮기더라도 비난이나 상처 주는 말은 하지 않도록 해요. 친구들과의 관계도 중요하지만, 개인의 생각도 존중해 줍시다.

교사: 우리 반에서 '경찰과 도둑', '피구', '축구', '이어달리기', '스피드 스택스(컵 쌓기)', '런닝맨(이름표 뜯기)' 동아리가 모였어요. 지금부터 각 동아리별로 준비한 활동 계획이 담긴 홍보를 시작해 주세요. (피구, 이어달리기, 런닝맨 모둠 부분만 발췌함.)

피구 동아리: 우리 동아리는 피구 동아리입니다. 매주 수요일 5교시 창체 시간에 활동을 하고 장소는 운동장입니다. 규칙은 공에 맞은 사람은 아웃이고 대신 상대편이 던진 공을 잡으면 죽은 사람을 살릴 수 있습니다. 얼굴을 맞으면 아웃이 아닙니다. 이 활동으로 민첩성, 교치성, 근력을 골고루 다 기를 수 있습니다. 또 좋은 점은 같이 하는 친

구 누구나 던지고 피하면서 소외될 일이 없이 즐길 수 있다는 것입니다. 땀을 흘리면서 건강해지기도 합니다. 그리고 우리 동아리는 스펀지로 된 공을 사용하여 다칠 일도 없습니다. 이상으로 홍보를 마치겠습니다.

질문1: 얼굴에 맞으면 아웃이 아니라고 하셨는데, 일부러 얼굴을 갖다 대면 어떻게 하실 건가요?(규칙 허점 지적)

피구 동아리: 일부러 얼굴에 맞는 경우는 아웃 처리를 하겠습니다.

질문2: 소외가 생기지 않을 거라고 하셨습니다. 만약 맞아서 수비로 나갔는데, 몇몇 친구만 공을 주고받으면 어떻게 하실 건가요?(동아리 '주장-근거'의 예외적 상황 제시)

피구 동아리: 내야 공격수 사람들이 공을 잘 못 던져서 굴러가 버리면…… 괜찮기 때문에 소외되는 사람이 안 생길 수 있습니다.(반박에 대답이 미숙함.)

질문3: 피구를 하다 보면 공에 맞았나 안 맞았나 애매한 경우가 있을 땐 어떻게 할 건가요?

피구 동아리: 심판도 확실하게 모르면 가위바위보로 정하겠습니다.

질문4: 아까 홍보에서 민첩성, 교치성, 근력을 골고루 다 기를 수 있다고 했는데, 어떤 상황에서 기를 수 있습니까?(주장의 구체적인 예 요구)

피구 동아리: 피구를 하면서 공을 잡는 경우가 많은데 그때 교치성을 기를 수 있고, 근력은 공을 던지는 데 힘을 많이 쓰기 때문에 기를 수 있고, 민첩성은 공이 날아올 때 피하면서 기를 수 있습니다. 심폐 지구력은 계속 움직이면서 기를 수 있습니다.

질문5: 팀은 어떻게 나눠서 할 겁니까?(세부적인 계획 질문)

피구 동아리: 기본적으로 2팀으로 나누고, 나중에 지루해지면 여러 가지 규칙으로 바꿔서 할 겁니다.

질문6: 다쳤을 경우를 대비해 응급 키트를 구비해 놓고 있나요?

피구 동아리: 간단한 구급 약품은 보건실에 있습니다.

질문7: 피구를 하면서 잘하는 사람이 있고, 잘 못하는 사람이 있습니다. 이때 잘하는 사람이 막 뭐라고 하거나 비난하면 어떻게 하실 겁니까?(동아리 활동 중 생길 문제의 해결 방법 질문)

피구 동아리: 강제로 요구하거나 비난을 하면 패널티를 줘서 몇 분간 게임에 참여하지 못하게 하겠습니다.

질문8: 다시 게임에 들어와서 또 그러면 어떻게 하겠습니까?

피구 동아리: 두 번 이상 그러면 그 경기에서 빼겠습니다.

교사: 이상으로 피구 동아리 홍보와 질의응답을 마치겠습니다. 다음으로는 '이어달리기' 동아리입니다.

이어달리기 동아리: 우리 동아리는 이어! 달려! 먹어! 놀이를 하는 이어달리기 동아리입니다. 이어달리기 방식은 먼저 두 팀으로 나누며 달릴 팀을 정합니다. 두 번째는 정해진 트랙을 달려가서 반대편에 있는 상품을 가져옵니다. 세 번째는 정해진 선에 서서 각 팀마다 바구니에 상품을 던져 넣습니다. 이런 방법으로 마지막 주자가 가장 먼저 들어오는 팀이 이깁니다. 때는 매주 수요일 5교시 창체 시간에 하고, 장소는 운동장 스탠드에서 합니다. 이 동아리의 좋은 점은 지든 이기든 상품이 있다는 점입니다. 두 번째는 달리기를 잘하든 못하든 간식을 바구니에 던져 넣어야 하기 때문에 공평합니다. 세 번째는 오래 달려야 하기 때문에 심폐 지구력을 기를 수 있고, 바구니에 넣어야 하기 때문에 교치성을 기를 수 있습니다. 이상입니다.

질문1: 심폐 지구력을 키울 수 있다고 하는데, 체력이 없는 사람은 빠르게 포기할 수 있습니다. 포기하지 않게 유도할 방법이 있습니까?(구체적인 체력 증진 방법 질문)

이어달리기 동아리: 심폐 지구력을 키우고 싶은 사람이라면 쉽게 포기하지 않을 것 같습니다.(구체적인 방법에 대한 답변 미숙)

질문2: 젤리 같은 것은 동아리 측에서 지원해 주나요?

이어달리기 동아리: 네! 우리 동아리에서 지원해 줍니다.

교사: 이상으로 이어달리기 동아리 홍보와 질문하기를 마치겠습니다. 다음 동아리는 '런닝맨(이름표 뜯기)'동아리입니다.

런닝맨 동아리: 우리 동아리는 런닝맨(이름표 뜯기) 동아리입니다. 유연성, 민첩성, 근력, 심폐 지구력 등 다양한 체력을 골고루 기를 수 있습니다. 장소는 운동장에서 합니다. 놀이를 하는 친구들은 이름표를 붙이고 다른 친구의 이름표를 떼면서 자기 이름표를 지킵니다. 재미있는 우리 동아리에 많이 지원해 주셨으면 좋겠습니다.

교사: 이 동아리를 하면서 좋은 점과 같은 홍보할 내용은 또 없나요?

런닝맨 동아리: 이름표 뜯기를 해서 좋은 점은 많이 달린다는 것입니다. 그냥 달리기만 하면 지루할 수 있어요. 하지만 게임을 하면서 달리기 때문에 더욱 재밌게 체력을 기를 수 있습니다.

교사: 이제 묻고 답하기를 할게요. 손을 들어 주세요. 지목은 발표한 동아리에서 합니다.

질문1: 이름표 뜯기를 하면서 여러 친구가 짜고 한 명만 쫓아가는 반칙을 하면 어떻게 하나요?(진행상 예상되는 문제점 지적)

런닝맨 동아리: 그러면 한 명만 쫓아가는 시간을 정하거나, 패널티를 주면 됩니다.

질문2: 이름표 뜯기에서 어떻게 유연성을 기를 수 있습니까?

런닝맨 동아리: 이름표를 뜯거나 안 뜯기려고 몸을 요리조리 움직이면서 기를 수 있습니다.

질문3: 이름표가 다 뜯기지 않고 찢어지거나 반쯤만 뜯어지면요?(세부적인 규칙 질문)

런닝맨 동아리: 심판이 뜯어진 정도에 따라 정합니다. 예를 들어 반쯤 뜯어지면 탈락입니다.

질문4: 이름표는 무엇으로 만드나요? 붙이는 건 무엇으로 하나요?

런닝맨 동아리: 튼튼한 도화지로 만들고 테이프로 붙이려고 합니다.

질문5: 이름표를 서로 떼려고 할 때 너무 열심히 하다 서로 싸우게 되면 어떻게 하시겠습니까?(문제 상황 지적)

런닝맨 동아리: 그런 일이 일어나지 않도록 조심하겠고, 만약 싸운다면 경기를 중단시키고 화해를 한 다음에 경기를 하겠습니다.

질문6: 테이프가 잘 안 붙는 옷 재질이 있는데 어떻게 하시겠습니까?(문제 상황 지적)

런닝맨 동아리: 만약에 잘 안 붙는 재질의 옷을 입고 있다면 테이프가 잘 붙는 재질의 조끼를 여유롭게 준비해서 덧입을 수 있도록 하겠습니다.

질문7: 개인전을 하다가 친구들끼리 동맹을 맺어도 됩니까?(게임 규칙 질문)

런닝맨 동아리: 네. 다만 한 명만 집중적으로 쫓지 않으면 됩니다.

활동 2 모둠 최종 결정하기

❖ 모서리 토론을 통해 각 운동과 놀이의 장단점을 잘 파악했나요? 그럼 이제 어떤 운동과 놀이를 할 것인지 최종적으로 결정하고 해당 모둠으로 가 주세요.

마무리하기 ⋯⋯

❖ 이번 시간에는 각 모둠별로 모서리 토론을 통해 운동과 놀이를 홍보하고, 최종 모둠을 선택하는 활동을 했습니다.

❖ 모서리 토론 전과 후 모둠이 달라진 학생들이 있죠? 왜 생각이 달라졌는지 이유를 이야기해 주세요.

저는 이름표 뜯기 동아리였는데, 모서리 토론 과정에서 질의응답을 들으며 생각이 바뀌었습니다. 이름표 뜯기 놀이가 다소 위험할 수도 있고, 모둠원들이 참여하는 태도에 따라 체력이 전혀 길러지지 않을 수도 있으며 재미가 있고 없는 정도의 차이도 많이 날 것 같다는 생각이 들었습니다. 그래서 안정적으로 체력을 기를 수 있는 스피드 스택스 동아리로 옮기게 되었습니다.

이럴 땐 이렇게

 모서리 토론을 할 때 주의해야 할 점이 있을까요?

모서리 토론은 찬반으로 나뉜 것이 아닌 조금은 덜 형식적인 토론으로, 보통 네 개의 모서리를 마련합니다. 이름이 모서리 토론인 만큼 교실 구석이나 교실의 네 벽면에 준비합니다. 비슷한 의견을 가진 아이들을 모이게 하여 자신의 생각과 감상 내용들을 더욱 설득력 있게 주고받게 하는 것이 목적입니다. 덜 형식적인 토론이므로 때로 아이들은 '친구 따라 강남 간다.'라는 말처럼 내 의견이 아니라 친구를 따라 무리 지어 함께 이동하기도 합니다. 그럴 때는 교사가 의도적으로 '자기 생각에 맞게' 자리하도록 지도해 주는 것이 필요합니다. 그래서 아이들이 모서리로 흩어져 모이기 전, 자신의 입장이나 선택 또는 어느 모서리로 갈지 등을 종이나 공책에 쓰게 합니다. 그 후 종이, 공책 등을 가지고 모서리로 모이게 합니다. 자칫 수업이 편 가르기나 무리 짓기로 흘러가지 않도록 하는 노력이 필요합니다.

운동 실천하고 평가하기
- 모둠별 운동 실천하고 기록하기
- '좋, 아, 바'로 동아리 활동 정리하기
- 동아리 활동 발표하기

4~5 차시

 생각 열기 ···

❖ 이번 시간에는 모둠별로 운동과 놀이를 실천해 볼 거예요.

❖ 운동과 놀이 모둠 활동을 하면서 체력이 얼마나 늘었는지 확인하려면 어떻게 해야 할까요?
– 짧게 메모를 하거나 표를 만들어 표시를 해요.
– 운동이나 놀이를 할 때마다 일기를 써요.

❖ 기록과 정리를 할 때 들어가야 하는 내용에는 무엇이 있을까요?
했던 활동, 함께한 친구, 체력 종류, 느낌, 겪은 일 따위요.

 생각 펼치기 ···

활동 1 **운동이나 놀이 실천하기**

❖ 동아리별로 구체적인 활동 계획을 세워 운동이나 놀이를 실천해 봅시다.

> **이렇게 할 수 있어요**
>
> 동아리 구성대로 학생들이 스스로 활동하는 시간입니다. 각 활동마다 쓰는 근육과 관절이 다르기 때문에 동아리별로 다른 준비 운동을 하도록 안내합니다. 가령 피구 종목은 팔 운동에 중점을 두고, 달리기 종목은 하체 운동 및 가벼운 조깅을 더 할 수 있습니다. 또한 각 모둠마다 활동 반경이 겹치지 않도록 확인합니다. 달리기 동아리와 축구 동아리를 동시에 할 때, 학생들이 트랙 구역과 필드 구역을 명확히 구분 짓도록 교사가 안내해 줍니다.
>
> 아이들 스스로 동아리를 꾸려 가기 때문에 모둠 이끔이 혼자 운영 전반을 책임지는 상황도 생길 수 있습니다. 이런 경우 정작 모둠 이끔이는 활동에 참여를 하지 못하기도 합니다. 그때에는 교사가 개입하여 돌아가며 모둠 이끔이를 맡도록 안내해 주는 것이 좋습니다.
>
> 아이들은 활동을 하면서 규칙을 스스로 다듬어 나가는데, 이때 의견이 갈려 부딪치는 경우도 있습니다. 그 또한 자연스러운 토론 상황이라고 할 수 있으므로 바람직한 의사소통이 이루어질 수 있도록 이끌어 줍니다.
>
> 활동 마무리를 할 때, 학생들이 느낀 문제점과 활동으로 길러진 체력 요소를 발표하는 것도 필요합니다. 문제점을 서로 공유하면서 학생들 스스로 규칙을 조정할 수 있습니다. 또한 체력 요소에 대해 이야기하면서 기능을 더 향상시킬 방법을 함께 고민하게 하면 좋습니다.

활동 2 모둠 일기 작성하기

❖ 운동과 놀이 모둠 활동을 하면서 체력이 얼마나 늘었는지 확인할 수 있도록 모둠 일기를 작성해 봅시다.

경찰과 도둑 모둠 일기

1. ○○월 ○○일 ○○시
2. 오늘 한 활동: 경찰과 도둑 놀이
3. 함께한 친구: 준희, 승후, 지현, 사랑, 정욱
4. 기록과 느낀 점(체력 요소 꼭 쓰기): 오늘은 준희가 경찰이 되어 무척 빨리 뛰는 모습을 보였다. 생각보다 오래 달리기도 해서 준희의 지구력이 뛰어나다는 걸 알 수 있었다. 정욱이는 잡힐 듯하면서도 참 잘 안 잡혔다. 몸의 방향을 요리조리 바꾸어 가면서 잘 피했다. 민첩성이 무척 뛰어나 보였다. 나도 좀 더 열심히 뛰어서 준희와 정욱이처럼 체력을 길러야겠다.

이어달리기 모둠 일기

체육 시간에 동아리 활동을 했는데 나는 이어달리기를 했다. 규칙은 고깔 뒤에 있는 젤리를 가지고 와서 바톤을 전달해 주면 되는 것이다. 원래는 전부 다 종이 상자에 젤리를 넣어야 하는데 시간이 없어서 마지막 주자만 넣는 것으로 정했다. 달리기는 우리가 역전했다가 다른 팀이 역전했다가 박빙이었다. 결국에는 다른 팀이 먼저 들어왔는데 종이 상자에 젤리는 우리 팀이 먼저 넣었다. 그러므로 무승부! 은근 재미있었다.

체력별로 별표를 주자면 교치성은 별 2개 반이다. 왜냐하면 트랙을 따라 정확하게 달려야 하고 또 바톤을 정확하게 전달해야 하기 때문이다. 유연성은 별 1개! 왜냐하면 고깔을 돌 때 약간의 유연성만 필요한 것 같기 때문이다. 심폐 지구력은 별 4개! 왜냐하면 오랫동안 빨리 달려야 하기 때문이다. 확실히 심폐 지구력이 가장 많이 느는 운동인 것 같다.

오늘은 저번에 정한 동아리를 하는 날이다. 원래는 이름표 뜯기였는데, 이어달리기가 더 재밌을 것 같아서 한참의 고민 끝에 그냥 이어달리기를 하기로 했다. 이름표 뜯기 동아리 친구들한테는 조금 미안한 마음이 들었다. 하지만 이어달리기에 조금 더 마음이 가서 어쩔 수 없었다.

우선 팀을 나눠 순서를 정하는데 내가 가위바위보에서 져서 첫 번째가 되었다. 나의 상대는 재희였다. 은근히 재희가 빨라서 신경이 쓰였다. 출발 신호가 떨어져 열심히 달리고 있는데 친구들이 반환점이 잘못되었다며 다시 뛰라는 신호를 보냈다. 그리고 반환점을 도는 규칙도 조금 바꾸자고 했다. 나와 재희는 이미 한차례 뛴 뒤라서 숨이 차고 힘들었지만 친구들의 의견에 따라 다시 뛰기로 했다. 중간에 규칙이 바뀌어서 조금 당황스러웠지만, 결과적으로는 그게 더 재미있게 이어달리기를 할 수 있는 방법이었기 때문에 잘한 일이라고 생각이 들었다. 재희와 나는 간발의 차로 들어왔지만 뒤이어 우리 팀 친구들이 빠르게 달려줘서 결국 우리 팀이 이겼다. 매우 즐거운 경험이었다.

축구 모둠 일기

○○월 ○○일 ○○시						
이름	관찰 주제 - 슈팅 횟수					
준호	○	○	○			
상식	○	○	○	○	○	
수완	○					
지혁	○	○	○	○	○	○

느낀 점: 수완이는 좀 더 자신감을 갖고 슛을 했으면 좋겠다. 상식이는 따로 슛 연습을 해서 근력을 기른다면 좀 더 멋진 슛을 할 수 있을 것 같다. 지혁이가 정말 잘하니 지혁이가 도와주면 되겠다.

활동 3 **'좋, 아, 바(좋은 점, 아쉬운 점, 바라는 점)'로 동아리 활동 정리하기**

❖ 모둠별로 활동하면서 느낀 점을 좋은 점, 아쉬운 점, 바라는 점으로 나누어 이야기해 봅시다.

❖ 모둠원들과 함께 이야기한 내용을 기록하여 정리해 봅시다.

준비물: 모둠별 화이트 보드 – 보드마카 또는 4절지 도화지 – 유성 매직

예	좋은 점	아쉬운 점	바라는 점
	- 민첩성을 키울 수 있어서 좋았다. - 여러 번 뛰었을 때 심폐 지구력을 키울 수 있어 좋았다.	- 규칙이 헷갈렸다. - 팀을 가르는 방법을 제대로 이해하지 못해 아쉬웠다.	- 규칙을 더 보완했으면 한다. - 팀을 좀 더 공평하게 갈랐으면 좋겠다. - 운동장 코너가 원으로 되었으면 좋겠다.
	- 앞질렀을 때 기분이 좋았다. - 별다른 준비물이 없어서 쉽게 할 수 있어 좋았다. - 모둠이 같이 놀아 좋았다.	- 시간이 없어서 많이 하지 못해 아쉬웠다. - 너무 많이 뛰어서 힘들었다. - 규칙을 잘 몰라서 아쉬웠다.	- 규칙을 더 자세하게 설명해 주면 좋겠다. - 다른 동아리도 해 봤으면 좋겠다.
	- 심폐 지구력과 근력, 순발력과 유연성과 교치성을 많이 기를 수 있었다.	- 캐치볼을 할 때 공간이 좁아서 아쉬웠다. - 다른 친구들과 함께하지 못해 아쉬웠다.	- 공간이 좀 더 넓었으면 좋겠다. - 다른 친구와 함께 많이 했으면 좋겠다.

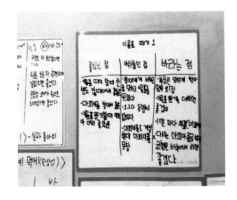
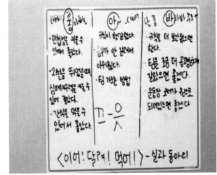

활동 4 **동아리 활동 발표하기**

❖ 모둠별로 돌아가면서 '좋, 아, 바' 발표를 해 봅시다.

아이들이 '좋, 아, 바' 활동을 하고, 동아리를 재선택할 기회를 줄 수도 있습니다.

마무리하기

❖ 이번 시간에는 모둠별로 운동이나 놀이를 실천하고 활동에 대해 기록해 보았습니다. 또한 기록한 내용들을 바탕으로 동아리 활동을 평가하고 정리해 보았습니다.

❖ 지난 차시들의 모든 활동을 통해 느낀 점이 있다면 자유롭게 이야기해 봅시다.
- 항상 체육 시간에 다 함께 한 가지 놀이만 해서 아쉬웠는데, 모둠별로 자유롭게 운동이나 놀이를 정해서 하니까 흥미가 생겨서 더 적극적으로 하게 되어 좋았어요.
- 단순히 재미로만 운동이나 놀이를 한 경우가 많았는데 그 운동이나 놀이를 통해 길러지는 체력 요소를 자세히 알게 되니 앞으로 더 꾸준히 운동이나 놀이를 해야겠다는 의지가 생겼어요.
- 운동이나 놀이를 할 때 그냥 친구들끼리 하고 싶은 대로 하는 경우도 많았는데 여러 사람이 모여서 규칙을 정하고 하니까 더 재미도 있고 체력 향상에도 도움이 되어서 좋았어요.
- 모둠별로 운동 계획을 세우고 실천하고 정리하는 게 좀 번거로웠어요. 하고 싶은 운동을 정해서 하는 것도 좋지만 선생님의 지도 아래 운동 계획을 세워서 다 같이 하는 게 더 편리하고 좋은 점도 있는 것 같아요.

❖ 여러 가지로 느낀 점과 배운 점이 많았네요. 운동과 놀이는 일상생활에서 꾸준히 규칙적으로 해 나가는 것이 좋습니다. 또한 운동과 놀이를 통해서 체력만 길러지는 것이 아니라 협동심과 창의력 등도 길러지죠. 이런 점들을 명심하고 앞으로도 운동과 놀이를 적절히 한다면 더 건강하고 즐거운 삶을 살 수 있겠죠?

운동(놀이) 모둠을 정할 때 고르게 나눠지지 않아도 진행에 큰 상관이 없나요?

네, 진행에 큰 무리는 없습니다. 운동(놀이)에 필요한 사람 수가 다르니, 오히려 고르지 않은 모둠이 자연스럽습니다. 덕분에 사람이 많이 필요한 놀이(축구, 티볼)에 사람이 모이지 않으면 모둠이 자연스럽게 없어지거나 사람을 더 모으려 학생들이 힘쓰는 모습을 보입니다. 다만 모둠을 꾸릴 때 좀 더 신경 써야 할 부분이 있습니다. 모둠에 미처 끼지 못한 아이들이에요. 이 아이들은 보통 또래와 어울리기 어려워하거나 마음에 드는 운동(놀이)이 없어서 모둠에 끼지 않은 것이에요. 이때 교사는 이 아이들에게 좀 더 관심을 기울여야 합니다. 모둠에 끼지 못한 아이들이 각 모둠을 돌아다니며 질문거리를 붙임 쪽지에 써 보는 활동을 하도록 안내하면 좋겠습니다.

질문-반박 과정에서 마찰이 생기거나 감정이 상했을 때는 어떻게 대처하나요?

생각과 의견이 다르면 감정이 어긋나는 건 당연합니다. 어른들도 그렇습니다. 다만 토론 전 아이들에게 감정에 휩쓸리지 않도록 토론 규칙(존중, 경청, 배려, 인정)을 짚어 줍니다. 또 이것이 잘 안 지켜질 때 교사가 도와줄 수 있다고 사전에 알려 줍니다. 만약에 그럼에도 질문-반박 과정에서 마찰이 생기면 잠시 토론을 멈추고 우리가 토론을 배우는 까닭을 아이들과 다시 생각해 보는 시간을 갖습니다. 짝 토론을 할 때 몇몇 친구들이 다투는 경우도 있습니다. 그땐 공개적으로 지적하지 않습니다. 대신 날카로운 말을 한 학생에게 같은 내용을 부드럽게 다시 말해 보도록 지도하거나 교사가 순화하여 다시 말해 줍니다.

체육 시간과 관련하여 토론할 수 있는 논제거리에는 또 어떤 것들이 있을까요?

'심판의 판정을 항상 따라야 한다.', '남학생과 여학생을 함께 섞어서 경기해야 한다.', '피구할 때 친구 뒤에 숨어도 된다.', '이어달리기는 실력에 관계없이 번호대로 해야 한다.', '경기에서 이긴 사람만 보상받아야 한다.', '운동회 때 반 대표 이어달리기를 없애야 한다.' 등이 있습니다.

혼합 계산의 순서를 알고 계산하기

☑ 성취 기준

[6수01-01] 덧셈, 뺄셈, 곱셈, 나눗셈의 혼합 계산에서 계산하는 순서를 알고, 혼합 계산을 할 수 있다.

[6수01-13] 소수의 곱셈의 계산 원리를 이해한다.

[6수01-14] '(자연수)÷(자연수)', '(소수)÷(자연수)'에서 나눗셈의 몫을 소수로 나타낼 수 있다.

[6수01-15] 나누는 수가 소수인 나눗셈의 계산 원리를 이해한다.

☑ 수업의 흐름

1차시
자연수(분수, 소수)
혼합 계산하기
⋯⋯▶
- 자연수(분수, 소수) 사칙 연산 혼합 계산하기
- 느낀 점 나누기

2차시
계산기로 혼합 계산하기
⋯⋯▶
- 자연수(분수, 소수) 사칙 연산 계산기로 혼합 계산하기
- 느낀 점 나누기

3차시
토론 준비하기
⋯⋯▶
- '수학 문제 풀 때 계산기를 사용해도 된다.' 논제 분석하기
- 입안문 쓰기

4차시
토론하기
⋯⋯▶
- 짝 토론하기
- 계산기 사용에 대한 내 생각 정리하기

☑ 수업의 주안점

초등 수학과에서 자연수 혼합 계산은 계산 순서에 초점을 맞추고 복잡한 혼합 계산은 크게 다루지 않으며, 복잡한 혼합 계산은 계산기를 사용하도록 권장하고 있다. 계산기를 사용하면 연산의 부담에서 벗어나 문제 해결, 추론, 정보 처리 학습 기회가 더 많아지기 때문이다. 그러나 이때 만약 계산기의 쓸모와 연산 능력의 필요성을 고민하지 않고 계산기를 사용한다면 학생들은 계산기의 편리함에만 매몰될 수 있다. 연산 능력 또한 수학에서 익혀야 할 목표이다.

이 주제에서는 계산기의 필요성과 연산 훈련의 필요성을 동시에 생각할 수 있는 토론 수업을 구성하였다. 토론의 이기고 짐을 목표로 하기보다 계산기 사용의 장단점을 깊이 있게 생각하면서 계산기를 올바르게 사용할 힘을 기르는 것에 중점을 둔다. 5학년 대상으로는 자연수 혼합 계산으로, 6학년 대상으로는 분수와 소수 혼합 계산으로 지도한다.

1차시

자연수(분수, 소수) 혼합 계산하기
- 자연수(분수, 소수) 사칙 연산 혼합 계산하기
- 느낀 점 나누기

 생각 열기 ··

❖ 그동안 학교에서 수학 시간에 무엇을 배웠나요?

더하기, 곱하기, 도형, 그래프 등등이요.

❖ 그중에서 무엇이 어려웠나요?

나누기요. 도형 넓이요. 곱하기가 어려웠어요. 분수의 더하기요.

❖ 네. 여러 가지를 말해 주었네요. 오늘은 그중에서 수학의 기본이라 할 수 있는 자연수(소수, 분수)의 더하기, 빼기, 곱하기, 나누기를 혼합한 계산을 해 볼게요. 그리고 문제를 풀어 본 후 느낀 점도 나눠 보겠습니다.

 생각 펼치기 ··

활동 1 **자연수(분수, 소수) 사칙 연산 혼합 계산하기**

❖ 아래 두 식의 답이 다른 까닭은 무엇일까요?

$$23+4×5=135 \qquad\qquad 23+4×5=43$$

– 더하기보다 곱셈을 먼저 했느냐 안 했느냐에 따라서 답이 달라요.
– 이런 경우에는 곱셈을 먼저 한 것이 정답이에요.

❖ 혼합 계산을 하기 전에 계산 순서를 확인해 봅시다. 아래 두 문제의 답이 다른 까닭은 무엇인가요?

$$23×4+5=97 \qquad\qquad 23×(4+5)=207$$

괄호가 있어서 달라요. 괄호가 있는 곳 먼저 계산을 해야 돼요.

❖ 혼합 계산에 필요한 내용을 정리해 봅시다.

- 왼쪽 식부터 계산해요.
- '더하기 – 빼기'보다 '곱하기 – 나누기'를 먼저 해요.
- 괄호가 있는 계산부터 먼저 해요.

❖ 이제 문제를 풀어 봅시다. 다음과 같은 방법으로 모둠끼리 문제를 풀어 봅시다.

- 문제는 네 가지 색으로 나눠져 있어요.
- 각자 문제를 맡아 풀어요.
- 각자 문제를 다 푼 다음 모둠원끼리 서로에게 문제 푸는 방법을 설명해 줘요.
- 모둠원 모두가 모든 문제를 풀 수 있고, 설명할 수 있으면 선생님에게 확인을 받아요.

● 문제 예시(자연수)

■	■
$26 \times (13 + 8) \div 7 =$	학교 앞 문구점은 한 묶음에 17개씩 구슬이 들어 있는 구슬 12봉지를 가지고 있습니다. 이 중에서 건준이가 구슬 40개를 사 갔습니다. 이때 희준이가 구슬을 200개 사려고 할 때 문구점은 구슬이 몇 개 더 필요할까요? 식을 쓰고 정답을 구하시오.
$36 \times (38 - 6 \times 4) \div (2 + 2 \times 5) =$	$150 - 6 \times 15 + 10 =$

● 문제 예시(분수, 소수)

■	■
$6 \times (\frac{2}{3} + \frac{3}{4}) \div 7 =$	$7 \times 1.8 \div (\frac{3}{4} \times \frac{1}{2} + \frac{4}{6} - \frac{3}{8}) =$
어머니께서 식혜를 2.44L 만드셨습니다. 동생이 먼저 0.6L들이 컵으로 3번 먹었습니다. 형이 남은 식혜의 $\frac{1}{4}$을 먹었다면 형이 먹은 식혜는 몇 L일까요? 식을 쓰고 정답을 구하시오.	$122 - 0.8 \times 1.5 + \frac{3}{10} =$

❖ 계산을 하면서 느낀 점을 발표해 봅시다.

– 계산이 복잡해 어려웠어요.

– 시간이 많이 걸렸어요.

– 계산하는 방법과 순서는 아는데, 실수를 했어요.

– 식을 어렵게 구했는데, 계산까지 해야 돼서 힘들었어요.

– 문장 문제를 읽으며 식을 구하는 것도 쉽지 않은데, 계산도 해야 돼서 더 힘들었어요.

❖ 그렇다면 계산하는 시간을 줄이고 정확하게 하려면 어떻게 해야 할까요?

– 계산 연습을 많이 하면 돼요.

– 계산기를 사용하면 돼요.

❖ 계산기 의견이 나왔네요. 계산기를 사용하는 대신에 여러분들이 직접 계산하면서 느낀 점을 토론 공책에 써 볼까요? 장점과 단점을 나눠 써 봅시다.

> (예)
>   아쉬운 점은 계산을 하는 방법을 알고 있는데, 직접 계산을 하니까 시간이 오래 걸리고 힘들었다는 점이다. 특히 문장으로 된 문제는 읽어서 이해하는 것도 쉽지 않았는데, 계산도 하니까 더 힘들었다.
>   좋은 점은 그동안 계산을 많이 해 봐서 암산이 되는 부분이 있어서 편했다. 그리고 다 풀었을 때 정답이라고 해서 뿌듯했다.

> " 여기에서 제시된 느낀 점은 3-4차시 토론의 찬성-반대 근거 자료로 활용할 수 있습니다. "

 마무리하기 ┈┈┈┈┈┈┈┈┈┈┈┈┈┈┈┈┈┈┈┈┈┈┈┈┈┈┈

❖ 다음 시간에는 이 문제를 계산기로 풀어 볼게요.

❖ 계산기를 사용하면 무척 편리하겠지요? 반대로 계산기를 사용했을 때 아쉬운 점도 있을 수 있어요. 다음 시간에 좀 더 이야기해 보겠습니다.

2차시

계산기로 혼합 계산하기
• 자연수(분수, 소수) 사칙 연산 계산기로 혼합 계산하기
• 느낀 점 나누기

 생각 열기 ┈┈┈┈┈┈┈┈┈┈┈┈┈┈┈┈┈┈┈┈┈┈┈┈┈┈┈┈┈┈

❖ 자연수(분수, 소수)의 혼합 계산 방법을 정리해 봅시다.

- 왼쪽 식부터 계산해요.
- '더하기 – 빼기'보다 '곱하기 – 나누기'를 먼저 해요.
- 괄호가 있는 계산부터 먼저 해요.

❖ 지난 시간에 직접 계산하는 데 많은 수고가 들었지요? 무엇을 사용하면 계산을 빠르고 쉽게 할 수 있을까요?

계산기요. 스마트폰이요.

❖ 네. 이번 시간에는 계산기로 자연수(분수, 소수) 혼합 계산을 해 볼게요. 계산기로 하면 참 쉬울 것 같지요? 계산기를 사용하면 어떤 점이 좋고, 안 좋은지 생각해 봅시다.

 생각 펼치기 ┈┈┈┈┈┈┈┈┈┈┈┈┈┈┈┈┈┈┈┈┈┈┈┈┈┈┈┈┈┈┈

활동 1 **자연수(분수, 소수) 사칙 연산 계산기로 혼합 계산하기**

❖ 먼저 계산기를 살펴봅시다.

❖ 계산기에 더하기, 빼기, 곱하기, 나누기 표시 중 없는 것은 무엇인가요?

　　나누기요.

❖ 나누기는 '/' 기호를 써요. 소수는 '.'을 쓰고요. 계산식을 지우고 싶으면 'C'를 누르면 됩니다.

❖ 이제 계산기를 이용해서 혼합 계산을 다시 풀어 봅시다. 계산기는 무척 편리해요. 자연스럽게 좋은 점을 알겠지요. 반대로 계산기를 사용할 때 안 좋은 점은 무엇일까요? 그것을 생각해 보면서 다음과 같은 방법으로 모둠 활동을 해 봅시다.

- 문제는 네 가지 색으로 나눠져 있어요.
- 각자 문제를 맡아 풀어요.
- 각자 문제를 다 푼 다음 모둠원 서로에게 문제 푸는 방법을 설명해 줘요.
- 모둠원 모두가 모든 문제를 풀 수 있고, 설명할 수 있으면 선생님에게 확인을 받아요.

● 문제 예시(자연수)

■	■
$26 \times (134 - 13) \div 11 =$	학교 앞 문구점은 한 묶음에 13개씩 들어 있는 구슬 15봉지를 가지고 있습니다. 이 중에서 건준이가 구슬 60개를 사 갔습니다. 이때 희준이가 구슬을 300개 사려고 할 때 문구점은 구슬이 몇 개 더 필요할까요? 식을 쓰고 정답을 구하시오.
■	■
$75 \times (81 - 4 \times 9) \div (13 + 4 \times 3) =$	$150 - 8 \times 13 + 10 =$

● 문제 예시(분수, 소수)

■	■
$6 \times (\frac{2}{3} + \frac{3}{7}) \div 0.9 =$	$7 \times 1.8 \div (\frac{3}{4} \times \frac{1}{2} + \frac{4}{6} - \frac{3}{8}) =$
■	■
어머니께서 식혜를 4.26L 만드셨습니다. 동생이 먼저 0.3L들이 컵으로 6번 먹었습니다. 형이 남은 식혜의 $\frac{1}{3}$을 먹었다면 형이 먹은 식혜는 몇 L일까요? 식을 쓰고 정답을 구하시오.	$12.2 - 0.8 \times 1.5 + \frac{3}{10} =$

활동 2 느낀 점 나누기

❖ 계산기를 사용하면서 느낀 점을 발표해 봅시다.

- 계산을 간단히 할 수 있어서 좋았어요.

- 지난 시간에 직접 계산했던 것보다 훨씬 편리하고 빨리 풀 수 있었어요.

- 나누기 기호가 달라서 자꾸 헷갈렸어요.

- (분수, 소수 계산의 경우) 분수 계산은 계산기로 할 수 없어서 불편했어요.

❖ 대부분 계산기의 좋은 점을 이야기해 주었네요. 혹시 계산기를 쓰면서 느낀 안 좋은 점은 없나요?

- 계산 과정을 연필로 쓰지 못해서 계산을 하다가 헷갈리면 다시 계산을 해야 됐어요.

- 암산으로 하는 것이 더 빠른 순간도 있었어요.

- 자꾸 계산기만 쓰면 머리가 나빠질 것 같아요.

- 구구단으로 충분히 풀 수 있는 것도 계산기를 찾게 돼요.

- 계산이 틀리면 어느 곳이 틀렸는지 몰라서 처음부터 계산기로 다시 계산해야 됐어요.

❖ 친구들이 발표한 내용을 정리하여 계산기를 사용할 때 느낀 점과 장점, 단점을 토론 공책에 써 볼까요?

> 계산기를 사용하니 힘들게 연필로 식을 쓰지 않아도 쉽게 문제를 풀 수 있어서 좋았다. 또 계산기로 계속 문제를 풀다 보니 숫자가 복잡한 문제도 풀 수 있었다.
> 단점은 계속 계산기를 사용하니까 머릿속으로 구구단을 하면 풀 수 있는 문제도 계산기를 쓰게 되었다. 계속 계산기를 쓰면 머리가 나빠질 것 같다. 너무 계산기에 의존하게 된다. 또 계산이 틀리면 다시 처음부터 계산해야 되어서 불편했다.

> " 여기에서 제시된 느낀 점은 3-4차시 토론의 찬성-반대 근거 자료로 활용할 수 있습니다. "

 마무리하기 ∙∙

❖ 다음 시간에는 여러분이 쓴 느낀 점을 바탕으로 토론 준비를 하겠습니다.

❖ 계산기의 편리함만 생각하기보다 그것 외에 새롭게 느낀 점을 생각해 보면 좋겠어요.

수학 | 혼합 계산의 순서를 알고 계산하기   **249**

3차시

토론 준비하기
• '수학 문제 풀 때 계산기를 사용해도 된다.' 논제 분석하기
• 입안문 쓰기

 생각 열기 ···

❖ 우리는 지난 시간에 계산기를 사용해 보았어요. 계산기를 쓰면서 느낀 점을 짝과 나누어 봅시다.

❖ 앞으로 수학 시간에 계속 계산기를 사용하면 좋을까요? 신호등 토론으로 손을 들어 봅시다.(찬성: 초록색, 반대: 빨간색, 유보: 노란색)

❖ 계산기 없이 문제를 풀어 본 적도 있고, 계산기를 사용해 풀어 본 적도 있었지요? 우리 초등학생은 계산기를 사용해도 될까요?

❖ 이와 관련하여 논제를 만들어 봅시다.

> **수학 문제 풀 때 계산기를 사용해도 된다.**

 생각 펼치기 ···

활동1 **논제 분석**

❖ '수학 문제 풀 때'는 언제를 말하는 걸까요? 학교 수학 시간뿐만 아니라 학원도 포함시킬까요?
아니요. 학원 안 다니는 친구도 있고, 학원이 달라서 안 될 것 같아요.

❖ 네. 그럼 우리 토론에서 '수학 문제 풀 때'는 학교에서 수학 공부를 할 때를 가리키는 것으로 합시다.

❖ '사용해도 된다.'라는 말의 뜻은 무엇일까요?
계산기를 쓰는 것이 자유라는 뜻이에요. 써도 되고, 안 써도 되고요.

❖ 네, 좋아요. 그럼 학교 수학 시간에 계산기를 자유롭게 쓸 때의 장점, 단점을 발표해 봅시다. 장단점은 지난 시간에 쓴 느낀 점을 각자 읽어 보면 도움이 되겠네요.

계산기를 사용할 때(찬성) 장점	계산기를 사용할 때(찬성) 단점
- 계산을 쉽게 할 수 있다. - 계산을 빨리 할 수 있어서 어려운 문제도 쉽게 풀 수 있다. - 수학이 쉬워진다.	- 충분히 암산을 할 수 있는 문제도 계산기에 의존하게 된다. - 계산이 틀렸을 때, 과정을 몰라서 다시 계산을 해야 된다.
계산기를 사용하지 않을 때(반대) 장점	계산기를 사용하지 않을 때(반대) 단점
- 계산 연습을 할 수 있다. - 연필로 식을 쓰면서 풀면 푸는 과정을 확인하면서 풀 수 있다. - 어려운 문제를 풀었을 때 뿌듯하다.	- 어려운 문제는 시간이 너무 많이 걸린다. - 문장으로 된 문제는 식으로 만들기도 어려운데 계산까지 해야 하는 것이 부담된다. - 수학을 싫어하게 만든다.

> 찬성과 반대의 장단점을 각각 나누어 살피면 이후 토론에 큰 도움이 됨을 안내해 줍니다. 장점은 각 측의 근거가 되고, 단점은 약점이 되어 곧 상대방의 반박과 질문거리가 됩니다. 초등 아이들은 순발력이 필요한 '반박/질의' 과정을 어려워하는데, 각 측의 단점을 다뤄 주면 보다 치열하고 풍성한 토론이 되는 밑거름을 마련해 줄 수 있습니다.

활동 2 **입안문 쓰기**

❖ 칠판에 정리한 논제 분석을 보고 입안문을 써 봅시다. 찬성/반대 모두 쓰되, 4단 논법에 맞게 써 주세요.

찬성	반대
저는 '수학 문제 풀 때 계산기를 사용해도 된다.'에 찬성합니다. 그 이유는 다음과 같습니다. 　첫째, 계산을 쉽게 할 수 있습니다. 친구들 중에 수학을 싫어하는 사람이 많습니다. 수학을 싫어하면 수학을 안 하게 되고 더욱 수학을 못하게 됩니다. 하지만 계산기를 사용하면 계산을 쉽게 할 수 있어서 싫었던 수학을 좋아할 수 있습니다. 　둘째, 수학을 못하는 친구들도 어려운 문제에 도전할 수 있습니다. 식이 너무 복잡하면 수학을 힘들어하는 친구들은 도전조차 할 수 없습니다. 하지만 계산기를 사용하면 대부분의 친구들이 도전할 수 있습니다. 푸는 방법만 알면 충분히 풀 수 있기 때문입니다. 사실 계산은 컴퓨터나 인공 지능이 더 잘하므로 사람은 계산하는 것보다는 문제를 푸는 방법을 더 잘 알면 됩니다. 　그래서 저는 '수학 문제 풀 때 계산기를 사용해도 된다.'에 찬성합니다.	저는 '수학 문제 풀 때 계산기를 사용해도 된다.'에 반대합니다. 그 이유는 다음과 같습니다. 　첫째, 스스로 풀어야 계산 연습을 할 수 있습니다. 우리가 지금 나누기나 곱하기를 잘할 수 있는 건 저학년 때 구구단이나 더하기 빼기를 열심히 했기 때문입니다. 만약 저학년 때부터 계산기에만 의존한다면 곱하기, 나누기를 배우는 것은 무척 어려웠을 것입니다. 　둘째, 계산기를 사용하지 않고 어려운 문제를 풀면 뿌듯합니다. 어려운 문제를 푸는 것은 쉽지 않습니다. 그러나 그만큼 정답을 맞혔을 때 무척 뿌듯하고, 자신감도 생깁니다. 이러면서 끈기를 배울 수 있어서 나중에 어려운 문제를 풀 힘도 얻을 수 있습니다. 　그래서 저는 '수학 문제 풀 때 계산기를 사용해도 된다.'에 반대합니다.

마무리하기 ···

❖ 이번 시간에는 논제를 분석하고, 계산기를 사용하는 것의 장단점과 계산기를 사용하지 않는
  것의 장단점을 떠올려 근거를 마련한 뒤 그것을 바탕으로 토론의 입안문을 써 보았습니다.

❖ 다음 시간에는 오늘 쓴 입안문을 바탕으로 토론을 해 보고 수학 문제를 풀 때 계산기를 사용
  하는 것에 대한 각자의 생각을 정리하는 시간을 갖겠습니다.

❖ 찬성, 반대 입안문을 모두 다 쓰지 못한 친구는 숙제로 해 옵니다.

이럴 땐 이렇게

🔍 찬성과 반대가 중요하지 않은 논제가 따로 있나요? 그렇다면 기준이 안 잡혔을 때의
   혼란은 없을까요?

🅰 교사가 토론 수업의 목적을 무엇에 두느냐에 따라 다르다고 생각합니다. 판단에
  목적을 둔 토론은 찬성과 반대를 가르는 것이 중요하지요. 예를 들어 '급식을 남
  김없이 먹어야 한다.'라는 논제의 토론은 토론 결과에 따라 교실 규칙이 정해집
  니다. 그러나 이 수학 수업은 토론을 마치고 계산기를 써야 할 때와 쓰지 않아야
  할 때를 아는 것에 초점을 맞춥니다. 연산력을 길러야 하는 수학 공부가 있는 반면
  복잡한 문제를 해결하기 위해 연산의 부담을 더는 계산기를 사용해야 하는 공부
  가 있다는 점을 학생들이 이해하고, 그것을 실제 수학 공부를 할 때 적절히 적용할
  수 있게 하는 데 중점을 둡니다.

4차시

토론하기

• 짝 토론하기

• 계산기 사용에 대한 내 생각 정리하기

 생각 열기 ··

❖ 우리는 지난 시간에 논제를 분석하고 각 입장에 대한 입안문을 써 보았어요. 입안문을 쓰면서 혹시 생각이 바뀐 친구가 있나요? 손을 들어 봅시다.

❖ 생각이 바뀐 까닭을 발표할 친구가 있나요?

계산기를 쓰는 것이 편해서 좋다고 생각했는데, 직접 계산할 때의 좋은 점도 알게 되어서 생각이 바뀌었어요.

 생각 펼치기 ··

활동 1 **토론하기**

❖ 이번 토론은 근거 마련하기와 질문하기가 조금 어려울 것 같아요. 그래서 먼저 난상 토론을 통해 토론 연습을 해 봅시다. 찬성과 반대는 따로 정하지 말고, 우리 반 모두 함께해 봅시다.

> 교사: '수학 문제 풀 때 계산기를 사용해도 된다.'로 난상 토론을 해 봅시다. 먼저 찬성 측 근거 하나를 발표해 볼 친구가 있나요? 근거 하나를 말하되, 설명도 곁들여 주세요.
> 찬성: 계산기를 사용하면 계산을 쉽고 빠르게 할 수 있습니다. 수학에서는 계산하는 능력만 중요한 것이 아니라 그 외 능력을 키우는 것도 중요하므로 계산기를 이용해서 쉽게 계산하고 다른 능력을 키우는 데 집중하는 게 더 좋습니다.
> 교사: 이 근거에 반박하거나 질문할 친구 있나요?
> 반대: 그렇게 계산기에 의존하면 사람의 계산 능력이 떨어집니다. 계산 능력이 떨어지면 계산기 없이는 계산을 할 수 없게 되고, 머리가 나빠질 것 같습니다.
> 교사: 네. 반대 측에서 설명을 곁들인 근거를 하나 말해 줄 사람 있나요?
> (하략)

❖ 이제 짝 토론을 해 봅시다. 토론할 때는 상대방 말에 귀를 기울이는 것이 중요해요. 낱말이나 문장으로 상대방 근거를 메모하고, 내가 질문할 거리도 낱말이나 문장으로 정리해 봅시다.

찬성	반대
주장하기 - 1분	
	주장하기 - 1분
서로 묻고 답하기 - 3분	

예 교사: '수학 문제 풀 때 계산기를 사용해도 된다'로 짝 토론을 시작하겠습니다. 먼저 찬성 측 주장하기 시작해 주세요. 시간은 1분입니다.

찬성: 저는 '수학 문제 풀 때 계산기를 사용해도 된다.'에 찬성합니다. 첫째, 계산을 쉽게 할 수 있기 때문입니다. 친구들 중에 수학을 싫어하는 사람이 많습니다. 수학을 싫어 하면 수학을 안 하게 되고 더욱 수학을 못하게 됩니다. 하지만 계산기를 사용하면 계 산을 쉽게 할 수 있어서 싫었던 수학을 좋아할 수 있습니다. 둘째, 수학을 못하는 친 구들도 어려운 문제에 도전할 수 있기 때문입니다. 식이 너무 복잡하면 수학을 힘 들어하는 친구들은 도전조차 할 수 없습니다. 하지만 계산기를 사용하면 대부분의 친구들이 도전할 수 있습니다. 푸는 방법만 알면 충분히 풀 수 있기 때문입니다. 사 실 계산은 컴퓨터나 인공 지능이 더 잘하므로 이제 사람은 계산하는 것보다는 문제 를 푸는 방법을 더 잘 알면 됩니다. 그래서 저는 '수학 문제 풀 때 계산기를 사용해도 된다.'에 찬성합니다.

교사: 네. 다음은 반대 측 주장하기 시작해 주세요. 시간은 1분입니다.

반대: 저는 '수학 문제 풀 때 계산기를 사용해도 된다.'에 반대합니다. 첫째, 스스로 풀어 야 계산 연습을 할 수 있기 때문입니다. 우리가 지금 나누기나 곱하기를 잘할 수 있는 건 저학년 때 구구단이나 더하기 빼기를 열심히 했기 때문입니다. 만약 저학년 때부 터 계산기에만 의존했다면 곱하기, 나누기를 배우는 것은 무척 어려웠을 것입니다. 둘째, 계산기를 사용하지 않고 어려운 문제를 풀면 뿌듯하기 때문입니다. 어려운 문 제를 푸는 것은 쉽지 않습니다. 그러나 그만큼 정답을 맞혔을 때 무척 뿌듯하고, 자신 감도 생깁니다. 이 과정에서 끈기 역시 배울 수 있어서 나중에 어려운 문제를 풀 힘도 얻을 수 있습니다. 그래서 저는 '수학 문제 풀 때 계산기를 사용해도 된다.'에 반대합 니다.

교사: 네. 이제 묻고 답하기 시간이에요. 먼저 찬성 측 질문이나 반박 시작해 주세요. 시간 은 3분입니다.

찬성: 스스로 풀면서 계산 연습을 한다고 말씀하셨는데, 지금은 계산의 역할을 컴퓨터나 인공 지능이 대신하고 있습니다. 수학 공부를 하면서 계산 연습을 많이 해 봤자 컴퓨 터의 계산 속도를 따라갈 수 없는데, 왜 계산 연습을 해야 하는지 모르겠습니다.

반대: 물론 컴퓨터나 계산기가 계산 속도는 빠릅니다. 하지만 그것을 사용하는 것은 사람 입니다. 사람이 만약 계산 능력이 없다면 컴퓨터나 계산기에 숫자를 잘못 입력했을 때 어떻게 확인할 수 있겠습니까? 어려운 문제를 풀기 쉽다고 하셨는데, 그런 문제를 직접 푼다면 무척 뿌듯할 것입니다. 계산기만 사용한다면 그런 뿌듯함을 느낄 수 없 습니다.

찬성: 뿌듯함을 느끼면 당연히 기분이 좋습니다. 그런데 수학을 어려워하는 친구들은 그 럴 기회가 별로 없고 수학을 싫어하게 될 수 있습니다.

(하략)

❖ 이제 찬성과 반대를 바꿔서 다시 한번 토론을 해 봅시다.

활동 2 계산기 사용에 대한 내 생각 정리하기

❖ 토론을 마치고 생각이 바뀐 친구가 있으면 신호등 토론으로 손을 들어 봅시다.(찬성: 초록색,
반대: 빨간색, 유보: 노란색)

❖ '수학 문제 풀 때 계산기를 사용해도 된다.' 논제에서 찬성과 반대의 승패는 사실 중요하지 않
아요. 무조건 찬성과 반대 한쪽으로 의견을 정할 필요는 없어요. 수학 시간에 계산기를 쓰는
것에 대한 자기만의 생각이 중요해요. 계산기 사용에 대한 자신의 생각을 발표해 봅시다.

– 저는 무조건 계산기를 사용하지는 않으려고 합니다. 왜냐하면 계산기에 너무 의존
하면 암산 능력이 떨어질 것 같기 때문입니다.

– 저는 고등학교 이후에 계산기를 사용하겠습니다. 왜냐하면 계산 능력을 키우지 못
하면 계산기로 잘못 계산했을 때 맞았는지 틀렸는지 확인할 수 없기 때문입니다.

❖ 네. 많은 친구들이 잘 말해 주었네요. 친구들의 발표 내용을 떠올리며 계산기를 쓰는 것에 대
한 내 생각을 정리해서 써 봅시다. 글 쓸 내용이 잘 생각나지 않는 친구들은 아래 글 쓸 거리
를 참고해 주세요.

- 계산기를 사용하지 않고 문제를 풀었을 때의 느낌과 경험
- 계산기를 사용하며 문제를 풀었을 때의 느낌과 경험
- 토론을 하며 바뀐 생각이나 들었던 느낌 등
- 앞으로 수학 시간에 계산기를 사용하는 것에 대한 생각

 마무리하기 ··

❖ 여러분이 쓴 글을 발표해 볼 친구가 있나요?

찬성
나는 수학 시간이 싫다. 자꾸 더하고 빼고 곱하고 나누는 일을 반복하는 것이 참 힘들다. 그래서 계산기로 문제를 풀 때 기분이 너무 좋았다. 어려운 문제도 몇 번 버튼을 누르면 빠르게 답이 나왔다. 그런데 계산기를 누르다가 실수를 했는데, 왜 틀렸는지 몰라서 많이 헤맸다. 계산기를 잘 사용하려면 나부터 계산 방법을 잘 알고 있어야 한다는 것을 깨달았다.

❖ 계산기처럼 우리를 편하게 해 주는 기계는 참 많아요. 스마트폰, 컴퓨터, 인공 지능이 그렇
지요. 지금까지 계산기를 사용하는 것에 대해 깊게 생각해 본 것처럼 다른 기계를 사용하는
것에 대해서도 깊이 생각하며 슬기롭게 사용할 수 있는 여러분이 되면 좋겠습니다.